ℰℛ reinhardt

Kerstin Popp / Conny Melzer / Andreas Methner

Förderpläne entwickeln und umsetzen

Mit 20 Abbildungen und 11 Tabellen

Ernst Reinhardt Verlag München Basel

Prof. Dr. *Kerstin Popp* lehrt Verhaltensgestörtenpädagogik an der Universität Leipzig.

Dr. *Conny Melzer* ist Lehramtsanwärterin an einer Förderschule in Steinfurt mit dem Förderschwerpunkt geistige Entwicklung.

Andreas Methner ist wissenschaftlicher Mitarbeiter am Lehrstuhl Verhaltensgestörtenpädagogik der Universität Leipzig.

Bibliografische Information der Deutschen Nationalbibliothek

Die Deutsche Nationalbibliothek verzeichnet diese Publikation in der Deutschen Nationalbibliografie; detaillierte bibliografische Daten sind im Internet über <http://dnb.d-nb.de> abrufbar.
ISBN 978-3-497-02213-7

© 2011 by Ernst Reinhardt, GmbH & Co KG, Verlag, München

Dieses Werk, einschließlich aller seiner Teile, ist urheberrechtlich geschützt. Jede Verwertung außerhalb der engen Grenzen des Urheberrechtsgesetzes ist ohne schriftliche Zustimmung der Ernst Reinhardt GmbH & Co KG, München, unzulässig und strafbar. Das gilt insbesondere für Vervielfältigungen, Übersetzungen in andere Sprachen, Mikroverfilmungen und für die Einspeicherung und Verarbeitung in elektronischen Systemen.

Printed in Germany
Reihenkonzeption Umschlag: Oliver Linke, Augsburg
Cover unter Verwendung eines Fotos von © oliveromg, 2010 Benutzung unter Lizenz von Shutterstock.com
Satz: Arnold & Domnick, Leipzig

Ernst Reinhardt Verlag, Kemnatenstr. 46, D-80639 München
Net: www.reinhardt-verlag.de E-Mail: info@reinhardt-verlag.de

Inhalt

Inhalt		5
Vorwort		9
1	**Individuelle Förderung von Schülern**	13
1.1	Förderplanung als eine Möglichkeit zur Realisierung individueller Förderung	13
1.2	Förderplanung im Kontext von Unterricht, Förderung, Diagnostik und Evaluation	16
	Praxistransfer	20
2	**Grundlagen der Förderplanung**	21
2.1	Was ist ein Förderplan?	21
2.2	Funktionen, Nutzen und Arten von Förderplänen	23
2.2.1	Funktionen und Nutzen von Förderplänen	23
2.2.2	Arten von Förderplänen	24
2.3	Qualitätskriterien der Förderplanung	25
2.4	Inhalte und Schemata von Förderplänen	27
2.4.1	Inhalte von Förderplänen	27
2.4.2	Förderplanschemata	30
2.5	Periodizität zwischen Erstellung und Fortschreibung von Förderplänen	31
2.6	Förderpläne bei Hochbegabung	32
2.6.1	Hochbegabung	32
2.6.2	Warum bedürfen Hochbegabte besonderer Förderung?	33
	Praxistransfer	35
3	**Förderplanung als Prozess**	36
3.1	Individuelle Entwicklungspläne – das schwedische Modell	37
3.1.1	Sinn und Nutzen des Konzepts	37
3.1.2	Zielgruppe des Konzepts	38
3.1.3	Elemente des Entwicklungsplankonzeptes	38
3.1.4	Mögliche Anwendung	41

3.2	Kooperative Förderplanung	42
3.2.1	Sinn und Nutzen Kooperativer Förderplanung	42
3.2.2	Zielgruppe	43
3.2.3	Die Kooperative Erstellung und Fortschreibung individueller Förderpläne (KEFF)	44
3.3	Teamarbeit im Lehrerkollegium	68
	Praxistransfer	71
4	**Schüler- und Elternbeteiligung**	**72**
4.1	Schülerbeteiligung an der Förderplanung	73
4.2	Elternbeteiligung an der Förderplanung	77
4.3	Umsetzung der Schüler- und Elternbeteiligung	81
4.3.1	Vorbereitung des gemeinsamen Förderprozesses	84
4.3.2	Rahmenbedingungen	88
4.3.3	Methodische Aspekte	89
	Praxistransfer	91
5	**Fördermaßnahmen**	**92**
5.1	Begriff der Fördermaßnahme	92
5.2	Kompetenzbereiche für die Durchführung von Fördermaßnahmen	93
5.3	Wahl der Fördermaßnahmen	96
5.4	Ordnungssystem von Fördermaßnahmen	96
5.5	Einbezug der Grundbedürfnisse in die Fördermaßnahmen	99
5.6	Maßnahmenalphabet	103
	Praxistransfer	135
6	**Unterstützende Methoden**	**136**
6.1	Vertrauen aufbauen und Gespräche führen	136
6.1.1	Vertrauen aufbauen	136
6.1.2	Gespräche führen	139
6.2	Möglichkeiten zur Erhebung des Ist-Standes	141
6.2.1	Verhaltensbeobachtung	142
6.2.2	Das Screening für Verhaltensauffälligkeiten im Schulbereich (SVS)	146
	Praxistransfer	147
7	**Förderkonzeption**	**148**
	Praxistransfer	149

8	**Fortbildung zur Förderplanung**	150
8.1	Checkliste: Inhalte von Fortbildungen zur Förderplanung	150
8.2	Formen der Organisation und mögliche Methoden	153
8.2.1	Schulinterne Lehrerfortbildungen	153
8.2.2	Regionale und überregionale Fortbildungen	155
	Praxistransfer	157

Fazit 158

Anhang: Das Screening für Verhaltensauffälligkeiten im Schulbereich (SVS)
*Von Wolfgang Mutzeck, Michael Fingerle
und Blanka Hartmann* 160

Literatur 165

Sachregister 179

Die mit diesem Maus-Symbol gekennzeichneten Abbildungen und Arbeitsmaterialien finden Sie auch auf der Homepage des Ernst Reinhardt Verlages zum Download: www.reinhardt-verlag.de

Vorwort

Bezogen auf die Übereinkunft der Vereinten Nationen vom 13. Dezember 2006 über die Rechte von Menschen mit Behinderungen (Behindertenrechtskonvention – VN-BRK) in der schulischen Bildung erarbeitete die Kultusministerkonferenz ein Diskussionspapier, in dem es heißt:

„Bildung ist ein elementarer Bestandteil der Behindertenrechtskonvention. Der Artikel 24 des Übereinkommens bezieht sich auf das gesamte Bildungswesen und schließt das lebenslange Lernen ein. Bildung eröffnet individuelle Lebenschancen, sie ist der Schlüssel zur Selbstbestimmung und aktiven Teilhabe. Bildung ist eine Voraussetzung, um eigenverantwortlich an Gesellschaft, Kultur, Erwerbsleben und Demokratie teilzuhaben" (KMK 2010, 2).

Weiter heißt es in diesem Diskussionspapier:

„Sonderpädagogische Förderung erfordert sowohl in der allgemeinen als auch in der Förderschule die kontinuierliche Auseinandersetzung mit der individuellen Lernausgangslage und Lernentwicklung und eine darauf bezogene Lern- und Förderplanung" (KMK 2010, 7).

Förderplanung ist nicht nur für den sonderpädagogischen Bereich gesetzlich vorgeschrieben (Pluhar 2003), sondern nimmt auch einen immer größer werdenden Stellenwert im Regelschulbereich ein. So wird in der gemeinsamen Presseerklärung der Bildungs- und Lehrergewerkschaften und der Kultusministerkonferenz vom 19.10.2006 (KMK 2006) ein verändertes Bild des Lehrerberufs beschrieben, in dem es im ersten Punkt heißt:

„Das veränderte Berufsbild ist gekennzeichnet durch das frühzeitige Erkennen individueller Stärken und Schwächen der Schülerinnen und Schüler, die Entwicklung individueller Förderpläne und die Unterstützung der Selbststeuerung der Lernbiografien" (KMK 2006, 3).

Damit wird die Förderplanung zur Aufgabe der Lehrkräfte aller Schularten. Aber nicht nur gesetzliche Bestimmungen tragen zur Bedeutung der Förderplanung bei. Sie ist ein Instrument zur zielgerichteten, individuellen Förderung und damit von grundlegender Bedeutung für eine effektive und nachhaltige Förderung von Schülern mit (sonder-)pädagogischem Förderbedarf. Mit ihr kann im besten Fall langfristig eine Verringerung des Schulabbruchs erreicht werden.

Der Förderplan dient der Erfassung und Umsetzung konkreter Förderbedürfnisse der individuellen Schülerpersönlichkeit. Die jeweiligen Ergebnisse fließen in die Planung der Unterrichtsstunden bzw. Unterrichtseinheiten ein. Im gemeinsamen Unterricht ist der Förderplan Grundlage des Austauschs und der Kooperation für die Lehrer, um die Schüler bestmöglich zu unterrichten, zu fördern und zu betreuen. Auch in der präventiven Arbeit, d. h. im gemeinsamen Bemühen, Lern- und Verhaltensauffälligkeiten präventiv zu begegnen, hat Förderplanung zunehmend Einzug gehalten. Dies impliziert, dass auch Regelschullehrer vermehrt in die Förderplanung mit einbezogen werden und Förderpläne zu ihrer eigenen Arbeitsgrundlage machen.

Die Erarbeitung, Veränderung und Evaluation von Förder- und Entwicklungsplänen sollte deshalb nicht nur grundlegende Kompetenz eines Sonderschullehrers sein, sondern Arbeitsmittel von allen Lehrkräften. Von der Sächsischen Bildungsagentur ging daher in den Schuljahren 2007/08 und 2008/09 eine Fortbildungsinitiative zum Thema Förderplanung für Lehrer an allgemeinen Schulen der Sekundarstufe I aus. Diese Initiative verfolgte das Ziel, entsprechende Kenntnisse zur Förderung von Schülern mit Auffälligkeiten im emotionalen und sozialen Bereich zu vermitteln. Nach Beendigung dieser Fortbildungsinitiative stellte sich einerseits die Frage nach der Sicherung des vermittelten Wissens und andererseits nach der Bereitstellung desselben für eine größere Zielgruppe. Die vorliegende Publikation basiert auf den Ausarbeitungen für diese Fortbildungen. Auf Grundlage des durchgeführten Fortbildungsprogramms werden die Grundlagen der Förderplanung und deren Methoden sowie Fördermöglichkeiten beschrieben. Gleichzeitig werden wichtige Materialien, die zum Gelingen der Förderplanung beitragen können, präsentiert. Diese Publikation stellt damit eine Arbeitshilfe für alle dar, die Kinder und Jugendliche mit besonderem Förderbedarf erziehen und unterrichten, und verfolgt folgende Zielsetzungen:

- Beschreibung von Grundlagen der Förderplanung,
- Beschreibung von zur Förderplanung notwendigen Methoden (wie Gesprächsführung und Diagnostik, wobei nicht die Ermittlung des sonderpädagogischen Förderbedarfs, son-

dern das diagnostische Handlungsrepertoire von Lehrkräften an allgemeinen Schulen im Mittelpunkt steht),
- Beschreibung von Möglichkeiten zur Förderung von Schülern mit pädagogischem Förderbedarf.

Entsprechend dieser Zielstellungen gliedert sich diese Veröffentlichung in acht Kapitel:

- **Individuelle Förderung von Schülern:** Der Terminus „individuelle Förderung" rückt verstärkt in den Fokus des Interesses und soll eine bestmögliche Entwicklung für Kinder und Jugendliche garantieren. Im Rahmen des Kapitels wird er daher genauer unter die Lupe genommen und seine Einbettung in den schulischen Alltag thematisiert.
- **Grundlagen der Förderplanung:** Es ist leicht gesagt: „Wir planen die Förderung!" Doch was ein Förderplan ist, welche Arten es gibt, welche Inhalte er aufnimmt oder welchen Qualitätskriterien er unterliegt, kommt dabei oftmals nicht zur Sprache. Im Rahmen des Kapitels werden diese Faktoren kurz skizziert. Alle Schüler haben das Recht auf eine zielgerichtete und effektive Förderung. Stellvertretend für alle Schülergruppen wird dem Personenkreis der Hochbegabten besondere Aufmerksamkeit geschenkt.
- **Förderplanung als Prozess:** Zur Gestaltung von Förderplangesprächen werden zwei in der Praxis erprobte Verfahren – das schwedische Modell der „Individuellen Entwicklungspläne" nach Agneta Zetterström (2006) und das Modell der „Kooperativen Erstellung und Fortschreibung von individuellen Förderplänen" (KEFF) nach Wolfgang Mutzeck und Conny Melzer (2007) – vorgestellt. Das „Ziehen an einem Strang" ist für die Förderung von besonderer Bedeutung. Folglich wird ein Exkurs zum Thema Teamarbeit vollzogen.
- **Schüler- und Elternbeteiligung:** Werden Pädagogen nach der Beteiligung von Schülern und Eltern an der Förderplanarbeit gefragt, so ist das Ergebnis oftmals recht einhellig: Sie ist wichtig. Dennoch wird dies selten praktiziert. Das Kapitel beschäftigt sich mit den fördernden und hemmenden Bedingungen einer Einbeziehung sowie mit Möglichkeiten der tatsächlichen Umsetzung in der Praxis.
- **Fördermaßnahmen:** Die Wahl der Fördermöglichkeiten hat im schulischen Kontext eine besondere Relevanz, da diese einerseits den Weg darstellen, um das gesetzte Förderziel zu erreichen, und anderseits direkte Auswirkungen auf die Gestaltung des Schulalltags haben. In diesem Kapitel werden theoretische Perspektiven hierzu dargelegt und einige Fördermaßnahmen vorgestellt.

- **Unterstützende Methoden:** Um eine wirksame Förderplanung zu gewährleisten, werden in diesem Kapitel drei grundlegende Aspekte vorgestellt, die eine Förderplanung unterstützen: Erstens der Vertrauensaufbau, zweitens das Führen von Gesprächen und drittens diverse Möglichkeiten zur Erhebung des Ist-Standes.
- **Förderkonzeption:** Um möglichst hohe Sicherheit im eigenen Handeln zu bekommen, sollte die Förderplanarbeit im institutionellen Rahmen in eine Förderplankonzeption eingebunden sein. Für die Erarbeitung dieser Konzeption werden dem Leser erprobte und bewährte Fragen zur Seite gestellt.
- **Fortbildung zur Förderplanung:** Natürlich müssen Kompetenzen zur Förderplanung im Rahmen von Fortbildungen erworben werden. Es wird dargestellt, welche Fortbildungs- bzw. Trainingsformen zur Vermittlung und zum Erproben welcher Förderplanthemen am besten geeignet erscheinen.

Am Ende jedes Kapitels wird Ihnen anhand einiger Fragestellungen die Möglichkeit gegeben, die präsentierten Inhalte auf Ihren Schulalltag zu übertragen (Kapitel „Praxistransfer").

Mit Rücksicht auf die Lesbarkeit dieses Textes wird immer die maskuline Personenbezeichnung gewählt. Dies schließt selbstverständlich Lehrerinnen, Erzieherinnen und Schülerinnen mit ein.

Wir möchten der Sächsischen Bildungsagentur, Regionalstelle Leipzig und insbesondere Frau Angelika Wiesner danken, ohne deren Engagement, Anregung und Unterstützung eine derartig intensive Fortbildungsinitiative und auch dieses Buch nicht zustande gekommen wären. Einen großen Beitrag an der Fertigstellung haben zusätzlich viele beteiligte studentische Hilfskräfte geleistet; stellvertretend für alle danken wir Kristin Hennig und Marcus Schmalfuß.

Leipzig, im Februar 2011   Kerstin Popp
                                      Conny Melzer
                                      Andreas Methner

1 Individuelle Förderung von Schülern

Als Konsequenz aus den Ergebnissen der internationalen Schulleistungsvergleiche rückte der Terminus der „individuellen Förderung" vermehrt in den Blickpunkt des Interesses, untermauert durch die Abkehr vom Prinzip möglichst homogener Lerngruppen. Der Begriff der Förderung weist dabei überwiegend positive Konnotationen auf und meint ein erfolgreiches pädagogisches Handeln ohne unerwünschte Nebenwirkungen (Arnold 2008, 14). Der Terminus der Förderung ist im wissenschaftlichen Diskurs umstritten (Vernooij 2006, 62ff). Aufgrund der vielfachen Verwendung wird er in dieser Arbeitshilfe jedoch zu Grunde gelegt, ohne die Debatte erneut aufzugreifen. Förderung kann als Oberbegriff für (pädagogische) Handlungen gesehen werden, die auf eine bestmögliche Erziehung und Bildung von Menschen ausgerichtet sind (Ricken 2008, 74). Individuell wird eine Förderung dann, wenn „der Erfolg der Förderung durch eine stetige individuelle Anpassung des Förderangebotes gewährleistet bzw. zu erreichen versucht wird" (Graumann 2008, 21).

Begriff

1.1 Förderplanung als eine Möglichkeit zur Realisierung individueller Förderung

Mit Hilfe von Förderplanarbeit kann eine stetige individuelle Anpassung der entsprechenden Fördermöglichkeiten und -angebote der Schule an den Einzelnen mit seinen individuellen Bedürfnissen und Problemlagen realisiert werden. Die Beachtung der Individualität des Einzelnen wird damit zum zentralen Qualitätskriterium von Förderplänen (→ Kap. 2.3).

Der Gedanke an individuelle Förderung ist nicht neu, schon immer waren Lehrkräfte bemüht, sich dem einzelnen Schüler mit all seinen Besonderheiten zuzuwenden und ihn im Prozess des Erwachsenwerdens und/oder in Lehr- und Lernprozessen zu begleiten. Bis Anfang der 1960er Jahre wurde der Terminus der Förderung jedoch eher der Heil-

individuelle Förderung und Förderplanung

und Sonderpädagogik zugeordnet, bevor er durch den Deutschen Bildungsrat 1973 auf andere Bereiche der Pädagogik ausgedehnt wurde. Mit dem KMK-Beschluss zur „sonderpädagogischen Förderung in den Schulen in der Bundesrepublik Deutschland" von 1994 (Drave et al. 2000), der Transformierung des Begriffs „Sonderschulbedürftigkeit" in den Begriff „sonderpädagogischen Förderbedarf" und dem damit einhergehenden Wertewandel hin zur ressourcenorientierten Erziehung und Bildung wurde die Förderung ebenfalls zum Auftrag der Regelschule. Eine neue Dimension hat jedoch die Entschiedenheit, mit der auf individuelle Förderung gedrängt wird, erreicht. Die Forderung nach individueller Förderung wird von zahlreichen Seiten erhoben, was beispielsweise in Schulgesetzen, in einer Reihe von Erlassen der Bundesländer und in diversen Handreichungen deutlich wird. Beispielsweise ist im Freistaat Sachsen der individuellen Förderung ein eigenständiger Paragraph im Schulgesetz gewidmet. Dort heißt es:

„Die Ausgestaltung des Unterrichts und anderer schulischer Veranstaltungen orientiert sich an den individuellen Lern- und Entwicklungsvoraussetzungen der Schüler" (SchulG § 35a, Abs. 1).

neue Entwicklungen

Dabei wird das individuelle Fördern als Grundaufgabe des Lehrers gesehen. Nach Meyer ist es ein zentrales Kriterium guten Unterrichts (Meyer 2004, 17). Das Thema gewinnt auch in der täglichen Praxis an den Schulen zunehmend an Bedeutung: 75 % der Lehrkräfte in den Hauptschulen und Gymnasien sowie 50 % der Realschullehrkräfte in Deutschland bestätigen dies in einer Befragung von Kunze und Solzbacher (Solzbacher 2009, 28). Des Weiteren wird von den Befragten angegeben, dass 82 % der Hauptschulen, 80 % der Realschulen und 70 % der Gymnasien das Thema individuelle Förderung im Schulprogramm verankert haben (Solzbacher 2009, 30). Individuelle Förderung hat demnach nicht nur Konsequenzen für die pädagogische Praxis der Lehrkräfte, sondern ebenfalls für Schulentwicklung und Schulkonzeptarbeit.

Ziele

Das offensichtliche Ziel, das mit individueller Förderung verbunden wird, ist die Unterstützung des einzelnen Schülers. Eine detaillierte Aufschlüsselung von Zielen, welche mit Hilfe von individueller Förderung verwirklicht werden sollen, wird von Kunze (2009, 17) dargelegt. Die dabei genannten Ziele stehen sich teilweise komplementär, jedoch auch konträr gegenüber:

- Die Umsetzung des Menschenrechts auf Bildung und freie Entfaltung der Persönlichkeit,
- die Umsetzung des Rechts auf gesellschaftliche Teilhabe,
- die Möglichkeit, junge Menschen auf die Anforderungen der Gesellschaft und/oder Wirtschaft vorzubereiten,
- die Realisierung eines Weges, mit dem alle Schüler die in den Bildungsstandards formulierten Ziele erreichen können,
- die Stärkung der Eigenheiten auf Seiten der Schüler,
- die Verbesserung von Selektionsentscheidungen,
- die Ermöglichung von Integration,
- die Minimierung von Heterogenität in Lerngruppen,
- die Zunahme von Heterogenität in Lerngruppen,
- die dauerhafte Umstrukturierung des Systems Schule, da individuelle Förderung gravierende Einschnitte in übliche Organisations- und Arbeitsweisen bedeutet,
- die Ermöglichung eines Ausgleichs vorhandener Benachteiligungen und die Prävention künftiger Nachteile.

Auf Grundlage der großen Bandbreite von Zielen, welche mit der individuellen Förderung von Schülern verbunden sind, hat der Begriff nach Hillenbrand eher den Charakter einer Metapher als den eines Fachbegriffes (Hillenbrand 2003, 25). Die Vorstellung über die Intention, die Realisierung und die Evaluation von individueller Förderung hängt von den beteiligten Akteuren ab. In der bereits erwähnten Umfrage von Kunze und Solzbacher wurde offensichtlich, dass Lehrer keine einheitliche Vorstellung über Definition und Zielsetzung von individueller Förderung haben und trotz ihrer positiven Resonanz zur individuellen Förderung nur gelegentlich auf Instrumente und Maßnahmen der individuellen Förderung zurückgreifen (Solzbacher 2009, 28f).

individuelle Förderung als Metapher

Der Umstand, dass Pädagogen ihre eigene Kompetenz im Umgang mit individueller Förderung im Vergleich zu den Kollegen immer schlechter einschätzen (Solzbacher 2009, 31), könnte ein Indiz für die Unsicherheit im Umgang mit individueller Förderung sein. In Kap. 3 werden zwei erprobte und umsetzbare Verfahren zur Erstellung und Fortschreibung von individuellen Förderplänen zur Verfügung gestellt, die (zumindest) diese Unsicherheit minimieren können. Die Planung und Vorbereitung einer individuellen Förderung konkretisiert sich in individuellen Förderplänen, mit denen eine Förderung vorbereitet wird. Dabei wird versucht, die Kluft zwischen dem nicht erwünschten Ist-Zustand und dem erwünschten Soll-Zustand zu minimieren (Mutzeck 2008b, 160). Förderplanung kann dabei helfen,

Qualitätssicherung der Förderung

individuelle Lernprozesse zu strukturieren, zu koordinieren und zu dokumentieren (Höhmann 2006, 20). Im Zuge dessen erhielt der Förderplan im Jahr 2008 vom Verband Sonderpädagogik e. V. das Prädikat „zentrales Instrument der Qualitätssicherung sonderpädagogischer Förderung" (vds e. V. 2008, 47).

Verbindlichkeit Trotz der relativ kurzen Geschichte der Förderplanung in Deutschland ist der Förderplan mittlerweile in fast allen Ländern der Bundesrepublik Deutschland und in Europa zumindest in den Verordnungen und Erlassen selbstverständlich geworden (Pluhar 2003). Exempli causa ist im Freistaat Sachsen die Förderplanung in der Verordnung des Sächsischen Staatsministeriums für Kultus über Förderschulen (SOFS) vom 3. August 2004 geregelt. In § 17, Abs. 3 der SOFS heißt es:

„Die Ziele und Maßnahmen der individuellen sonderpädagogischen Förderung bezogen auf den gegenwärtigen Förderbedarf des Schülers sowie deren Ergebnisse sind fortlaufend in Förderplänen zu dokumentieren" (SMK 2004a, 9).

Trotz der Verbindlichkeit und des hohen Stellenwertes in der Pädagogik ist der Förderplan kein Garant für individuelle Förderung. Er kann jedoch, wenn er zentralen Qualitätskriterien folgt, eine individuelle Förderung ermöglichen und Lehrkräften eine Hilfestellung bei der Umsetzung sein (→ Kap. 2.3).

1.2 Förderplanung im Kontext von Unterricht, Förderung, Diagnostik und Evaluation

Förderplanung kann nicht losgelöst von anderen pädagogischen Aufgabenfeldern gesehen werden, sondern steht mit diesen in einem direkten Zusammenhang (Mutzeck/Melzer 2007, 206). Förderplanung muss in der Synopse zu Unterricht, Förderung, Diagnostik und Evaluation betrachtet werden. Im Folgenden werden die Zusammenhänge zwischen diesen Elementen dargestellt. Dabei wird jeweils darauf eingegangen, welches Element auf der zeitlichen Dimension vor- oder nachgeordnet bzw. auf der Bedeutungsdimension über- oder untergeordnet ist.

Unterricht und Förderung Unterricht und Förderung besitzen im schulischen Kontext einen übergeordneten Stellenwert und werden daher in Abb. 1 als elementare Aufgabe verstanden, innerhalb derer

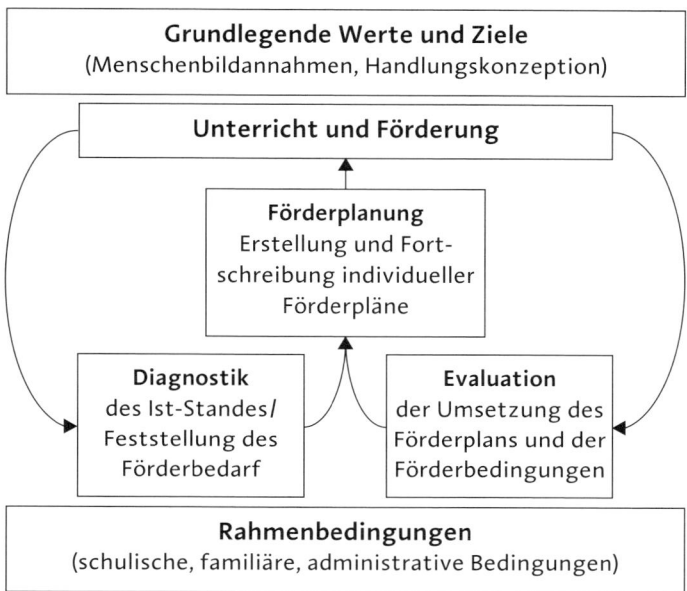

Abb. 1: Förderplanung im Kontext von Unterricht, Förderung, Diagnostik und Evaluation

sich die Teilbereiche Förderplanung, Diagnostik und Evaluation verorten lassen.

Einigkeit besteht in der wissenschaftlichen Diskussion über Förderplanarbeit dahingehend, dass Förderprozesse immer auf einer diagnostischen Phase aufbauen (u. a. Ricken 2008, 79; Kretschmann / Arnold 1999, 417; Matthes et al. 2003, 23ff; Mutzeck / Melzer 2007, 209). Die Diagnostik ist der Förderplanung zeitlich vorgeordnet, ihr aber vom Stellenwert untergeordnet. Auf eine Diagnostik sollte nicht verzichtet werden, da sie das Fundament der Förderplanarbeit darstellt. Sie gibt die Richtung der Förderplanarbeit vor und benennt Kompetenzen und Defizite der Schüler (SMK 2005). Nach Buholzer ist die wesentliche Funktion der Diagnostik die Bereitstellung von Daten und Interpretationen für die weitere Förderplanung (Buholzer 2003, 59). Mit einer Diagnostik kann nur die Ist-Zustands-Beschreibung erstellt werden, die ein Diagnostiker aufgrund der Fragestellung, der Methode, der Hypothese und den Rahmenbedingungen vorgibt bzw. vorfindet (Schlee 1998; Mutzeck 2003).

Diagnostik

Brückenfunktion der Förderplanung In der wissenschaftlichen Diskussion wurde lange der Anspruch erhoben, dass aus den gewonnenen diagnostischen Ergebnissen direkt Fördermaßnahmen abgeleitet werden können. Schlee legte jedoch mehrfach dar, dass aus Deskriptionen (Beschreibungen, z. B. Ergebnisse der Diagnostik) nicht direkt Präskriptionen (Vorschriften oder Anweisungen, z. B. Förderziele oder Fördermaßnahmen) abgeleitet werden können (Schlee 1985, 157; Schlee 1994, 49; Schlee 2008, 124). Die Förderplanung *versucht* hierbei eine Brückenfunktion zu übernehmen und ist der Diagnostik zeitlich nachgeordnet, ihr vom Stellenwert jedoch übergeordnet, da sie diagnostische Ergebnisse unter Berücksichtigung von Sollwerten (Ziele, Konzeptionen etc.), allgemeinen und situativen Bedingungen der Fördersituation (z. B. Klassengröße, Ort, personelle Besetzung etc.) und erziehungswissenschaftlichen, bildungstheoretischen und entwicklungspsychologischen Theorien und Konzepten in pädagogische Handlungsalternativen transferiert. Damit kann eine planvolle und professionelle Förderung koordiniert und strukturiert werden. Zudem werden mit der Förderplanung Möglichkeiten bereitgestellt, mit denen die Erreichung von Förderzielen überprüft werden kann (→ Kap. 2.2.1).

Fördermaßnahmen im Unterricht Die in den Förderplänen festgelegten Maßnahmen finden Umsetzung in Unterricht, Förderung oder Therapie. Ein Förderplan sollte daher transferbezogen sein, d. h. die festgelegten Maßnahmen sollten sich im schulischen Umfeld umsetzen lassen (Mutzeck/Melzer 2007, 210). Zielstellung sollte dabei nicht sein, dass der Unterricht, die Förderung oder die Therapie völlig umgestellt werden, sondern dass sich die festgelegten Maßnahmen der jeweiligen Situation anpassen. Im umgekehrten Fall müssen jedoch in diesen Situationen Methoden gewählt werden, die eine Umsetzung der Fördermaßnahmen ermöglichen (z. B. die Wahl von offenen Unterrichtsformen, → Kap. 2.3).

Evaluation Nach Umsetzung der im Förderplan vereinbarten Maßnahmen schließt sich eine weitere diagnostische Phase zur Evaluation der Förderung an. Die Evaluation der Förderung ist der Förderplanung zeitlich nachgeordnet und ihr vom Stellenwert her untergeordnet. Die Evaluation (Überprüfung der Wirksamkeit einer Fördermaßnahme) kann sich zum einen auf das Endergebnis einer Maßnahme beziehen (summative Evaluation) und zum anderen auf deren Verlauf, mit dem Ziel, diesen während der Anwendung zu optimieren (formative Evaluation) (Grünke 2008, 170).

Beide Formen der Evaluation sind für den weiteren Verlauf der Förderplanung entscheidend und werden in der Fortschreibungsphase berücksichtigt. Auf Grundlage der Evaluation kann die Wirksamkeit von Fördermaßnahmen kontrolliert, die weitere Durchführung oder Absetzung dieser legitimiert, eine Modifikation thematisiert und die Informationsbasis für eine weitere Förderplanung (Fortschreibung) erweitert werden. Die Evaluation der Fördermaßnahmen und die anschließende Fortschreibung ermöglichen die Anpassung des Vorgehens an die aktuellen Erfordernisse. Evaluation bezeichnet eine Erfolgskontrolle der bereits eingesetzten Fördermaßnahmen in Bezug auf das vereinbarte Förderziel. Hierfür ist eine Diagnostik mit dem Ziel der Evaluation Voraussetzung. Die Fortschreibung kann als Resultat der Evaluation gesehen werden und baut direkt auf dieser auf, indem entschieden wird, welche Maßnahmen weiterhin, in modifizierter Form oder neu in den Förderplan aufgenommen werden (Mutzeck/Melzer 2007, 230).

Fortschreibung

Nach Ansicht der meisten Autoren wird die Förderplanung als zirkulärer Prozess verstanden, der einen immer wiederkehrenden Kreislauf durchläuft. Eine Beendigung des Kreislaufs ist vorgesehen, wenn kein (sonder-)pädagogischer Förderbedarf mehr vorliegt. Die graphische Darstellung dieses Kreislaufs (→ Abb. 1) symbolisiert eine statische Abfolge der einzelnen Etappen und spiegelt nicht immer die zeitliche Realität der Abfolge wider. Die pädagogische Praxis zeigt, dass Beobachtung, Diagnostik und Förderung im Schulalltag täglich statt finden und ineinander übergehen (z. B. bei Klassenarbeiten, Gesprächen mit Schülern und Eltern etc.). Wissenschaftliche und praktische Ausführungen zur Diagnostik spiegeln diese Auffassung teilweise wider. So legt beispielsweise Bundschuh dar, dass die Phasen des förderdiagnostischen Vorgehens, die Vorinformation (z. B. Problemstellung), die Information durch Tests sowie informelle Verfahren und der Förderprozess selbst als miteinander vernetzte Etappen betrachtet werden sollten, die keine lineare Abfolge darstellen (Bundschuh 2007, 338). Auch Arnold und Kretschmann (2002) sehen in der Diagnostik einen mit den anderen Elementen verknüpften Prozess, sodass sie von Eingangs-, Förderungs- und Fortschreibungsdiagnosen sprechen.

zirkulärer Prozess

Praxistransfer

- *Welche Ziele verfolgen Sie mit der Förderplanung?*
- *Welche Hilfe bietet Ihnen das Erstellen und Fortschreiben individueller Förderpläne für Ihren Unterricht bzw. die individuelle Förderung?*
- *Wenn Sie sich Abb. 1 ansehen, an welcher Stelle wäre Ihrer Meinung nach eine Kooperation gewinnbringend und wie würden Sie diese angehen?*
- *Welche Auswirkungen hätte es auf Ihren Unterricht, wenn Sie ihn (nicht) planen und/oder speziell auf Ihre Schüler ausrichten würden?*

2 Grundlagen der Förderplanung

2.1 Was ist ein Förderplan?

In der Literatur gibt es zahlreiche Definitionen, was unter einem Förderplan verstanden wird. Häufig beschränken sich diese auf den sonderpädagogischen Bereich. Spätestens seit der gemeinsamen Presseerklärung der Bildungsgewerkschaften und der Kultusministerkonferenz (2006) ist der Förderplanbegriff, zumindest bezogen auf die Zielgruppe, offener auszulegen. Wir legen allen weiteren Ausführungen die folgende Definition zugrunde:

> **Definition**
>
> „Ein **Förderplan** ist ein schriftlicher Plan zur gezielten Förderung von Schülerinnen und Schülern mit (sonder-)pädagogischem Förderbedarf oder von Schülerinnen und Schülern, die von Schulversagen bedroht sind. Er ist eine Voraussetzung für die Qualität schulischer Förderung und zugleich ein Instrument zu ihrer Evaluation" (Melzer 2008, 6).

Mit dieser Definition des Förderplans wird keine feste Personengruppe benannt, für die ein Förderplan erstellt bzw. fortgeschrieben werden soll. Als schriftlicher Plan zur gezielten Förderung von Schülern mit (sonder-)pädagogischem Förderbedarf kann er für einen großen Personenkreis in unseren Schulen erschlossen werden und gilt ebenso für Schüler mit besonderen Begabungen (→ Kap. 2.6).

Neben den zahlreichen Definitionen für Förderpläne gibt es auch sehr viele verschiedene Begriffe, die in verschiedenen (sozial-)pädagogischen Bereichen entstanden sind, aber ähnliche Ziele verfolgen und teilweise auch synonym verwendet werden. Tab. 1 zeigt eine Auswahl dieser Begriffe und liefert jeweils eine kurze Beschreibung hierzu.

Begriffe

Tab. 1: Pläne zur Förderung in verschiedenen Settings

Begriff / Plan	Beschreibung
Entwicklungsplan	Dieser Begriff wird zumeist im Regelschulbereich genutzt, auch wenn hier der Begriff Förderplan zunehmend Einzug hält. Er beschreibt also die individuelle Förderung für Schüler mit pädagogischem, aber ohne sonderpädagogischem Förderbedarf.
IEP (Individual Education Program oder Plan)	Der IEP ist ein aus dem Amerikanischen übertragenes Konzept. Er wird hier vor allem für Schüler mit Lernschwierigkeiten in Regel- und Sonderklassen eingesetzt. Er bezieht sich entsprechend nur auf einen Förderschwerpunkt.
Förderplan	Der Begriff „Förderplan" wurde in Deutschland entwickelt und entsprach in seiner Anfangszeit dem IEP. Er wird hauptsächlich für die und mit den Schülern mit sonderpädagogischem Förderbedarf (sowohl in den Förderschulen als auch in integrativen Schulen) geschrieben. Außerdem kann sich der Förderplan im Gegensatz zum IEP auf mehrere Förderschwerpunkte beziehen und wird in Deutschland bei Schülern mit allen Förderschwerpunkten eingesetzt.
Verhaltensplan	Der Verhaltensplan beruht ebenso auf einem amerikanischen Konzept und bezieht sich nur auf den Förderschwerpunkt „emotionale und soziale Entwicklung". Das heißt, es werden i. d. R. nur Ziele in Bezug auf eine Verhaltensänderung formuliert. Zu beachten ist, dass er in den USA in der Tradition der Lern- und Verhaltenstheorie steht und daher Verstärkersysteme einen hohen Stellenwert einnehmen.
Hilfeplan	Der Hilfeplan wird in der sozialen Arbeit legislativ verbindlich eingesetzt. Gesetzlich festgelegt ist die Teilnahme der Angehörigen und des Kindes an den zugehörigen Hilfeplangesprächen. Vom Hilfeplan hängen auch finanzielle Mittel ab und er beschreibt den gesamten Hilfeprozess inklusive Diagnostik und Auswertung bzw. Abschluss der Hilfemaßnahme (Sponagl 2002, 10).
Zielvereinbarung	Zielvereinbarungen werden i. d. R. zwischen einem Lehrer und einem Schüler geschlossen, wobei der Schüler seine Ziele selbst stecken sollte.
Therapieplan	Ähnlich der Zielvereinbarung stecken Klient und Therapeut in einem therapeutischen Setting gemeinsam Ziele und setzen einen Plan auf, wie diese erreicht werden können (Grawe et al. 1996)

Neben der gezielten Förderung ist das professionelle Handeln von Lehrern ein Ziel der Förderplanung. Weitere Funktionen des Förderplans, sein Nutzen und verschiedene Arten werden im folgenden Kapitel beschrieben.

2.2 Funktionen, Nutzen und Arten von Förderplänen

An Förderpläne werden in Bezug auf ihre Wirkung und ihren Nutzen hohe Erwartungen gestellt. Das zeigt die gesetzliche Verankerung in allen Ländern der Bundesrepublik Deutschland und ihre Verortung nunmehr in der Pädagogik aller Schularten (→ Kap. 1). In Kap. 2.2.1 wird der erwartete Nutzen beschrieben und im sich anschließenden Kap. 2.2.2 erfolgt eine Darstellung der verschiedenen Arten von Förderplänen, die sich u. a. aus dem derzeitigen Schulsystem und aus den Erwartungen an die Förderplanung ergeben.

2.2.1 Funktionen und Nutzen von Förderplänen

Förderpläne erfüllen mehrere Funktionen bzw. bringen in verschiedener Weise Nutzen:

- **Zielführende Funktion** (im Unterricht und außerhalb): Förderung muss zielgerichtet vor sich gehen. Eine Planung der Fördermaßnahmen unterstützt eine zielgerichtete und damit effektive Unterrichtung und Förderung der Schüler (Schumacher 2004, 13). Ferner ermöglicht ein Förderplan auch eine Zielvereinbarung und -fokussierung des ausführenden Teams (Methner/Popp 2010, 112).
- **Strukturierende Funktion**: Förderpläne können eine Hilfe zur Strukturierung von individuellen Lernprozessen sein (Höhmann 2006, 20).
- **Legitimations- und Dokumentationsfunktion** (Melzer 2009, 277): Mit Hilfe von Förderplänen wird die notwendige Förderung von Schülern mit Hilfebedarf beschrieben/dokumentiert (Heidenreich 2004, 10). Mit dieser Beschreibung können die gesetzlichen Erwartungen erfüllt werden. Zudem ermöglichen Förderpläne eine Begründung von Schullaufbahnentscheidungen, z. B. für die Integration von Schülern.
- **Transparenzfunktion** (Methner/Popp 2010, 112): Mittels Förderplänen wird speziell auf der Inhalts-, Problem- und Beziehungsebene Transparenz hergestellt, wodurch die Teamarbeit gefördert werden kann.

Funktionen aus Lehrerperspektive

- **Evaluationsfunktion** (Heidenreich 2004, 10): Förderpläne können eine Grundlage zur Kontrolle sowohl der Entwicklung der Schüler als auch der eigenen Lehrtätigkeit und Förderung sein. Damit kann Förderplanarbeit für die Schüler als Rückkopplungsinstrument für ihr Arbeiten und Verhalten in der Schule dienen, aber auch ein Instrument zur Professionalisierung der Lehrkräfte sein.
- **Koordinationsfunktion** (Melzer 2010b): Informationen können (bei Wahrung der Schweigepflicht) in einem geordneten Rahmen mit anderen Lehrkräften oder kooperierenden Einrichtungen ausgetauscht werden. So kann die Förderung koordiniert werden, was ein ganzheitliches Handeln aller Beteiligten gewährleistet.

Bei der Darstellung der Funktionen von Förderplänen findet meist nur eine Betrachtung aus der Perspektive des Lehrers statt. Förderpläne erfüllen jedoch nicht nur für den Lehrer bzw. den Förderprozess wichtige Funktionen, sondern ebenso eine bedeutsame Funktion für die Schüler:

Funktion aus Schülerperspektive

- **Orientierungsfunktion**: Der Förderplan bietet dem Schüler eine Orientierung im Schulalltag. So findet beispielsweise ebenfalls eine Zielfokussierung beim Schüler statt. Seine Individualität kann besser berücksichtigt werden, er wird bestärkt und motiviert, am Förderprozess aktiv mitzuwirken (Methner/Popp 2010, 113).

2.2.2 Arten von Förderplänen

Insgesamt können im deutschsprachigen Raum vier verschiedene Arten von Förderplänen unterschieden werden (Melzer 2009, 21, 276):

1. Förderpläne für **Schüler mit sonderpädagogischem Förderbedarf an Förderschulen** (Separation): Übergeordnetes Ziel ist hier die Reintegration (Rückführung in die Regelschule bzw. die Integration in die Gesellschaft): Was müssen die Schüler beherrschen, damit wieder eine Unterrichtung in der Regelschule oder ein möglichst selbstständiges Leben nach der Schule möglich ist?
2. Förderpläne für **Schüler mit sonderpädagogischem Förderbedarf, die in Regelschulen integrativ oder reintegrativ unterrichtet werden**: Förderplanung ist eine Möglichkeit der Begleitung des Unterrichts über einen längeren Zeitraum hinweg, wobei sie sich über kurz oder lang überflüssig machen sollte.

3. Entwicklungspläne für **Schüler ohne sonderpädagogischen Förderbedarf, jedoch mit pädagogischem Förderbedarf in Regelschulen** (sowohl hochbegabte als auch vom Schulversagen bedrohte Schüler): Ziel dieses Förderplans ist die (sekundäre) Prävention von Auffälligkeiten bzw. die gezielte Förderung von Begabungen. Dieser Plan soll also dazu dienen, in Ansätzen vorhandene Auffälligkeiten in ihrer Erscheinungsform zu minimieren, auch wenn noch keine Feststellung über einen sonderpädagogischen Förderbedarf vorliegt (Arnold / Kretschmann 2002, 266).
4. **Übergangspläne:** Förderpläne, die den Übergang vom Kindergarten in die Schule, von der Förderschule in die Regelschule oder von der Schule in die Berufsvorbereitung bzw. -ausbildung begleiten. Die Dokumentationsfunktion und die Koordinationsfunktion (→ Kap. 2.2.1) nehmen hier einen besonderen Stellenwert ein.

Mit den in Kap. 3 dargestellten Verfahren zur Erstellung und Fortschreibung individueller Förderpläne können alle vier Arten erarbeitet werden.

2.3 Qualitätskriterien der Förderplanung

Qualitätskriterien der Förderplanung sind Kriterien, deren Einhaltung eine effektive Förderplanung ermöglichen kann. Verschiedene Kriterien werden in der Literatur zur Förderplanung beschrieben (IPTS 2002, 10ff; Schumacher 2004, 15; Widlak / Witt 2005, 75ff; Budnik / Fingerle 2007, 150f; Mutzeck / Melzer 2007, 210f; Melzer 2010a), wobei die Aufzählungen inhaltlich stark variieren. Im Folgenden werden die bedeutsamsten Qualitätskriterien in Anlehnung an Melzer 2010a vorgestellt und jeweils kurz erläutert.

- **Fachliche und sachliche Richtigkeit:** Die Inhalte des Förderplans sollten fachlich richtig sein und dem Entwicklungsstand des Schülers entsprechen. Die fachlichen Grundlagen sollten sich am *aktuellen* Forschungsstand orientieren.
- **Vielseitigkeit**: Der Förderplan sollte Förderbereiche aus verschiedenen Lern- und Lebensbereichen enthalten (Fächer, Lernkompetenz, Arbeitsverhalten,...) sowie bei der Erstellung die Einbeziehung verschiedener Personen.
- **Flexibilität**: Die Förderung verlangt situationsweise Abänderungen von ggf. beschlossenen Maßnahmen. Dies kann eintreten, wenn bspw. eine Veränderung der Ausgangs-

11 zentrale Kriterien

situation eintritt oder die Ineffizienz einer Maßnahme bewusst wird.
- **Begrenztheit und Schwerpunkte setzend:** Ein Förderplan muss sich auf die zwei bis drei vordringlichsten Förderbereiche und -ziele beschränken. Dabei sollte auch eine Beschränkung des Umfangs der Maßnahmen auf höchstens drei pro Förderziel (max. acht im Förderplan) erfolgen, um weder das Kind noch die fördernden Personen zu überfordern.
- **Kommunizierbarkeit:** Kommunizierbarkeit schafft Transparenz und stellt eine umfängliche sowie ganzheitliche Förderung sicher. Daher sollten regelmäßige Förderplangespräche stattfinden und ein pro Schule einheitliches Förderplanschema vorliegen.
- **Individuelle Abstimmung:** Förderpläne sind individuell auf den einzelnen Schüler abzustimmen und für jeden einzeln zu erstellen und fortzuschreiben.
- **Ökonomie in der Erstellung und Fortschreibung:** Ökonomie in der Erstellung und Fortschreibung wird durch die Begrenzung der Inhalte erreicht. Zudem können festgelegte Teamzeiten der Förderplanung diese unterstützen. Ein Förderplan ist ökonomisch, wenn die in ihm festgehaltenen Ziele erreicht werden. Daher sind diese immer wieder zu kontrollieren und zu verändern.
- **Unterrichtsrelevanz:** Die Unterrichtsrelevanz ist in zweierlei Hinsicht zu sehen. Einerseits müssen beschlossene Fördermaßnahmen in den Unterrichtsablauf eingepasst werden. Andererseits sind Unterrichtsmethoden zu wählen, die eine individuelle Förderung zulassen (z. B. Offener Unterricht, Wochenplanarbeit).
- **Verbindlichkeit:** Ein Förderplan sollte für alle an der Förderung und an der Förderplanung beteiligten Personen verbindlich sein. Dies wird mit der Unterschrift, als Übernahme von Verantwortung für die geplanten Maßnahmen, kenntlich gemacht. Auch gegenüber und mit den Schülern kann mit Hilfe eines Förderkontrakts bzw. einer Zielvereinbarung Verbindlichkeit unterstützt und geschaffen werden.
- **Dokumentation:** Das Festhalten der Maßnahmen auf einem Plan dient der Dokumentation, die v. a. bei einem Wechsel von Klasse und Lehrkraft von Bedeutung ist. So ist es möglich, nachzuvollziehen, welche Förderung durchgeführt wurde und welche Initiativen zu ergreifen sind. Gleichzeitig kann die eigene pädagogische Arbeit gegenüber der Schuladministration legitimiert werden.
- **Evaluation:** Die Kontrolle des Förderplans ist nicht nur ein Mittel der Zielüberprüfung, sondern kann auch als Qualitätsinstrument der Arbeit in der Klasse eingesetzt werden.

2.4 Inhalte und Schemata von Förderplänen

Die Struktur von Förderplänen bezieht sich auf deren Inhalt und auf die äußere Erscheinung, das Förderplanschema. An dieser Stelle werden in Bezug auf den Inhalt Vorschläge unterbreitet, die in der Literatur zu finden sind. Auch für das Förderplanschema einer Schule werden Beispiele sowie Hinweise für eine individuelle Gestaltung gegeben. Dabei ist jedoch immer zu beachten, dass alle hier vorgestellten Inhalte und Gestaltungshinweise als Vorschläge anzusehen sind, die angewendet, aber auch weggelassen werden können. Wir möchten dazu ermutigen, in einer Schule ein eigenes einheitliches Förderplanschema auf der Grundlage bereits bestehender Beispiele (→ Kap. 2.4.2) zu entwickeln. So kann sichergestellt werden, dass möglichst alle Lehrkräfte gut mit dem Schema arbeiten können und zugleich die Kommunizierbarkeit gewährleistet ist (→ Kap. 2.3).

2.4.1 Inhalte von Förderplänen

Wenn ein Förderplan zum Arbeitsdokument der täglichen Tätigkeit werden soll, muss er praktikabel in der Handhabung sein. „Er sollte übersichtlich, transparent, prägnant, zugänglich für alle Beteiligten und fortschreibungsfähig sein" (Fröhlich 2007, 59). Damit ein Förderplan praktikabel in der Anwendung, übersichtlich und prägnant ist, sollte er nicht überladen werden. Dieses wird zum einen durch das Qualitätskriterium Begrenztheit und Schwerpunkte setzend (→ Kap. 2.3) und zum anderen durch die eingebrachten Inhalte sichergestellt. Tab. 2 zeigt mögliche Inhalte eines Förderplans und gibt Erläuterungen hierzu. *(individuelle Gestaltung)*

Die aufgelisteten Inhalte stellen keine Gesamtschau dar. Es ist nicht in jedem Fall zweckdienlich, alle Inhalte bei einem Förderplanschema zu berücksichtigen.

Es gibt aber Inhalte, die sich unbedingt im Förderplan wieder finden sollten: Ausgangssituation / Entwicklungs- bzw. Ist-Stand, (sonder-)pädagogische Zielstellungen und abgeleitete Maßnahmen sowie die Evaluation (SMK 2008, 13f). Gleichzeitig möchten wir Sie ermutigen, eigene wichtige Inhalte (die schulintern für Sie relevant sind, zum Beispiel die Benennung von Ansprechpartnern oder der Bezug zu bestehenden Schulprogramm und -konzepten) ebenfalls aufzunehmen. Ein Förderplan ist ein Arbeitsdokument und muss für Ihre Situation praktikabel sein. *(notwendige Inhalte)*

Tab. 2: Inhalte von Förderplänen

Inhalte des Förderplans	Erläuterung
Angaben zum Schüler	Angabe des Namens des Schülers (sollte auf jedem Plan stehen). Je nach Funktion des Förderplans in der Schule können weitere Angaben zum Schüler enthalten sein: ▪ Klasse. ▪ Besonderheiten (z. B. Medikamenteneinnahme), ▪ Adressen im Notfall, ▪ laufende Therapien.
Entwicklungs- bzw. Ist-Stand	Beschreibung der Ressourcen/Kompetenzen und Defizite/Förderbereiche Die Entwicklungsbereiche können dabei vorgegeben sein: „Die individuelle Förderung bezieht sich auf die Entwicklungsbereiche Sprache/Kommunikation, Wahrnehmung, Denken/Gedächtnis, Motorik, Sozialverhalten/Emotionen und Lern- und Arbeitsverhalten" (SMK 2008, 13). Hierbei sind aber auch andere Entwicklungsbereiche denkbar (z. B. Mutzeck 2007a, 82).
Förderbereiche	Die Förderbereiche werden im Entwicklungs- und Ist-Stand beschrieben. Im Zuge des Kriteriums „Begrenztheit und Schwerpunkte setzend" (→ Kap. 2.3) ist es aber erforderlich, sich für zwei, maximal drei Förderbereiche zu entscheiden, für die zunächst Fördermaßnahmen entwickelt und umgesetzt werden.
Förderziele	Es können sowohl Grob- als auch Feinziele oder kurz-, mittel- und langfristige Ziele angegeben werden. Förderziele sollten einigen Kriterien genügen: ▪ Sie sind als ganze Sätze zu formulieren (zur Verständlichkeit durch Dritte). ▪ Sie sollten erreichbar bzw. vom Schüler bereits in Ansätzen erreicht worden sein. ▪ Förderziele sollten konkret sein, d. h. das Ziel beschreibt einen zu erreichenden Zustand. ▪ Die Ziele sollten positiv formuliert sein (also nicht, was ein Schüler nicht tun soll). ▪ Die Zielerreichung muss im Zuge der Evaluation und Fortschreibung der Förderpläne messbar sein.

Inhalte des Förderplans	Erläuterung
Fördermaßnahmen	Der wichtigste Aspekt der Formulierung von Fördermaßnahmen ist die Konkretheit. Dies schließt die Beschreibung ein, ▪ wer ▪ wann ▪ was ▪ wo ▪ wie und ▪ ggf. mit welchen Mitteln tun wird. Diese konkrete Beschreibung der Fördermaßnahmen erhöht die Verbindlichkeit im Förderplan und damit die Wahrscheinlichkeit ihrer Umsetzung.
Evaluationsmöglichkeit	Die Überprüfung der Fördermaßnahmen ist ein Vergleich von Ist- und Soll-Stand (Förderziele). Damit sollte ein Förderplan die Möglichkeit bieten, die Ergebnisse der Förderung zu dokumentieren und den Grad der Zielerreichung anzugeben. Dies kann auch auf einem Analyseblatt geschehen (vgl. Abb. 8).
Fortschreibungstermin	Im Förderplan ist festzusetzen, wann eine Überprüfung des Förderplans erfolgt. Zu diesem Zeitpunkt werden die Evaluationsergebnisse analysiert und daraus resultierend werden Fördermaßnahmen weitergeführt, verändert oder abgeschlossen (fortgeschrieben).
Förderkontrakte	Im Sinne eines Förderkontrakts unterschreiben alle Teilnehmer den erstellten bzw. fortgeschriebenen Förderplan. Die Unterschrift auf dem Förderplan trägt insbesondere dem Qualitätskriterium Verbindlichkeit Rechnung (→ Kap. 3.3; Melzer 2009, 37; Melzer et al. 2009, 14). Es wird mit einer Unterschrift mehr Verbindlichkeit erreicht, weil die Unterzeichnenden Verantwortung übernehmen. Dies erhöht die Wahrscheinlichkeit der Umsetzung der Fördermaßnahmen (Arnold/Kretschmann 2002).
Kooperationspartner	Im Sinne der Schaffung von Transparenz und der Übersichtlichkeit ist die Zusammenarbeit mit Kooperationspartnern hilfreich. Die Aufnahme von Kooperationen trägt dem Umstand Rechnung, dass alle Kooperationspartner Informationen über die Art und Umfang von Auffälligkeiten des Schülers benötigen und sich eine verstärkte Kooperation der beteiligten und notwendigen Kooperationspartner wünschen (Mutzeck et al. 2007, 163). Kooperationspartner können z.B. der Allgemeine Soziale Dienst (ASD), das Gesundheitsamt, Kinder- und Jugendpsychotherapeuten, weitere Therapeuten oder eine Autismusambulanz sein.

2.4.2 Förderplanschemata

Das Förderplanschema ist die äußere Form von Förderplänen. Da Förderpläne inhaltlich stark unterschiedlich sein können, gibt es auch sehr viele Möglichkeiten der äußeren Gestaltung. Je nach ihrer Gestaltung können sie ein Deckblatt mit den wichtigsten Informationen (Angaben) zum Schüler enthalten. Es gibt aber auch Vorschläge, die diese Angaben kurz und prägnant direkt über dem eigentlichen Schema darstellen.

Beispiele für Schemata Schemata gibt es als Tabelle oder als Aufzählung der einzelnen Aspekte. Zu Schemata gibt es zahlreiche Veröffentlichungen. Zwei Beispiele werden an dieser Stelle gegeben (→ Abb. 2 und 3). Weitere Beispiele bieten neben anderen

Förderplan					
Schule	Schuljahr	Name	Vorname		geb.
Förderschwerpunkt			von	bis	
Klassenlehrer	Förderlehrer		Planungszeitraum		
Förderbereiche	Ausgangssituation/ Ist-Zustand	Förderziele	abgeleitete Fördermaßnahmen	Verlaufskontrolle	abgeleitete neue Fördermaßnahmen
Sprache/Kommunikation					
Wahrnehmung					
…					

Abb. 2: Beispiel 1 für einen Förderplan (Quelle: SMK 2008, 15)

Individueller Förderplan für:		Erstellung am:		Fortschreibung am:	
Förderbereich/ -schwerpunkt	Förderziel(e)	Fördermaßnahmen		Besondere Bedingungen	Evaluation Zeit Ergebnis
		Was	Wer/Wann/Wo		

Abb. 3: Beispiel 2 für einen Förderplan (Quelle: Mutzeck/Melzer 2007, 228)

Autoren Mutzeck (2007b) und der Verband Sonderpädagogik Nordrhein-Westfalen (vds-NRW 2004; 2005).

2.5 Periodizität zwischen Erstellung und Fortschreibung von Förderplänen

Die Zeitspanne (Periodizität) zwischen der Erstellungs- und Fortschreibungsphase eines Förderplanes ist legislativ nicht näher festgelegt bzw. wird lediglich empfohlen. Eine kontinuierliche Fortschreibung ist jedoch nötig, um den Förderplan aktuell zu halten (Mutzeck / Melzer 2007). Demzufolge muss er nach Bedarf fortgeschrieben (Sander 2007, 24) und dem jeweiligen Schüler sowie der Fördermaßnahme angepasst werden: „Je häufiger dies geschieht, desto problemnäher werden die Förderpläne sein" (Arnold / Kretschmann 2005, 7).

zeitliche Ressourcen

Gleichzeitig sollten zwei Aspekte beachtet werden. Zum einen lassen zu kurze Zeitabstände oft keine oder zu geringe Entwicklungen erkennen (Melzer 2010a, 214) und zum anderen darf eine Fortschreibung nicht zur Belastung für die durchführenden Lehrkräfte werden. Beispielsweise würde eine wöchentliche Fortschreibung hierfür Gefahr bergen. Sander kommt diesbezüglich zu dem Schluss:

> „Eine regelmäßige wöchentliche Beratung [...] ist für den Erfolg der Förderung wichtiger als eine wöchentlich ausformulierte Fortschreibung des Förderplans. Die knappe Zeit für gemeinsame Beratungen sollte durch relativ unfruchtbare Tätigkeiten wie Planformulierung oder Planformularausfüllen möglichst wenig beschnitten werden. Unseres Erachtens sollten die Perioden für formelle Förderpläne demnach nicht kürzer als ein halbes Jahr sein." (Sander 2007, 25)

Diese Orientierung bietet die Chance einer Planungssicherheit für die am Förderprozess teilnehmenden Lehrkräfte und Schüler. Parallel besteht jedoch das Risiko, dass diese Orientierung für eine einseitige Periodizität der Fortschreibung sorgt. Das heißt, dass der Fortschreibungstermin sich nicht mehr am aktuellen Bedarf orientiert, sondern am Schuljahr. Entsprechend sollte der Fortschreibungstermin individuell festgelegt werden können.

Dieses Spannungsverhältnis zwischen Notwendigkeit auf der einen und Belastung auf der anderen Seite müssen Sie bei der Vorbereitung der Fortschreibung thematisieren. Setzen Sie sich realistische (und feste) Termine für die Umsetzung

individuelle Passung

und die resultierende Fortschreibung, angepasst an die jeweilige Maßnahme.

2.6 Förderpläne bei Hochbegabung

Liest man in der Literatur über Förderpläne, die Notwendigkeit der Erarbeitung von Förderplänen und Leitlinien für deren Erstellung, handelt es sich meist um Förderpläne für Schüler mit sonderpädagogischem Förderbedarf (→ Kap. 2.2.2). Eine besondere Förderung erfahren allerdings auch Kinder und Jugendliche mit einer Hochbegabung. Es gibt bisher jedoch kaum Veröffentlichungen, die sich mit Förderplänen für hochbegabte Kinder und Jugendliche befassen.

2.6.1 Hochbegabung

Unter Hochbegabung verstehen wir heute mehr als nur eine überdurchschnittliche, sehr hohe Intelligenz (u. a. Bachmann 2005; Ziegler 2009). Die klassische Definition, die einen Wert des Intelligenzquotienten von über 130 zugrunde legt, wird heute nicht mehr als Grundlage genommen. Vielmehr wird eine komplexere Definition von Hochbegabung verwendet, z. B. das Drei-Ringe-Prinzip nach Renzulli:

Drei-Ringe-Prinzip nach Renzulli

„Höchstleistungsverhalten bezeichnet Verhaltensweisen, die aus einer Interaktion zwischen drei grundlegenden Fähigkeitskomponenten entsteht: überdurchschnittliche Fähigkeiten, ein hohes Ausmaß von Engagement und ein hohes Ausmaß von Kreativität. Menschen, die das Potential für Höchstleistungsverhalten haben, weisen diese Kombination von Stärken auf oder können sie entwickeln und in der Folge auf gesellschaftlich wertvolle Leistungsbereiche anwenden" (Renzulli et al. 2001, 223).

Dieses sogenannte Drei-Ringe-Prinzip von Renzulli (intellektuelle und kreative Stärken sowie Motivation und Engagement) gilt z. B. als Aufnahmekriterium für das Sächsische Landesgymnasium für Höchstbegabtenförderung.

Daneben gibt es eine Reihe von Kindern und Jugendlichen mit besonderen Begabungen im praktischen, künstlerischen und sozialen Bereich. Hierzu gehören Kinder mit Teilbegabungen auf einzelnen Gebieten: z. B. mathematische, musische oder sprachliche Begabungen. Diese unterscheiden sich von Hochbegabten dadurch, dass sie in Bereichen außerhalb der Teilbegabungen nur durchschnittliche, aber auch unterdurchschnittliche Leistungen erbringen können. Eine letzte Gruppe bilden die Menschen mit Inselbegabung (Savant-Syndrom), die allerdings bereits zur Gruppe der Menschen mit Förderbedarf gezählt werden (Bölte et al. 2002, 291ff).

2.6.2 Warum bedürfen Hochbegabte besonderer Förderung?

In einem Bildungssystem, das auf Leistungen hin orientiert ist, bedarf die Förderung von Kindern mit eingeschränktem Leistungsverhalten nicht der Begründung. Warum aber sollten Kinder und Jugendliche gefördert werden, die überdurchschnittliche Voraussetzungen haben? Dies kann damit begründet werden, dass natürliche Voraussetzungen allein nicht auch die Realisierung von Möglichkeiten begründen. So benennt Urban ein mehrdimensionales Begabungskonzept:

Gründe für eine Förderplanung

„Zu hohen Leistungen kommt es, wenn unter ‚passenden', anregenden und förderlichen Umweltbedingungen sich besondere Begabungen entwickeln können und schließlich mit Kreativität und starker Anstrengungsbereitschaft (Motivation und Aufgabenwidmung) zusammenwirken" (Urban 2008, 379).

Diese „passenden" Bedingungen zu schaffen, ist eine der Aufgaben des Förderplans für Hochbegabte. So schlägt Höhmann (2003, 28) hierfür die Förderplanung als individualisierendes Instrument vor, da sich eine allgemeine Veränderung von Bedingungen aufgrund der unterschiedlichen Schülervoraussetzungen nicht realisieren ließe.

Des Weiteren sei darauf hingewiesen, dass sich hochbegabte Kinder und Jugendliche auch in einer schwierigen psychischen Situation befinden. Urban verweist auf zwei Seiten: auf Stärken bzw. Verhaltens- und Personenmerkmale des Hochbegabten einerseits und mögliche damit zusammenhängende Folgen und Probleme andererseits (Urban 2008, 390f). Die schulischen Möglichkeiten hochbegabter Kinder unterscheiden sich von denen Gleichaltriger, gleichzeitig suchen sie jedoch den Kontakt zu diesen, bleiben Kinder und sind keine kleinen Erwachsenen. Dies spricht ebenso für eine gezielte Förderung mittels Förderplan, der nicht nur die Lernleistungen einbezieht.

psychische Merkmale bei Hochbegabten

Die in diesem Buch vorgelegten Grundlagen der Förderplanung sind adäquat auch für hochbegabte Kinder und

Jugendliche anwendbar, unabhängig von ihrem Beschulungsort.

Ist-Stand-Erhebung

Bereits die Feststellung des Status einer Hochbegabung erfordert ein diagnostisches Vorgehen (→ Kap. 1.2 und Kap. 6.2). In der Regel wird dazu natürlich auf Verfahren zur Erfassung der intellektuellen Leistungsfähigkeit verwiesen. Ein mehrdimensionales Konstrukt, wie es hier vorgeschlagen wurde, verlangt aber auch die Einbeziehung anderer Methoden:

„Hochbegabungskonzepten genügt die Konzentration auf kognitive Testverfahren freilich nicht, sie evozieren einen Bedarf an zentralen Informationen zu weiteren, jeweils modellkonformen Konstrukten (Kreativität, Motivation, soziale Kompetenz, Unterrichtsklima etc.)" (Henze/Zumhasch 2008, 370f).

spezielle Förderziele

Die meisten Förderziele sind im Wesentlichen auf die Förderung der kognitiven Fähigkeiten ausgerichtet (Sontag/Schäfer 2009, 127) und vernachlässigen im Sinne des genannten Drei-Ringe-Prinzips von Renzulli die verbleibenden zwei Komponenten Kreativität und Engagement. Aber auch diese Komponenten müssen erlernt/gefördert werden und sollten bei der Wahl der Förderziele berücksichtigt werden (→ Kap. 2.4.1).

spezielle Fördermaßnahmen

Im vorgeschlagenen Konzept der Förderplanung ist es selbstverständlich notwendig, auf entsprechende Fördermaßnahmen der Hochbegabtenförderung zurückzugreifen. Das von Renzulli vorgeschlagene Modell bietet für die Wahl von Fördermaßnahmen eine Orientierung.

Akzeleration und Enrichment

Klassisch werden zwei Gruppen von Fördermaßnahmen vorgeschlagen, welche ebenfalls in Kombination eingesetzt werden können: Maßnahmen der Akzeleration (eine Verkürzung des Durchlaufs bestimmter Klassen, also eine Verkürzung der Schulzeit durch Überspringen von Klassenstufen, aber auch die Nutzung der flexiblen Schuleingangsphase) und des Enrichments, d. h. eines Angebots zusätzlicher Kurse und Förderung. Hier werden vordergründig binnendifferenzierende Maßnahmen des Unterrichts selbst und der Einsatz von Spezialkursen bzw. Pull-Out-Programmen genannt (Henze/Zumhasch 2008, 374f; Lehmann/Jüling 2004, 34f; Sontag/Schäfer 2009, 118f; BMBF 2009, 60f).

Enrichmentprojekt von Renzulli

Ein solches Enrichmentprojekt wurde z. B. von Renzulli (2000) entwickelt, der drei Stufen vorschlägt: Die erste Stufe, der Typ I Enrichment, beinhaltet sogenannte Schnupperangebote in Form von Gastvorträgen, Vorführungen und Kurzprojekten zu verschieden Themenfeldern. Diese Angebote können sich an eine bestimmte Altersgruppe wenden oder sich auf ein einzelnes Fachgebiet beschränken. Auf der zweite Stufe, dem Typ II Enrichment, werden spezifische Fertigkeiten zur individuellen weiteren Umsetzung des Lernwillens vermittelt. Dazu sollen Arbeits- und Lerntechniken sowie Methoden erworben werden. Auf der dritten Stufe schließlich, dem Typ III Enrichment, entwickeln die Schüler eigene Aktivitäten zur Projektinitiierung (Forschungsprojekte). Gleichzeitig können sie andere Schüler coachen.

Bei allen Bemühungen um adäquate Förderung sollte beachtet werden, „dass eine auf das Individuum zentrierte, aber die Umwelt, in der das Individuum handelt, vergessende Förderung wahrscheinlich nicht ihre Ziele erreichen kann" (Ziegler 2009, 31). Nimmt man beispielsweise die Akzelerationsmaßnahme „Überspringen von Klassen": Obwohl der Sprung in höhere Klassen thematisch meist gut bewältigt werden kann, stellt es für alle Beteiligten eine große Herausforderung dar: Wie reagiert die neue Klasse auf den jüngeren, „gesprungen" Schüler? Vor welche sozialen Schwierigkeiten ist der Springer gestellt? Vor und während dieser Maßnahme sollten förderliche und hinderliche Faktoren benannt und unterstützende Handlungen geplant werden.

Person-Umwelt-Passung

Eine Förderplanung für hochbegabte Schüler muss also nicht nur alle gängigen Fördermöglichkeiten, sondern insbesondere auch die Person-Umwelt-Passung beachten.

Praxistransfer

- *Welche Art(en) von Förderplänen haben Sie bislang erstellt bzw. werden Sie zukünftig erstellen?*
- *Sie können nicht immer alle Qualitätskriterien umsetzen. Welche Qualitätskriterien sind Ihrer Meinung nach am wichtigsten und sollten in jeder Förderplanung berücksichtigt werden?*
- *Auf welche Angaben im Förderplan würden Sie am ehesten verzichten? Welche Angaben müssen sich in Ihrem Förderplan unbedingt wieder finden?*

3 Förderplanung als Prozess

Prozess und Produkt

Der Förderplan ist das Produkt des Förderplanprozesses. Dementsprechend stellt der Förderplanprozess den Weg zum Produkt Förderplan dar: Er beinhaltet die Erstellung, die Umsetzung und die Fortschreibung desselben (Mutzeck/Melzer 2007, 200). Dabei stellt sich die Frage, auf welche Art und Weise dieser Prozess gestaltet werden kann, damit er planvoll und zielgerichtet ist. In der Praxis sind unserer Ansicht nach vier verschiedene Formen zu verzeichnen:

Prozessformen

1. Es gibt einen Verantwortlichen für den Förderplanprozess (z. B. der Klassenleiter), der die Erstellung und Fortschreibung übernimmt, ohne andere an der Förderung Beteiligte einzubeziehen.
2. Die Lehrkraft übernimmt die Erstellung und Fortschreibung des Förderplans allein, hält aber bezüglich der Ziele und Maßnahmen (z. B. innerhalb einer Klassenkonferenz) Rücksprache mit den weiteren Kollegen und/oder dem Schüler.
3. Der Lehrer erstellt den Förderplan gemeinsam mit dem Schüler (im Sinne eines Entwicklungsplans nach Zetterström [2006; → Kap. 3.1] oder einer Zielvereinbarung).
4. Alle (oder möglichst viele) an der Förderung Beteiligten gestalten den Förderplanprozess (Erstellung, Umsetzung und Fortschreibung) gemeinsam (im Sinne einer Kooperativen Förderplanung; → Kap. 3.2).

Vor- und Nachteile

Nach unseren Erfahrungen werden die ersten beiden Varianten sehr häufig in der Praxis angewendet. Diese Varianten haben einige Vorteile. So wird auf den ersten Blick weniger Zeit benötigt, da keine langfristigen Terminvereinbarungen notwendig sind. Außerdem ist die erstellende Lehrkraft nicht von anderen Personen abhängig. Wie wir im vorigen Kapitel in Bezug auf die Qualitätskriterien (→ Kap. 2.3) gezeigt haben, sind diese jedoch allein kaum erreichbar. Genau hier treten die Nachteile des Allein-Erstellens in den Vordergrund: Die Verbindlichkeit nimmt ab, es ist kaum eine Aufgabenteilung möglich. Außerdem sind nach dem Erstellen zusätzliche Informationsgespräche über den Inhalt (siehe zweite Variante) notwendig, da ohne das (Situations-)Wissen und die Mithilfe (Unterstützung bei der Förderung) der anderen am Förderprozess Beteiligten die optimale Förderung unmöglich erscheint. Damit nimmt die scheinbare Zeitersparnis der ersten beiden Varianten wieder ab.

Da die dritte und die vierte Variante noch selten in der Praxis eingesetzt werden, sich aus ihnen aber sehr viele Vorteile ergeben und sie das Einhalten der Qualitätskriterien (→ Kap. 2.3) unterstützen, wird in den folgenden Kapiteln (→ Kap. 3.1 und Kap. 3.2) je eine Methode beschrieben, die in diesen beiden Bereichen verortet werden kann.

Berücksichtigung der Qualitätskriterien

3.1 Individuelle Entwicklungspläne – das schwedische Modell

Das schwedische Modell, das ausführlich von Agneta Zetterström (2006) beschrieben worden ist, kann zur dritten genannten Art des Schreibens von Förderplänen gezählt werden: Eine Lehrkraft erstellt gemeinsam mit einem Schüler einen Förderplan. Das Konzept selbst, das an dieser Stelle umrissen wird, geht aber weit über die bloße Förderplanung hinaus und stellt ein umfassendes Konzept zum Input-gesteuerten Lernen dar. Es ist in Schweden im Zuge der Entwicklung eines Rahmenplans und der Abschaffung der Stundenpläne (bzw. Stundentafel) entstanden (Zetterström 2006, 16).

Auch in Deutschland scheinen sich ähnliche Entwicklungen abzuzeichnen. So gab es in den letzten Jahren kritische Diskussionen und Umsetzungsversuche zur Formulierung von Bildungsstandards im Bereich der allgemeinen Schule (z. B. Klieme 2004; 2007; Benner 2007; Buschkühle et al. 2009) als auch der Sonderpädagogik (z. B. Musenberg et al. 2008). Ohne sich der Diskussion genauer zu widmen, können wir aber konstatieren, dass das schwedische Konzept durchaus sinnvolle Ansatzpunkte und Möglichkeiten der Anwendung in Deutschland bietet.

Bildungsstandards

3.1.1 Sinn und Nutzen des Konzepts

Das *Ziel* des schwedischen Modells zur Entwicklungsplanung ist das Finden einer anderen Form der Qualitätssicherung und Zielsteuerung in einer Schule ohne vorgegebenem Stundenplan (Stundentafel) (Zetterström 2006, 15). Damit passt sich das Konzept Zetterströms bezüglich der Qualitätssicherung in die in Kap. 2.1 vorgestellte Definition für den Förderplan ein.

„Dieser IEP [Individueller Entwicklungsplan] dient dazu, dass wir unsere Arbeit und die jeweiligen Ziele klar definieren und ihre Erreichung evaluieren können." (Zetterström 2006, 16)

Außerdem dient er den Kindern und den Erziehungsberechtigten zur Verfolgung der Entwicklung. Obwohl er als Mess- und Steuerungsinstrument eingesetzt wird, dient er nicht zur Leistungsbeurteilung (Zetterström 2006, 31), kann diese aber unterstützen.

3.1.2 Zielgruppe des Konzepts

„Wir müssen die Kinder so früh wie möglich beteiligen und Wege finden, wie diese Beteiligung gelingt" (Zetterström nach Bell 2007, 26).

vom Kindergarten bis zum Schulende

Die Einbeziehung der Kinder beginnt bereits im Kindergartenalter und gelingt über ein allmähliches sowie spielerisches Heranführen an die Beteiligung mittels Gesprächen (Zetterström 2006, 16f; Bell 2007, 27). Die Zielgruppe des individuellen Entwicklungsplans in Schweden reicht demnach vom Kindergartenkind (ab dem ersten Lebensjahr) bis zum Schulende.

Umsetzung in Deutschland

Auf Deutschland bezogen kann das Konzept für die allgemeine Schule empfohlen werden, wenn für alle Kinder einer Klasse ein individueller Förderplan anzufertigen ist, wie das in einigen Ländern der Bundesrepublik bereits vorgeschrieben ist (z. B. Nordrhein-Westfalen für die Grundschulen). Hierzu sind allerdings Anpassungen notwendig, die im Anschluss an die Konzeptbeschreibung vorgeschlagen werden.

3.1.3 Elemente des Entwicklungsplankonzeptes

Eingangs haben wir beschrieben, dass das Entwicklungsplan-Konzept in Schweden weitaus umfassender ist als das meist in Deutschland eingesetzte Förderplankonzept. Folgende Elemente sind integriert:

Elemente
- Kompetenzstufen in den Hauptfächern sowie in den Bereichen Motorik und soziale Entwicklung,
- Pflege eines IEP-Ordners,
- Durchführung von Entwicklungsgesprächen,
- Anlage eines schriftlich fixierten Entwicklungsplans.

Die *Kompetenzstufen* beschreiben detailliert Fertigkeiten und Fähigkeiten, die die Schüler im Laufe des Unterrichts erwerben und entwickeln sollen. Solche Kompetenzstufen liegen beispielsweise den Vergleichsstudien (wie PISA oder TIMSS) zugrunde (Klieme et al. 2007, 76f). Zetterström (2006) und ihre Kollegen haben für die Hauptfächer Stufenformulare („lange Listen") entwickelt, die sie ihren Entwicklungsgesprächen zugrunde legen und anhand derer die Schüler selbst kontrollieren können, was sie gelernt haben.

Kompetenzstufen

„Es ist aber wichtig, sich darüber im Klaren zu sein, dass trotz der langen Listen nur ein kleiner Teil der Ziele formuliert ist. Mindestens ebenso wichtig sind die Ziele des so genannten ‚heimlichen Lehrplans' – die Vermittlung von sozialen und ethischen Werten und Kompetenzen" (Zetterström 2006, 22).

Die Stufenformulare sind eine Hilfe, um Voraussetzungen für das Lernen zu schaffen. Sie enthalten:

- Ziele und Kriterien,
- die Beurteilung des Schülers durch den Schüler selbst,
- die Beurteilung des Schülers durch den Lehrer,
- Vermerke über die Dokumentation eines Zieles im Ordner,
- Unterschriften von Schüler und Lehrer, wenn ein Stufenformular abgeschlossen, also alle Stufen erreicht wurden (Zetterström 2006, 50).

Dabei ist die Zieltransparenz für die Schüler und Eltern immer gewährleistet, da sie mittels des IEP-Ordners jederzeit in die Kompetenzstufen Einsicht haben.

Der *IEP-Ordner* ist ein persönlicher Ordner für die Schüler. Er beinhaltet die Selbstpräsentation des Schülers im Sinne eines Portfolios, Verwaltungsunterlagen (Daten zur Schullaufbahn, Einwilligung zur Weitergabe des Ordners an andere Schulen bei Schulwechsel, ein Entwicklungsgesprächsverzeichnis und die Ergebnisse der nationalen Prüfungen) sowie die Stufenübersichten mit den (persönlichen) Einschätzungen zur Erreichung der Stufen.

IEP-Ordner

Natürlich enthalten gerade die Verwaltungsunterlagen Angaben, die dem Datenschutz unterliegen (Zetterström 2006, 10). Es muss entsprechend darauf geachtet werden, dass dieser nicht verletzt wird (Zetterström 2006, 49). Der Ordner selbst wird nicht verschlossen, aber jedem ist bewusst, dass er „etwas Persönliches" und dementsprechend zu behandeln ist. Solange die Kinder noch klein und im Kindergartenalter sind, stellt der Ordner v. a. eine Dokumentation für die Erwachsenen (Erzieher und Erziehungsberechtigte) dar. Mit zunehmendem Alter sind die Schüler bei Eintragungen in den Ordner dabei und nehmen diese zum Ende der Schulzeit selbst vor.

Entwicklungsgespräche

Der individuelle Entwicklungsplan wird zweimal jährlich evaluiert. Dies geschieht in Form von *Entwicklungsgesprächen*. An diesen nehmen die Kinder und die Erziehungsberechtigten teil.

„Die Voraussetzung dafür ist, dass die Schüler darüber informiert sind, was erwartet wird, sowie Zeit und Gelegenheit zum Gespräch bekommen. Das Entwicklungsgespräch ist deshalb ein sehr wichtiges Instrument für die Arbeit" (Zetterström 2006, 41).

Auf diese Weise können die Kinder mehr und mehr Verantwortung für ihr eigenes Lernen übernehmen. Die Kollegen um Agneta Zetterström stellen zwei Leitfäden zum Führen von Entwicklungsgesprächen vor; an dieser Stelle wird lediglich der für die Schule vorgestellt, da er als vollständiger zu betrachten ist und die Schüler explizit einbezieht. Der Leitfaden besteht aus drei Teilen: der Ist-Stand-Darstellung, der Formulierung neuer Ziele und einer Auswertung.

Inhalte von Entwicklungsgesprächen

Innerhalb der Darstellung des Ist-Stands steht das Selbstbild des Schülers im Vordergrund, der über seine soziale Entwicklung und seinen fachlichen Fortschritt Auskunft gibt. Aber auch das Fremdbild wird durch die Eltern und die Pädagogen wiedergegeben. Im Abschnitt des Formulierens kurz- und langfristiger Ziele wird v. a. auf deren Überschaubarkeit (→ Kap. 2.3) sowie deren Erreichbarkeit geachtet. Gleichzeitig wird bestimmt, wie diese Ziele erreicht werden können (Arbeitsweise, Lernstil, Material, Methoden, Zeit und Routinen) und welche Unterstützung benötigt wird. Dabei werden auch Aufgaben an Schüler, Erziehungsberechtigte und Lehrer verteilt. Im letzten Teil des Entwicklungsgespräches, der Auswertung, wird die Dokumentation der Zielerfüllung und die Art und Weise der Auswertung geplant. Die Ergebnisse des Entwicklungsgesprächs werden im Entwicklungsplan notiert und in Kopie an alle ausgehändigt.

Entwicklungsplan als Prozess und Produkt

Der Entwicklungsplan als Prozess ist mit vielen Formularen versehen und versteht sich als über die gesamte Lernzeit reichend. Das Produkt, der *schriftlich fixierte Entwicklungsplan* (IEP), steht am Ende des Entwicklungsgesprächs und ist am ehesten mit dem Förderplan, der allgemein in Deutschland anzutreffen ist, vergleichbar. Neben den allgemeinen demografischen Daten enthält er folgende Aspekte (Zetterström 2006, 91):

- „Darin will / muss ich mich verbessern: …",
- „Meine Ziele kurzfristig: …",
- „Meine Ziele langfristig: …",
- „Das werden wir machen, damit die Ziele erfüllt werden können: …" (Schüler, Schule, Erziehungsberechtigte),
- „So soll die Auswertung erfolgen: …" sowie
- eine Unterschrift aller am Entwicklungsgespräch Beteiligten.

Anfangs stellt der IEP vor allem die soziale Entwicklung in den Mittelpunkt der Betrachtungen. Mit zunehmendem Alter der Schüler wird der Fokus verstärkt auf fachliche Ziele gerichtet (Zetterström 2006, 67).

Neben dem Entwicklungsplan gibt es im Konzept Themenformulare (Zetterström 2006, 92f), auf denen die Schüler in der Art eines Lerntagebuchs beschreiben, was sie zu einem bestimmten Themengebiet gelernt und gearbeitet haben. Dies wird auch mit einem Kommentar des Lehrers versehen. Ein anderes Themenformular wird vom Schüler vor und nach dem Lernprozess ausgefüllt. Darin steckt sich der Schüler selbst fachliche Ziele und wertet ihre Erreichung im Anschluss eigenständig aus.

Lerntagebuch

3.1.4 Mögliche Anwendung

Dieses Konzept wurde für Schweden entwickelt: Hier wurde die Stundentafel abgeschafft und im Zuge von PISA wird sich vermehrt nach Bildungsstandards und Kompetenzstufen gerichtet. Zumindest der zweite Aspekt trifft auch auf Deutschland zu.

PISA

Derzeit wurden und werden Kompetenzraster für Deutschland bzw. die einzelnen Bundesländern entworfen, die hierfür eingesetzt werden könnten. Entsprechend passt das schwedische IEP-Konzept zu den derzeitigen deutschen Entwicklungen und kann den Umgang mit Kompetenzstufen in den einzelnen Schulen unterstützen. Weiterhin ist das Konzept unserer Meinung nach sehr gut geeignet, die Förder- bzw. Entwicklungsplanung auf die große Gruppe der Schüler in allgemeinen Schulen anzuwenden, um Förderpläne für alle Schüler einer größeren Klasse zu erstellen und fortzuschreiben. Doch wie können die beschriebenen Entwicklungsgespräche angewendet und dabei die bestehenden Strukturen genutzt werden? Ein sicherlich bestehendes und immer wieder genanntes Problem sind fehlende zeitliche Ressourcen (z. B. Hillenbrand et al. 2006, 378; Melzer 2010a,

Passung für Deutschland

219). Dieses Problem wurde v. a. für den Förderschulbereich beschrieben. Wie können dann Förder- oder in diesem Fall Entwicklungspläne für 20–30 Schüler einer Klasse erstellt, umgesetzt und fortgeschrieben werden? Einen ersten Ansatzpunkt bietet dieses Konzept, da die Schüler selbst in die Dokumentation einbezogen werden und so auch lernen, sich selbstständig Ziele zu setzen. Entwicklungsgespräche sind hier zweimal jährlich geplant. Diese können z. B. innerhalb der Elternsprechtage stattfinden. Ist dies nicht möglich, könnten Entwicklungsgespräche auch ohne die Erziehungsberechtigten und nur mit den Schülern durchgeführt werden.

Tipp
Da das Führen von Entwicklungsgesprächen nach dem Unterricht sowohl eine zu hohe Belastung für die Lehrkraft als auch für die Schüler wäre, schlagen wir die Durchführung innerhalb der Schulzeit vor. Im Zuge von Offenem Unterricht (z. B. Freiarbeitsstunden, Wochenplanunterricht) steht dem Lehrer Zeit zum individuellen Eingehen auf die einzelnen Schüler zur Verfügung, die zum Führen der Entwicklungsgespräche genutzt werden kann.

3.2 Kooperative Förderplanung

Definition
Kooperative Förderplanung ist der gemeinsame Prozess des Erstellens, Umsetzens, Evaluierens und Fortschreibens individueller Förderpläne im Team.

Um kooperativ Förderpläne erstellen und fortschreiben zu können, sind Förderplangespräche durchzuführen, an denen möglichst viele an der Förderung eines Schülers beteiligte Personen teilnehmen (Melzer 2009, 37, 40f).

3.2.1 Sinn und Nutzen Kooperativer Förderplanung
Im Zuge der in Kap. 2.3 genannten Qualitätskriterien werden in Kooperation erstellte und fortgeschriebene Förderpläne immer häufiger genannt, da sich in der Kooperativen Förderplanung mehrere dieser Kriterien ideal umsetzen las-

sen (z. B. fachliche und sachliche Richtigkeit, Vielseitigkeit, Kommunizierbarkeit sowie Verbindlichkeit). Aber auch in den Verordnungen und Gesetzen der meisten Länder der Bundesrepublik Deutschland wird eine teamorientierte Förderplanung empfohlen (Pluhar 2003). Kooperative Förderplanung bietet zudem weitere Vorteile (Martin 2005, 5; Melzer 2009, 37f; Mutzeck/Melzer 2007, 200f; Straggilos/Xanthacou 2006, 339ff):

- Bei der Kooperativen Förderplanung können Informationen direkt zwischen allen Beteiligten ausgetauscht werden. Dies ist besonders wichtig, wenn die diagnostizierende Person nicht gleichzeitig Klassenlehrer ist, was v. a. im Zuge der Integration vorkommt.
- In einer Kooperativen Förderplanung kommt es zur Arbeitsteilung in den Bereichen Sammeln von Informationen, Finden und Treffen von Entscheidungen sowie Durchführung und Evaluierung der Fördermaßnahmen.
- Durch eine Kooperative Förderplanung kann die Effektivität der Teamarbeit gesteigert werden.
- In Kooperation erstellte Förderpläne sind effektiver und umfassender.
- Wenn neben der Schule auch weitere Kooperationspartner (z. B. die Kinder- und Jugendhilfe, Therapeuten) mit dem Schüler arbeiten, können durch eine Kooperative Förderplanung doppelte oder sich ausschließende Maßnahmen vermieden werden. Therapeutische oder pädagogische Schwerpunkte können gezielter gesetzt werden, auch wenn dies mit einigen Schwierigkeiten verbunden ist (Bethge 2010, 6).

Vorteile

3.2.2 Zielgruppe

Kooperative Förderplanung ist vor allem dann angezeigt, wenn viele Personen oder mehrere Professionen an der Förderung beteiligt sind, oder wenn der persönliche und/oder berufliche Belastungsfaktor mit dem Schüler als sehr hoch erlebt wird. Das betrifft z. B. Schüler mit starken Verhaltensauffälligkeiten, die nicht nur in der Schule, sondern auch von sozialen Diensten oder Psychologen betreut werden.

Schüler mit Förderbedarf

Eine Kooperative Förderplanung kann aber auch sinnvoll sein, wenn eine Lehrkraft allein bzw. die Eltern, der Schüler und die Lehrkraft keine Lösungsmöglichkeiten für aktuelle oder akute Probleme bzw. Situationen finden können. Der Einbezug anderer Lehrkräfte oder Professionen bietet eine Erweiterung des „Sichtfeldes" und damit eine Verteilung der

Erweiterung der Perspektive

Verantwortlichkeiten, aber auch eine Erweiterung der Handlungsmöglichkeiten (→ Kap. 3.2.1).

Förderplanung in der Integration

Eine weitere Zielgruppe der Kooperativen Förderplanung sind in allgemeine Schulen integrierte Schüler, die für die Diagnostik und Beratung zwar durch Sonderpädagogen begleitet, aber zumeist durch Regelschullehrer gefördert werden. In diesem Fall ist eine Förderplanung ohne den fördernden oder ohne den diagnostizierenden Lehrer wenig sinnvoll, da Informationen nur unzureichend genutzt oder nicht umsetzbare Fördermaßnahmen geplant werden (Mutzeck / Melzer 2007, 201).

3.2.3 Die Kooperative Erstellung und Fortschreibung individueller Förderpläne (KEFF)

Die „Kooperative Erstellung und Fortschreibung individueller Förderpläne" (KEFF) ist eine Möglichkeit der Kooperativen Förderplanung. Weitere Modelle werden z. B. durch Bergsson und Luckfiel (1998) sowie Schnadt et al. (2000a) vorgestellt, bzw. für die berufliche Benachteiligtenförderung durch Schnadt (2000b) oder Hollenweger und Lienhard (2007).

evaluierte Methode

Die KEFF wird an dieser Stelle näher beschrieben, da sie nicht nur seit mehreren Jahren erfolgreich sowohl in Förder- und Regelschulen als auch in der beruflichen Förderung eingesetzt und evaluiert wurde (Melzer 2009), sondern weil sie neben einem Gesamtablaufplan zur Förderung auch zwei Gesprächsleitfäden (je einen zur Erstellung und einen zur Fortschreibung) für die individuelle Förderplanung anbietet, an denen sich die Gesprächsteilnehmer orientieren können.

Grundannahme

Eine Besonderheit ist ihr Eingebundensein in ein Gesamtkonzept, innerhalb dessen die zugrunde liegenden Menschenbildannahmen und Erklärungen für das Entstehen von Verhalten expliziert werden. Dieses Gesamtkonzept wurde erstmals von Mutzeck für die Beratung, später aber auch für den Unterricht und die Diagnostik beschrieben und wird dem gesamten professionellen pädagogischen Handeln zugrunde gelegt (nähere Informationen bei Mutzeck 1988; 2000; 2008b).

Die Einbindung in die Theorie, die notwendigen Rahmenbedingungen und die einzelnen Schritte der KEFF sind in Abb. 4 im Überblick dargestellt.

Kooperative Förderplanung 45

Bezugsrahmen
- zugrunde liegende Menschenbildannahme
- Wirklichkeitskonzeption
- Handlungs- und Störungstheorie
- Gleichwertigkeit aller Teilnehmer

Gesprächsführungselemente

(direktes, persönliches Ansprechen)

Ablauf/Phasen der Kooperativen Förderplanung

0. **Vorbereitung der KEFF**
   - Arbeitsauftrag
   - Gruppenzusammenstellung
   - Einladung

Gesprächsführungselemente

(Konkretisieren)

1. **Begrüßung/Einführung in die KEFF** (einschließlich Zielvereinbarung)
2. **Informationsaustausch und -analyse** (Ist-Stand)
3. **Bestimmen von Förderbereichen** (Förderschwerpunkten)
4. **Erarbeiten von Förderzielen** (Soll-Stand)
5. **Erarbeiten von Fördervorschlägen** und Entscheidung für Fördermaßnahmen
6. **Erstellen des Förderplans und Vorbereitung der Umsetzung** der Fördermaßnahmen (**Förderplan**)
7. **Vorbereitung der Evaluation und Fortschreibung** des Förderplans
8. **Zusammenfassung der Arbeit, Vereinbarung und Verabschiedung**

(Anteilnahme zeigen, aktives Zuhören)   (Ansprechen von Gedanken und Gefühlen)

(Dialogkonsens)   ▶ **Umsetzung des Förderplans**   (Gesprächsregeln)

1. Begrüßung und Einführung
2. **Zusammenfassende Darstellung** des gemeinsam erstellten und vereinbarten Förderplans
3. **Kurzberichte über Umsetzung** und **Reflexion der Förderung** des Schülers
4. **Analyse der Umsetzung, Entscheidung** über Fortsetzung und ggf. **Fortschreibung** der Fördermaßnahmen
5. **Fortschreibung des Förderplans** unter Berücksichtigung des neuen Ist-Standes
6. **Abschluss der Förderplanung** oder **Vorbereitung der nächsten Fortschreibung**

(Strukturierung)   (Visualisierung)

Rahmenbedingungen

| Arbeitsbündnis (Planung und Vereinbarung) | Ziel | räumliche Bedingungen: ungestörter, heller Raum, bequeme Sitzgelegenheit, großer Tisch, etc. | Materialien/ Medien | institutionelle Unterstützung | klare Rollenverteilung |

Abb. 4: Grundannahmen, Rahmenbedingungen und methodische Gestaltung der KEFF

Grundlegende Sichtweise der KEFF

Menschenbild Jeder Mensch hat ein Bild von seinem Gegenüber und damit liegt jedem pädagogischen Handeln ein Menschenbild zugrunde. Für die KEFF wird dies explizit formuliert: der Mensch als reflexives Subjekt. Tab. 3 zeigt einen Überblick über die (potentiellen) menschlichen Fähigkeiten. Prinzipiell gilt, dass jeder Mensch diese menschlichen Fähigkeiten (in unterschiedlich starker Ausprägung) besitzt.

Handlungsmodell Zudem werden der KEFF Gedanken des Konstruktivismus zugrunde gelegt. Hier wird ausgesagt, dass das Planen und Handeln eines Menschen auf seiner selbst konstruierten Welt- und Selbstsicht beruht. Die Konstruktion der Selbst- und Weltsicht beruht auf den Informationen der selektiven Wahrnehmung, den Erfahrungen eines Menschen und den subjektiven Theorien.

Tab. 3: Überblick über die potentiellen menschlichen Fähigkeiten (Melzer et al. 2007, 366)

Fähigkeiten	Beschreibung
Reflexivität	Der Mensch kann innere Prozesse selbst interpretieren.
Rationalität	Das Handeln ist logisch und begründbar in Bezug auf…
Intentionalität	…die Hinwendung zu einem Ziel (Zielorientierung),
Erkenntnisfähigkeit	…den Erwerb von Wissen durch Erkennen oder
Sinnorientierung	…das Streben nach Bedürfnisbefriedigung (Grundbedürfnisse; → Kap. 5.5).
Emotionalität	Emotionen beeinflussen alle kognitiven Prozesse.
Verbalisierungs- und Kommunikationskompetenz	Der Mensch kann Gedanken, Gefühle, seinen Willen zur Darstellung bringen.
Handlungskompetenz	Der Mensch kann selbstbestimmt handeln.
Autonomie	Der Mensch kann Entscheidungen selbstständig treffen.

„Menschen handeln also nicht auf Grund der Informationen, die ihnen die soziale und situative Umwelt gibt, sondern auf Grund der internen Bilder, die sie sich von der Welt und sich selbst machen" (Mutzeck 2008a, 57).

Die Entstehung von Handlungen kann mit dem in Abb. 5 dargestellten Schema erklärt werden:

Demnach sind die Handlungen von Schülern sowie der Eltern, Lehrkräfte und aller Menschen bewusst, zielgerichtet, geplant, absichtlich, interaktiv, norm- und wertorientiert, aus mehreren Möglichkeiten gewählt und damit subjektiv sinnvoll, d. h. mit einer Bedeutung versehen (Mutzeck 2008a, 58). Eine Handlung wird aufgrund der wahrgenommenen und verarbeiteten Informationen aus einer Situation (aus einem Kontext) unter Berücksichtigung verschiedener Einflussfaktoren (subjektive Theorien, Wissen, psychische

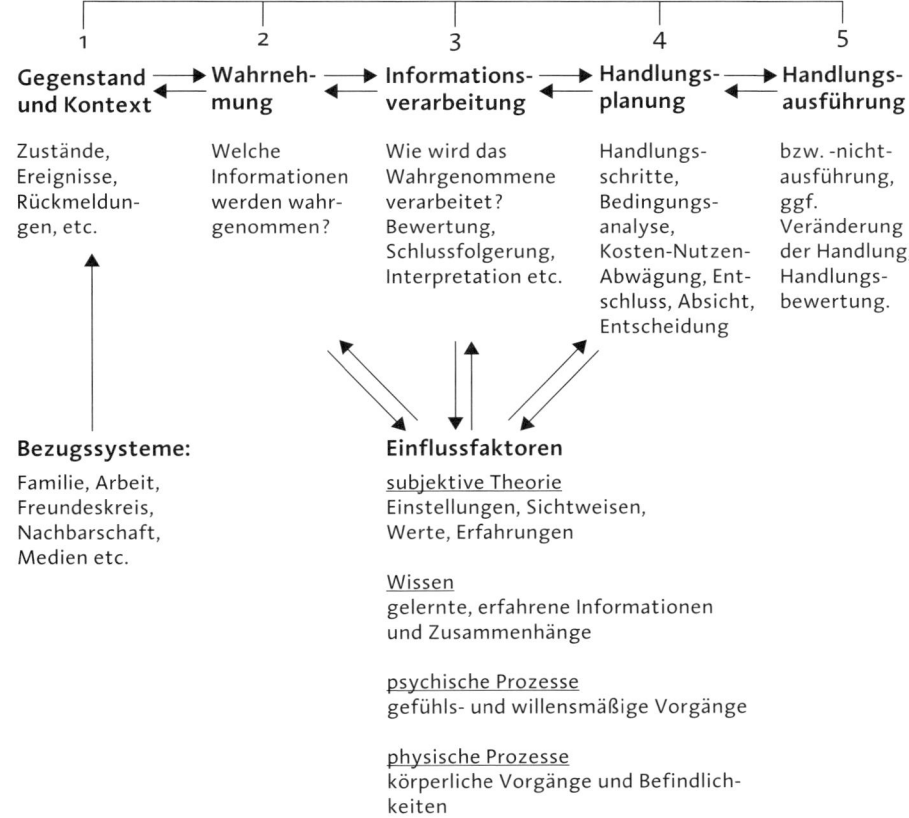

Abb. 5: Handlungsmodell (Mutzeck 2008a, 60)

Konsequenz für das pädagogische Handeln

und physische Prozesse) und Bezugssysteme geplant und je nach neuer (überprüfter) Situation ausgeführt oder nicht ausgeführt.

Für die Förderplanung ergeben sich aus diesen zugrunde liegenden Annahmen zwei Folgerungen, die in der KEFF zu berücksichtigen sind:

Wichtig!

- Es ist von einer Gleichwertigkeit aller an der Förderplanung teilnehmenden Personen einschließlich der Schüler auszugehen. Damit sind alle Menschen Experten: der Schüler für seine eigene Person, seine Kompetenzen und Schwächen, die Eltern für ihre Sicht auf das Kind zu Hause, die Lehrkräfte für ihren eigenen Umgang mit dem Kind und ihr pädagogisches Handeln. Das heißt, dass die menschlichen Fähigkeiten der Schüler sowie der Lehrkräfte im Unterricht, innerhalb der Förderplanung genutzt, gefordert und gefördert werden sollten.
- Der Schüler ist Experte für seine eigene Welt- und Selbstsicht und sein eigenes autonomes Handeln. Daher sollten diese in die Förderplanung, die Förderung und die Ist-Stand-Erhebung einbezogen werden: „Ein Förderprozess ohne seine [des Schülers] Motivation und Mitarbeit wird keinen Erfolg bringen" (Mutzeck/Melzer 2007, 203). Wenn die Ziele innerhalb der Förderplanung auch die frei gewählten Ziele der Kinder und Jugendlichen sind, steigt die Wahrscheinlichkeit ihrer Erreichung.

Ziele und allgemeiner Ablauf der KEFF
Die Ziele der KEFF sind:

- „Planung, Vorbereitung und verbindliche Ausführung einer Förderung (Erstellung individueller Förderpläne),
- Evaluation der Durchführung und Weiterentwicklung des Förderplans (Fortschreibung),
- Erstellen und Fortschreiben individueller Förderpläne in Kooperation bzw. durch mehrere an der Förderung und an der Diagnostik beteiligter Experten" (Melzer 2009, 117) sowie
- Herstellen einer Transparenz bezüglich des diagnostischen Prozesses und der Förderung.

Aus diesen Zielen ergibt sich der in Abb. 6 dargestellte Ablauf einer Förderung mit Hilfe der KEFF.

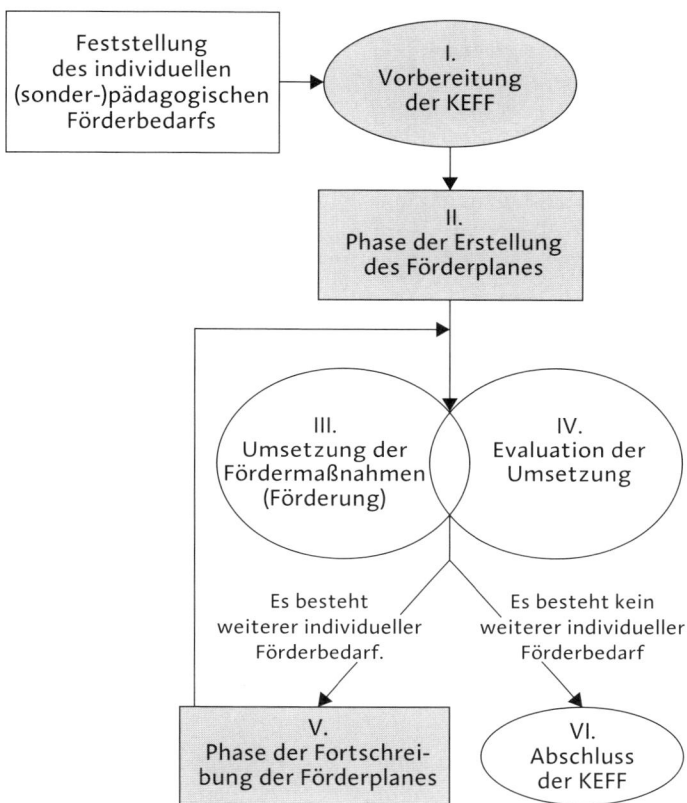

Abb. 6: Struktur der „Kooperativen Erstellung und Fortschreibung individueller Förderpläne" (KEFF) (Popp/Methner 2010, 24 in Anlehnung an Mutzeck/Melzer 2007, 215)

Abb. 6 verdeutlicht die zirkuläre Prozessstruktur, die jeder Förderplanung zugrunde liegen sollte (→ Kap. 2): Im Anschluss an die Umsetzung der Fördermaßnahmen und ihrer gleichzeitigen Evaluation erfolgt die Entscheidung, ob der Förderplan fortgeschrieben werden sollte oder die Förderplanung respektive die KEFF abgeschlossen werden kann, da kein individueller (sonder-)pädagogischer Förderbedarf mehr besteht.

zirkulärer Prozess

Setting der KEFF
Da an einer Kooperativen Förderplanung mehrere *Personen* teilnehmen, sind innerhalb der Vorbereitung (→ Abb. 4) die teilnehmenden Personen zu bestimmen:

Teilnehmer
- Es sollten der Klassenlehrer, der Schüler und die diagnostizierende Lehrkraft teilnehmen. Prinzipiell erlaubt jedoch die Methode der KEFF die Erstellung und Fortschreibung von individuellen Förderplänen auch ohne Mitwirkung von Schülern.
- Weiterhin ist ein Einbezug der Erziehungsberechtigten und der Fachlehrer mit den meisten Unterrichtsstunden sinnvoll.
- Wird eine Jugendhilfemaßnahme durchgeführt oder arbeitet der Allgemeine Soziale Dienst mit der Familie, können die jeweiligen Ansprechpartner ebenso einbezogen werden.

Dabei ist darauf zu achten, dass die Anzahl der Teilnehmer nicht wesentlich höher als sechs Personen ist. Es hat sich herausgestellt, dass die Gruppe bei einer zu hohen Teilnehmerzahl nicht arbeitsfähig ist, da der Zeitaufwand zunimmt, eine Konsensfindung während des Förderplangesprächs und auch die gemeinsame Terminfindung erschwert ist (Mutzeck et al. 2007).

weitere Rahmenbedingungen
Weitere notwendige Rahmenbedingungen betreffen Aspekte in zeitlicher, räumlicher und materieller Hinsicht. Aber auch die teilnehmenden Personen erhalten innerhalb der KEFF Aufgaben (Rollen; → Tab. 4).

Gesprächsregeln
Um effektiv im Team einen Förderplan erstellen und fortschreiben zu können, sollten den Sitzungen Gesprächsregeln zugrunde gelegt werden, die sich an den Gesprächsführungselementen orientieren, die gemeinsam mit dem Aspekt des Aufbauens von Vertrauen im entsprechenden Kapitel beschrieben werden (→ Kap. 6.1.1). Folgende Gesprächsregeln haben sich als erfolgreich erwiesen (Mutzeck/Melzer 2007, 220):

- „Es wird nacheinander gesprochen! Ausreden lassen!
- Kurze sachliche Schilderungen!
- Dialog-Konsens nach jedem inhaltlichen Abschnitt bzw. Darstellung der Informationen!
- Keine Wertung der Informationen!
- Schweigepflicht nach außen!"

Ablauf der Förderplangespräche
Förderplangespräche „[...] können nur effektiv sein, wenn sie innerhalb eines bestimmten zeitlichen Rahmens stattfinden, nach

Tab. 4: Rahmenbedingungen einer Kooperativen Förderplanung

Art der Rahmenbedingungen	Beschreibung
Zeitliche Rahmenbedingungen	Einhaltung eines vorher bekannten Anfangs- und Endpunktes des Förderplangesprächs. Die KEFF benötigt in der Erstellung ein Zeitfenster von 60–90 Minuten, in der Fortschreibung 30–60 Minuten.
Räumliche Rahmenbedingungen	Der Raum, in dem das Gespräch stattfindet, sollte ungestört und angemessen groß sein. Der Raum sollte einen genügend großen Tisch haben und ausreichend Sitzgelegenheiten bieten.
Materielle Rahmenbedingungen	Da die KEFF mit verschiedenen Methoden aus der Erwachsenenbildung arbeitet, werden verschiedene Materialien benötigt: ▪ Postkartengroße Zettel in vier verschiedenen Farben, ▪ Filzstifte, die auch aus der Entfernung lesbar sind, ▪ leeres Förderplanformular (-schema), ▪ Flipchart zur Visualisierung komplexer Zusammenhänge, ▪ (Glas-)Steine o. ä. zur Visualisierung von Entscheidungen, ▪ Pinnwand.
Rollen der teilnehmenden Personen	▪ Moderator, ▪ Protokollant oder ▪ Zeitwächter.

einer für alle transparenten Methode arbeiten, die einzelnen Kooperationspartner als gleichberechtigt, jedoch verschieden in ihren jeweiligen Professionen mit ihren Kompetenzen erachtet werden und sich alle Teilnehmenden auch gleichermaßen in die Arbeit einbringen" (Mutzeck et al. 2007, 40).

Diese Merkmale vereint die KEFF in sich, da sie für Förderplangespräche einen Gesprächsleitfaden bzw. einen organisatorischen Rahmen sowohl (1.) für die Erstellung von Förderplänen als auch (2.) für die Fortschreibung individu-

zwei Gesprächsleitfäden

eller Förderpläne bietet und in ihrer Grundkonzeption die Gleichwertigkeit aller Teilnehmer postuliert wird. Die beiden Ablaufpläne der KEFF beziehen sich aufeinander. So werden Arbeitsergebnisse aus der Erstellung und Fortschreibung des Förderplans in den weiteren Fortschreibungssitzungen erneut aufgegriffen. Außerdem wird der zirkuläre Prozesscharakter der Förderplanung stark betont (→ Abb. 4). Im Folgenden werden die beiden Leitfäden mit ihren Schritten kurz skizziert.

Gesprächsleitfaden zur Erstellung individueller Förderpläne mit der KEFF

Ablauf der Erstellung Der Planungsprozess bei der Erstellung individueller Förderpläne mit Hilfe der KEFF umfasst folgende Schritte:

1. Begrüßung, Einführung in die KEFF und Zielvereinbarung,
2. Informationsdarstellung und -analyse (Ist-Stand),
3. Bestimmen von Förderbereichen (Förderschwerpunkte),
4. Erarbeiten von Förderzielen (Soll-Zustand),
5. Erarbeiten von Fördervorschlägen und Entscheidung für Fördermaßnahmen,
6. Erstellen des Förderplans und Vorbereitung der Umsetzung der Maßnahmen,
7. Vorbereitung der Evaluation und Fortschreibung des Förderplans,
8. Zusammenfassung der Arbeit, insbesondere der Vereinbarung und Verabschiedung.

Vorbereitung Dem eigentlichen Förderplangespräch ist eine *Vorbereitungsphase* (Punkt 0 in Abb. 4) vorgeschaltet, die entweder der fallverantwortliche Lehrer oder der Moderator übernimmt. Dieser muss für die Rahmenbedingungen sorgen, indem er zu einem Förderplangespräch einlädt und die Ziele sowie die anderen Teilnehmer transparent macht.

Einführung Innerhalb der *Einführung in die KEFF* (1.) begrüßt der Moderator die Teilnehmer und nennt noch einmal Anlass, Notwendigkeit und Ziel der Sitzung. Die Teilnehmer stellen sich vor und benennen dabei, inwiefern sie mit dem betreffenden Schüler zusammen arbeiten. Nachdem die Methode transparent gemacht wurde, wird abschließend noch auf die vereinbarten Rahmenbedingungen, die Gesprächsregeln und die Möglichkeit von Verständnisfragen verwiesen.

Tipp

Sind alle Teilnehmer des Förderplangesprächs miteinander bekannt, kann die Vorstellung entfallen. Wenn der Schüler teilnimmt, kann dieser auch die Vorstellung übernehmen und den einander unbekannten Personen erzählen, wen er in welchen Bezügen kennt. Weiterhin kann die Einführung verkürzt werden, wenn alle Teilnehmer schon gemeinsam nach der Methode gearbeitet haben. Sie sollte aber keinesfalls ausgelassen werden, damit den Gesprächsteilnehmern ein Ankommen möglich ist. Auf den Hinweis zu den Gesprächsregeln sollte dabei nicht verzichtet werden, da ihre Einhaltung Lehrern erfahrungsgemäß schwer fällt.

Im Schritt *Informationsdarstellung und -analyse* (2.) soll die Entwicklung und vor allem der Ist-Stand des Schülers aufgezeigt werden (Person-Umfeld-Betrachtung). Dazu werden zunächst Kurzberichte erstattet. Diese können auch mit einer Benennung der Belastungsempfindung verbunden werden. Wenn der Schüler anwesend ist, sollten diese Kurzberichte allerdings wegfallen. In diesem Fall beginnt direkt die Phase der ausführlichen Einzelberichte, die der Schüler beginnt, um ihm ausführlich Redezeit zu ermöglichen. Im Anschluss sollte bei Anwesenheit ein Erziehungsberechtigter zu Wort kommen. Damit wird eine anklagende Haltung vermieden. Reihum dürfen nun alle Anwesenden ihre Sichtweise vortragen, die von niemand bewertet werden darf. Dabei sollte neben den Schwächen ein Schwerpunkt auf Kompetenzen gelegt werden.

Alle genannten Aspekte werden stichwortartig auf grüne (für die Kompetenzen) und blaue (für die Defizite) DIN-A-6-Kärtchen notiert. Dabei achtet der Gesprächsleiter darauf, dass möglichst vielseitige Informationen gesammelt werden, die die verschiedensten Bereiche betreffen sollten (Schule und zu Hause / Freunde, einzelne Fächer, Sozialverhalten, Lern- und Arbeitsverhalten etc.). Anschließend erfolgt ein Clustern (Inselbildung von Informationen, die ähnlich oder gleich sind, zu möglichen Förderbereichen) dieser vielfältigen Informationen.

Durch vertiefende Fragen des Gesprächsleiters werden in einem vierten Schritt Zusammenhänge und Widersprüche herausgearbeitet. Auch hier ist der anwesende Schüler in besonderer Weise zu berücksichtigen, indem er beginnen darf. Ist der Schüler nicht anwesend (und nur dann!) sollte der Schritt der Informationsanalyse mit einem sogenannten

Informationsdarstellung und -analyse

Perspektivenwechsel enden, in dem die Teilnehmer versuchen, sich in den Schüler hineinzuversetzen. Dabei beginnen sie mit „Ich als ...".

Tipp

Um Zeit im Gespräch zu sparen, können die Teilnehmer auch bereits vor dem Förderplangespräch Kompetenzen und Defizite notieren. Diese Zeit muss zwar durch die Teilnehmer im Vorfeld investiert werden, aber sie stellt auch sicher, dass sich alle auf das Gespräch intensiv vorbereiten. Die Kompetenzen und Defizite können dem Moderator oder allen Gesprächsteilnehmern vorab (z.B. per Mail) mitgeteilt werden. Bei der Nutzung eines Computers und Beamers können diese Ergebnisse dann für alle sichtbar visualisiert werden.

Bestimmen von Förderbereichen

Auf der Basis der Informationsanalyse erfolgt nun die gemeinsame *Bestimmung der Förderbereiche* (3.). Die Anwesenden markieren für sich, aber für alle sichtbar, entweder mit einem dicken Filzstift oder Klebepunkten die Clusterbereiche, die sie momentan als am wichtigsten erachten und die sie als Förderbereiche in den Förderplan aufnehmen möchten. Dabei dürfen alle Clusterbereiche markiert werden, sodass es auch möglich ist, Kompetenzen zu wählen, um diese weiter auszubauen. Die Anzahl der Punkte, die jeder setzen darf, entspricht der Anzahl der Förderschwerpunkte, die in den Förderplan aufgenommen werden sollen. In der Regel sollten zwei, höchsten drei ausgewählt werden (→ Kap. 2.3).

Die am häufigsten gewählten Cluster werden nun als Förderbereiche umformuliert und in die Mitte des Tisches geschoben. Bei gleicher Stimmenzahl für einen Schwerpunkt ist eine Konsensbildung erforderlich. Der Rest der Karten wird eingesammelt und durch den Moderator verwahrt.

Tipp

Einige Teams, die die KEFF bereits anwenden, haben das öffentliche Markieren der Förderbereiche in eine geheime Abstimmung umgewandelt, indem auf einem Zettel die Wahl notiert und anschließend ausgezählt wird. Auf diese Weise richtet sich jeder nach seinem eigenen Empfinden und nicht nach anderen Personen. Mit dieser Variante steigt aber auch der Bedarf an Papier und die sprichwörtliche Gefahr des „Verzettelns" besteht.

Das *Erarbeiten von Förderzielen* (4.) schließt sich unmittelbar an die Bestimmung der Förderbereiche an. Dazu wird die Methode des Brainstormings für jeden gewählten Förderbereich durchgeführt: Jeder Teilnehmer schreibt seine Ideen für Ziele auf je ein farbiges Kärtchen. Das Brainstorming findet für beide bzw. alle Förderbereiche parallel statt. Nach dieser Einzelarbeitsphase liest jeder Teilnehmer seine Förderziele vor und legt sie unter die entsprechenden Förderbereiche, wobei gleiche oder ähnliche Ideen zusammengelegt (geclustert) werden. Für jeden Förderbereich wird abschließend ein Ziel ausgewählt, das als erstes erreicht werden soll.

Erarbeiten von Förderzielen

Sehr hilfreich ist es hierbei, wenn der Schüler anwesend ist und beim Stecken der Ziele mitentscheidet, sodass die Umsetzung später wahrscheinlicher ist. Fällt diese Entscheidungsfindung schwer oder ist der Schüler nicht anwesend, so wird versucht, einen Konsens zu finden oder eine Rangfolge als Entscheidungshilfe zu erstellen: Welches Ziel sollte sinnlogisch als erstes erreicht werden? Bei den Zielen, die endgültig in den Förderplan aufgenommen werden, ist darauf zu achten, dass sie konkret und positiv formuliert, für den Schüler erreichbar (vielleicht hat er es auch schon in Ansätzen erreicht) und messbar (keine Konstrukte wie z.B. höflich sein) sind. Im Folgenden werden zwei mögliche Förderzielformulierungen genannt. Das erste Beispiel ist dabei aus der Perspektive der Lehrkräfte, das zweite aus der Schülerperspektive formuliert:

- „Peter akzeptiert vier von fünf Aufgaben in den Fächern Mathematik und Deutsch, die er mit Anstrengung lösen kann".
- „Ich gehe immer an meinen Platz, wenn ich in der Unterrichtsstunde vom Lehrer dazu aufgefordert werde."

Tipp

Die Ziele können alternativ zur Brainstorming-Methode in Einzelarbeit auch direkt genannt und durch den Moderator an ein Flipchart geschrieben werden. Das hat den Vorteil, dass evtl. schneller eine Einigung erfolgt und die Gründe für das Benennen bestimmter Ziele geäußert werden können. Die genannte Diskussion kann sich aber auch als „Zeitfresser" erweisen, wenn kein Konsens gefunden wird oder Handlungsvorschläge unberücksichtigt bleiben, da sie nicht genannt werden (wenn z.B. Teilnehmer das Benennen aufgrund von Zeitmangel oder Rücksichtnahme auf andere unterlassen). Um einen Konsens zu erleichtern, kann wiederum das Setzen der Punkte gewählt werden und eine Entscheidung nach Mehrheitsbeschluss erfolgen.

Entscheidung für Fördermaßnahmen

Im Schritt *„Erarbeiten von Fördervorschlägen und Entscheidung für Fördermaßnahmen"* (5.) wird wiederum mit der Methode des Brainstormings gearbeitet. Auf nochmals andersfarbigen Zetteln (z. B. weiß) werden in Einzelarbeit möglichst vielfältige Fördermöglichkeiten notiert, die zur Erreichung der gewählten Ziele beitragen. Wichtig ist auch hier, dass nur eine Idee auf einen Zettel geschrieben wird, um ein Zuordnen zu den Zielen oder zu ähnlichen Maßnahmen zu ermöglichen. Dies erfolgt direkt nach dem Vorlesen durch die Schreibenden. Bei der sich anschließenden Entscheidung für die Fördermaßnahmen, die in den Förderplan aufgenommen werden, sollten die Teilnehmer die Praktikabilität, die Ressourcen des Förderers (insbesondere Kompetenzen und Zeit) sowie die Machbarkeit in Bezug auf Rahmenbedingungen, Einstellungen und Ressourcen des Schüler beachten (Mutzeck / Melzer 2007, 227).

Jeder Gesprächsteilnehmer gibt seine Entscheidung mittels des Vergebens von Punkten bekannt. Hierzu können alternativ auch kleinere Legematerialien, wie Muscheln oder (Murmel-)Steine gewählt werden, da diese einen handelnden Charakter haben und bei der Entscheidungsfindung unterstützend wirken. Die Anzahl der Punkte, Steine etc. richtet sich wiederum nach der Begrenzung der Anzahl der Fördermaßnahmen, die vorab festgelegt wurde (siehe Qualitätskriterium Begrenztheit; → Kap. 2.3) und sollte zwei Maßnahmen pro Ziel nicht übersteigen. Damit kann jeder Teilnehmer vier bis sechs Punkte vergeben. Per Mehrheitsentschluss stehen nun die Fördermaßnahmen fest, wobei die Person, die augenscheinlich die Hauptverantwortung für die Durchführung haben wird, ein Vetorecht besitzt. Denn wenn diese die Maßnahme nicht selbst gewählt hat und sich entsprechend eine Umsetzung nicht vorstellen kann, erscheint auch ihre Aufnahme wenig sinnvoll. Eine Umsetzung ist in diesem Fall wenig wahrscheinlich.

„Dieses Vorgehen, die verbindliche Festlegung der fördernden Experten erst nach der Ideensammlung der Fördermaßnahmen vorzunehmen, hat sich als sehr effektiv und unterstützend herausgestellt. Es beinhaltet sowohl das Prinzip der Kreativität und Vielfalt als auch den Grundsatz der Entscheidungsautonomie der durchführenden Person" (Mutzeck / Melzer 2007, 227).

Werden Fördermaßnahmen gewählt, die von nicht anwesenden Personen auszuführen sind, ist eine Nachbesprechung dringend erforderlich. Das bloße Vorschreiben der Fördermaßnahmen hat sich als problematisch erwiesen, da diese in der Regel nicht umgesetzt werden.

Tipp

Auch in diesem Schritt könnte auf das Brainstorming zugunsten einer Ideensammlung „auf Zuruf" verzichtet werden. Die Ideen können dann für alle sichtbar an einem Flipchart visualisiert werden und auch Teilnehmer, die nicht schreiben können, werden intensiver in die Lösungsfindung einbezogen. Es besteht aber die Gefahr, dass sich einzelne Teilnehmer zurückhalten und dominante Teilnehmer meinungsbildend sind. Wir sind ausdrücklich gegen einen Verzicht auf die Sammlung mittels Brainstorming (sei es in Einzelarbeit oder durch Zuruf), weil unseres Erachtens die Gefahr des Einengens der Sichtweise hierbei zu groß ist.

Bei der *Vorbereitung zur Umsetzung der Fördermaßnahmen*, dem *Schreiben des Förderplans* (6.), trägt der Protokollant die gewählten Förderbereiche, Förderziele und Fördermaßnahmen in ein Förderplanschema ein. Beispiele, die auch für den Einsatz innerhalb der KEFF geeignet sind, haben wir bereits in Kap. 2 gegeben. Neben der Festlegung innerhalb der Fördermaßnahmen, *wer, was, wann* und *wie* durchführt, sollten auch Bedingungen genauer betrachtet werden, die für eine Durchführung hilfreich sind. Es ist demnach gemeinsam zu überlegen, was die jeweilig benannten Verantwortlichen benötigen, um die Fördermaßnahmen umzusetzen und ob diese Kompetenzen, Materialien, Rahmenbedingungen etc. bereits vorhanden sind oder erst geschaffen werden müssen. Auch dies ist in diesem Schritt zu planen. Zudem hat es sich bewährt zu analysieren, ob es zu Widerständen und Störungen bei der Durchführung der Fördermaßnahmen kommen kann und sich darauf ggf. vorzubereiten. Auch diese Aspekte können Eingang in den Förderplan finden.

Verfassen des Förderplans

Tipp

Der Protokollant kann bereits in den Schritten drei bis fünf die Förderbereiche, Förderziele und Fördermaßnahmen, für die sich die Gesprächsteilnehmer entschieden haben, in das Förderplanschema eintragen. Somit kann direkt mit der Detailplanung der Maßnahmen begonnen werden, ohne auf den Protokollanten warten zu müssen. Andererseits kann genau diese Wartezeit als willkommene Kurzpause wahrgenommen werden.

Nachdem der Förderplan erstellt wurde, ist die nächste Phase im Förderplanprozess, die Evaluation der Umsetzung,

Planung der Evaluation

zu planen. Dies geschieht im Schritt Vorbereitung der *Evaluation und Fortschreibung des Förderplans* (7.). Dieser Schritt ist besonders wichtig, auch wenn er oftmals zu kurz kommt. Wir haben in Fortbildungen die Erfahrung gemacht, dass die Planung der Evaluation, d. h. die Frage, wie denn nun die Fördermaßnahmen evaluiert werden können, eine große Schwierigkeit für die meisten Förderplaner darstellt. Wir haben daher in Anlehnung an Etscheidt (2006, 57) einen Fragenkatalog zusammengestellt, der in diesem Schritt gemeinsam beantwortet werden sollte:

- Anhand welcher Kriterien können die fördernden Personen eine (annähernde) Zielerreichung erkennen?
- Mit welchen Evaluationsinstrumenten (z. B. Lernprozesskontrolle, systematische Beobachtung, Befragung, Lerntagebuch, Portfolio) wird die Zielerreichung erhoben (Operationalisierung der Ziele)?
- Wer übernimmt die Evaluation einer Fördermaßnahme?
- Wann setzt die Evaluation ein (sofort, nach einiger Verzögerung, kurz vor dem nächsten Förderplangespräch)?
- Wie können die Evaluationsdaten an die Gesprächsteilnehmer weitergegeben, über sie berichtet werden?
- Wann findet das nächste Förderplangespräch statt, bei dem die Evaluationsergebnisse vorgestellt werden und der Förderplan fortgeschrieben wird (Terminvereinbarung)?

Auf dem Förderplanschema selbst sollte mindestens die Person vermerkt sein, die die Evaluation der jeweiligen Maßnahme vornimmt. Auch eine Spalte für eine Prozessevaluation, zum Vermerken von ersten Ergebnissen während der Umsetzung des Förderplans, ist sinnvoll. Insgesamt ist aber darauf zu achten, dass die Evaluation nicht übermäßig zeitaufwändig sein darf (Widlak / Witt 2005, 77).

Tipp

Die Kriterien für eine Zielerreichung können auch bei der Entscheidung für die Förderziele (Schritt 4) formuliert werden. Sie können eine Entscheidungsfindung zusätzlich unterstützen. Treten Schwierigkeiten bei der Benennung von Evaluationsmöglichkeiten auf, so kann das an der Zielformulierung liegen, die ggf. konkreter zu gestalten ist. Das Bestimmen von Evaluationsinstrumenten muss nicht unbedingt im Förderplangespräch stattfinden. Erfahrene Pädagogen sind hierbei i. d. R. geübt. Das Bestimmen ist aber eine große Hilfe gerade für Eltern, Schüler und Berufsanfänger bzw. Quereinsteiger.

Zum Abschluss des Förderplangesprächs erfolgt eine *Zusammenfassung der Arbeit,* insbesondere der Vereinbarung und *die Verabschiedung* (8.) der Teilnehmer. In diesem Schritt sollte zudem die Mitarbeit aller Beteiligten gewürdigt werden. Im Sinne eines Förderkontrakts (Arnold/Kretschmann 2002) unterschreiben alle Teilnehmer des Gesprächs den gemeinsam erstellten Förderplan. Der Förderplan sollte anschließend für die Umsetzung allen zur Verfügung stehen. Dies kann durch das sofortige Kopieren des Förderplans oder sein Versenden per E-Mail, Fax oder Post geschehen. Dabei ist aber darauf zu achten, dass Datenschutzbestimmungen eingehalten werden und Unbefugte keinen Einblick erhalten können.

Vereinbarungen und Verabschiedung

Tipp

Achten Sie darauf, dass nach dem offiziellen Ende keine Gespräche mehr stattfinden, die den gerade erstellten Förderplan in irgendeiner Weise thematisieren. Das sorgt für Misstrauen und Intransparenz vor allem bei Teilnehmern, die ggf. direkt im Anschluss aufgrund weiterer Termine etc. gehen müssen (Mutzeck et al. 2007, 44).

Gesprächsleitfaden zur Fortschreibung individueller Förderpläne mit der KEFF

Ziel des Gesprächs zur Fortschreibung des Förderplans ist neben der Fortschreibung selbst zunächst die gemeinsame Besprechung der Evaluationsergebnisse. Dies geschieht im Zuge einer Analyse der Umsetzung des Förderplans, da die Fortschreibung eine Evaluation zwingend voraussetzt. Wir definieren Evaluation in Anlehnung an Mutzeck und Melzer (2007, 230) als die Erfolgskontrolle der bereits umgesetzten Maßnahmen in Bezug auf das vereinbarte Förderziel. Die Fortschreibung hingegen bezieht die Evaluationsergebnisse ein und erfolgt, indem über das weitere Vorgehen mit einer evaluierten Maßnahme (Beibehaltung, Modifikation oder Beendigung) entschieden wird (Mutzeck/Melzer 2007, 230). Der Planungsprozess bei der Fortschreibung individueller Förderpläne mit Hilfe der KEFF umfasst folgende Schritte:

1. Begrüßung, Einführung in die KEFF und Zielvereinbarung,
2. zusammenfassende Darstellung des gemeinsam erstellten Förderplans,
3. Kurzberichte über die Umsetzung und Reflexion der Förderung des Schülers,

Ablauf der Fortschreibung

4. Analyse der Umsetzung des Förderplans,
5. Fortschreibung des Förderplans,
6. Abschluss des Förderplangesprächs.

Begrüßung und Einführung

Auch zu Beginn des Fortschreibungsgesprächs erfolgen eine *Begrüßung* der Teilnehmer und eine *Einführung in die KEFF* (1.). Die Inhalte werden an dieser Stelle nicht noch einmal beschrieben, da sie mit denen des Schrittes „Einführung" im Leitfaden zur Erstellung von Förderplänen (s. o.) identisch sind.

Tipp

Sollten keine neuen Teilnehmer anwesend sein, das heißt alle kennen die Methode KEFF von der Erstellung des Förderplans, kann die Einführung stark verkürzt, aber nicht weggelassen werden. Auf das Benennen der Gesprächsregeln sollte aber nicht verzichtet werden, ebenso wenig wie auf die Benennung der zeitlichen Rahmenbedingungen sowie die Zusicherung der Verschwiegenheitspflicht.

Zusammenfassung des Förderplans

Bei der *zusammenfassenden Darstellung des gemeinsam erstellten Förderplans* (2.) werden die Ergebnisse der letzten Sitzung kurz für alle wiedergegeben. Dies ist besonders für neue Teilnehmer wichtig, aber auch für die anderen am Förderprozess Beteiligten, um sich auf das Gespräch einstimmen zu können. Da am bereits erstellten Förderplan und mit den dort gefundenen Erkenntnissen weitergearbeitet wird, sind vom Gesprächsleiter alle Materialien wieder mitzubringen. Diese können auf dem Tisch im Vorfeld ausgebreitet werden.

„Wichtig ist eine kurze, prägnante Zusammenfassung, die dazu dient, dass die Teilnehmer nach recht langer Zeit wieder Anschluss finden und eine Arbeitsatmosphäre entsteht bzw. unterstützt wird" (Mutzeck/Melzer 2007, 232).

Tipp

Da die Visualisierung die Teilnehmer bei der Aufnahme der wichtigsten Informationen unterstützen soll, können auch Medien wie Computer und Beamer genutzt werden. So können die Ergebnisse der vorangegangenen Sitzung (ohne großen Vorbereitungsaufwand und Ausbreitung der Materialien vor dem Förderplangespräch) digital gespeichert und auf einer Leinwand für alle sichtbar gemacht werden.

Der Schritt *Kurzberichte über die Umsetzung* (3.) dient der Reflexion der Förderung des Schülers Dabei gehen die Teilnehmer auf Aspekte ein, wie z. B.:

Reflexion der Arbeit mit dem Schüler

- Fördernde und hemmende Bedingungen bei der Umsetzung,
- Ressourcen, die zur Verfügung standen,
- Umgang mit dem Förderplan in der täglichen Arbeit / im Unterricht,
- Arbeit mit dem Schüler / mit dem Lehrer neben der Förderplanarbeit.

Diese Kurzberichte sind allgemein und kurz im Sinne eines Blitzlichtes zu verstehen. Auf die spezifische Umsetzung und Evaluation der einzelnen Fördermaßnahmen wird erst im nächsten Schritt eingegangen. In diesem Schritt kann zudem der Ist-Stand aktualisiert werden. Wenn Kompetenzen oder Defizite neu hinzugekommen oder nicht mehr vorhanden sind, sollten diese benannt und verändert werden. Auf diese Aktualisierung sollte keinesfalls verzichtet werden, da die Erfahrungen in der Methode KEFF gezeigt haben, dass in den meisten Fällen Veränderungen stattgefunden haben. Und diese sind ja auch gewünscht, da das Ziel der Förderung allgemein ein Abbau von Defiziten und ein Aufbau von Kompetenzen ist.

Tipp

Wie auch im Schritt 2 der Erstellung des Förderplans können Veränderungen im Ist-Stand von den Teilnehmern vorab notiert und an den Gesprächsleiter versendet werden. Bei größeren Veränderungen im Ist-Stand können zudem die weiteren im Schritt 2 beschriebenen Methoden (Benennen von Widersprüchen, Zusammenhängen etc.) zum Einsatz kommen.

Die *Analyse der Umsetzung des Förderplans* (4.) ist zusammen mit dem nächsten Schritt ein Kernstück dieses Förderplangesprächs. Hier werden die Ergebnisse der Evaluation in strukturierter Weise dargeboten und besprochen. Die Struktur der Analyse zeigt Abb. 7.

Analyse der Umsetzung

Für die Förderziele wird zunächst anhand der vorher festgelegten Kriterien bestimmt, ob diese vollkommen, zum Teil oder gar nicht erreicht wurden. Anschließend beginnt die Analyse der einzelnen Fördermaßnahmen. Für jede Förder-

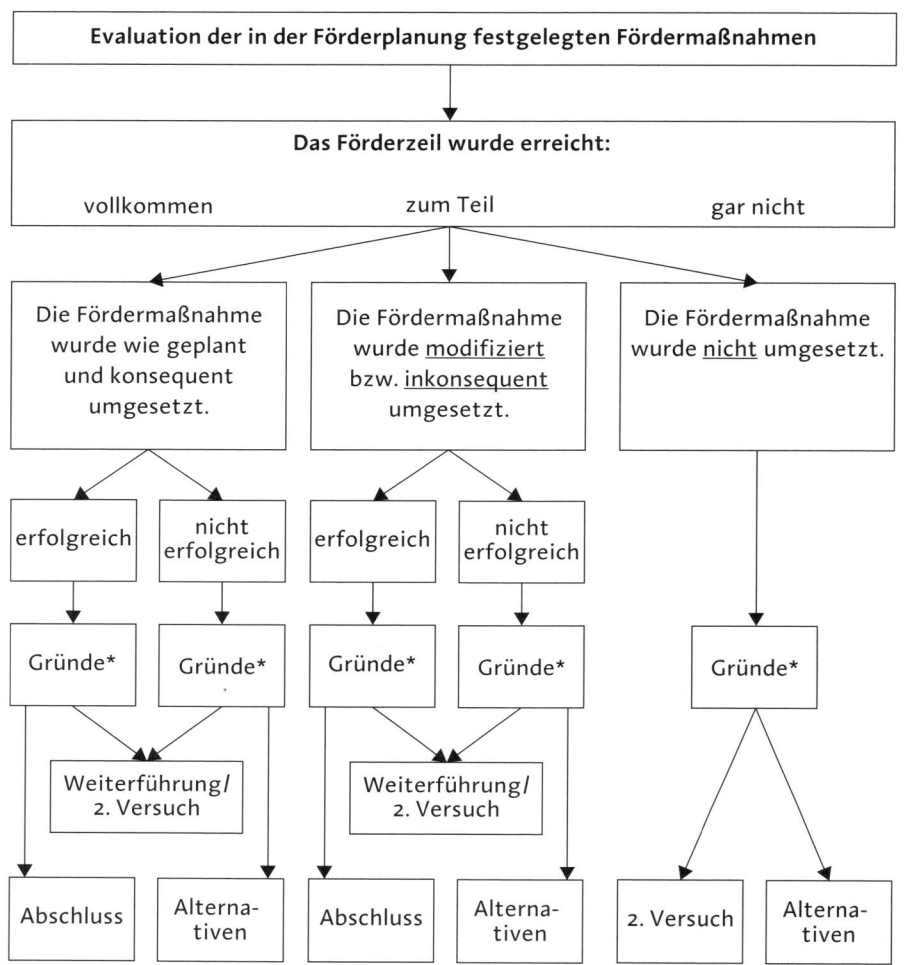

* Hier sind die Gründe für die Ziel(nicht)erreichung, die Art der Umsetzung und den (Nicht-)Erfolg der Maßnahme anzugeben

Abb. 7: Analyse der Umsetzung der Fördermaßnahmen

maßnahme wird besprochen, ob sie wie geplant, modifiziert (mit Veränderungen bezüglich der Planung, aber auch Inkonsequenzen) oder gar nicht umgesetzt wurde. Für geplante und modifizierte Maßnahmen ist zudem in Abhängigkeit zur Zielerreichung ihr Erfolg zu bestimmen.

Aufgrund dieser Analyse kann nun entschieden werden, was mit der jeweiligen Fördermaßnahme als nächstes passiert. Die Möglichkeiten sind in der letzten und vorletzten Zeile von Abb. 7 wiedergegeben: Abschluss, Weiterführung,

Alternative. Streng genommen stellt diese Entscheidung über das weitere Vorgehen mit der einzelnen Fördermaßnahme bereits deren Fortschreibung dar, zumindest wenn eine Weiterführung geplant wird. Nach der Entscheidung, wie mit einer analysierten Maßnahme verfahren wird, kann diese direkt fortgeschrieben werden, indem die genauen Bedingungen für die Weiterführung bestätigt oder aber für Modifikationen neu beschrieben werden.

Zu einer genauen Analyse der Fördermaßnahmen ist das Hinterfragen von Gründen für eine (Nicht-)Zielerreichung oder Umsetzung der Maßnahmen, wie auch deren Wirkung sinnvoll. Daraus können Konsequenzen für das weitere Vorgehen mit der einzelnen Fördermaßnahme, aber auch für die Fortschreibung allgemein gezogen werden.

Tipp

Bei der Analyse kann es für eine Schule hilfreich sein, sich einen Maßnahmenkatalog anzulegen. Hierin sollten nicht nur die Maßnahmen selbst beschrieben werden, sondern auch Gründe für deren Modifikationen oder Nicht-Durchführungen. Dieser kann dann direkt in die aktuelle oder in andere Förderplanungen einbezogen werden und – nach einer anfänglichen Mehrarbeit – eine Arbeitserleichterung darstellen. Weiterhin kann als Leitfaden zur Analyse der Fördermaßnahmen ein sogenanntes Analyseblatt eingesetzt werden (→ Abb. 8).

Die *Fortschreibung des Förderplans* (5.) befasst sich nicht nur mit der Verwendung der Analyseergebnisse des vorangegangenen Schrittes bzw. ist mit der Entscheidung über die bereits umgesetzten Fördermaßnahmen nicht beendet. Im Gegenteil muss der Förderplan immer wieder überprüft werden, inwiefern neue Förderbereiche, Förderziele oder Fördermaßnahmen aufzunehmen sind. Folgende drei Anlässe für eine Fortschreibung in Bezug auf eine Aufnahme neuer Inhalte sind denkbar:

Fortschreibung

- „Ein Förderbereich ist akut hinzugekommen und muss dringend bearbeitet werden.
- Ein Ziel ist erreicht worden und es können ein neues Ziel desselben Förderbereiches (oder eines anderen) sowie weitere Fördermaßnahmen aufgenommen werden.
- Fördermaßnahmen des vorangegangenen Plans sind nicht umgesetzt worden oder waren nicht erfolgreich und es soll-

64 Förderplanung als Prozess

Analyseblatt für die Umsetzung der Fördermaßnahmen

Schüler: .... Datum: ....

Fortschreibungstreffen (Nr. des Treffens): ....

Förderziel: ....

Grad der Zielerreichung	Ziel wurde erreicht:	gar nicht erreicht	etwas erreicht	zum Teil erreicht	überwiegend erreicht	vollkommen erreicht
	Beschreibung der Veränderung des Verhaltens:					

Fördermaßnahme (kurze Beschreibung): ....
....

durchgeführt von: ....

Umsetzung der Fördermaßnahme erfolgte:	■ wie geplant	■ modifiziert bzw. inkonsequent	■ nicht
die Fördermaßnahme war:	■ erfolgreich	■ teilweise erfolgreich	■ nicht erfolgreich
Welche Gründe waren für die Art der Umsetzung/Zielerreichung ausschlaggebend?			

Entscheidung über weiteres Vorgehen	■ Abschluss der Maßnahme	■ Weiterführung der Maßnahme	■ erneuter Versuch der Umsetzung	■ Alternative
ggf. Beschreibung der Modifikation				
ggf. Beschreibung der alternativen Fördermaßnahme				

Bedingungen für die Umsetzung	Welche unterstützende Bedingungen/Ressourcen gibt es?	
	Gibt es Hindernisse bei der Umsetzung?	
	Wie kann diesen Hindernissen begegnet werden (Schutzschilde)?	

Abb. 8: Analyseblatt zur Analyse von Fördermaßnahmen

ten alternative Fördermaßnahmen in den Förderplan Eingang finden" (Mutzeck/Melzer 2007, 234).

Für diese Vervollständigung sind die Methoden der Schritte 3, 4 und 5 aus dem Leitfaden zur Erstellung von Förderplänen anzuwenden. Welche Methode angewendet wird, bzw. bei welchem Teil die neuerliche Planung einsetzt, ist vom zusätzlichen Inhalt abhängig. Ist ein neuer Förderbereich hinzugekommen, dem zudem Priorität eingeräumt wird, sind alle drei Schritte durchzuführen. Bei neu aufzunehmenden Zielen können entweder in der letzten Sitzung formulierte Ziele, die zunächst nicht gewählt wurden, nachrücken oder es wird ein neuerliches Brainstorming durchgeführt. Gleiches gilt für Maßnahmen, die ggf. alternativ für nicht erfolgreiche oder nicht durchgeführte Fördermaßnahmen in den Förderplan aufgenommen werden sollen.

Trotz der Möglichkeit, neue Förderbereiche, Ziele und Maßnahmen aufzunehmen, sollte die empfohlene Begrenzung (→ Kap. 2.3) eingehalten werden. Sollte also in der Analyse beschlossen werden, dass alle Fördermaßnahmen weitergeführt oder modifiziert werden, dürften keine neue Maßnahmen oder gar Bereiche aufgenommen werden.

Tipp

Ist eine akute Veränderung aufgetreten und sollte es trotz der Entscheidung, alle Fördermaßnahmen aufgrund ihrer Erfolge beizubehalten, notwendig werden, einen neuen Förderbereich, Ziele und Maßnahmen aufzunehmen, so sollte nachträglich ein Förderbereich aus dem Förderplan gestrichen werden, um eine Überforderung aller Beteiligten zu vermeiden. Es ist sehr frustrierend für alle Teilnehmer, etwas nicht geschafft zu haben, nur weil zu viele Ziele festgelegt wurden.
Für das Protokollieren der Fortschreibung hat es sich als sinnvoll herausgestellt, ein leeres Förderplanschema zu verwenden und in der Akte vor dem „alten" Förderplan einzuheften. Das Eintragen von Veränderungen in einem stets wieder verwendeten Dokument hat sich als wenig übersichtlich herausgestellt, auch wenn mit mehreren Farben gearbeitet wird.

Zum *Abschluss des Förderplangesprächs* (6.) wird die Fortschreibung des Förderplans – wie auch in der Erstellung – vorbereitet. Bei weitergeführten Maßnahmen muss an dieser

Abschluss und Verabschiedung

Stelle wenig geändert werden. Für neu geplante Maßnahmen sind jedoch die gleichen Fragen wie bei der ersten Festlegung von Fördermaßnahmen (wer, was, wann und wie durchführt etc.) zu stellen.

Die Vorbereitung der Fortschreibung wird in Bezug auf den zirkulären Prozess der Förderplanung die Regel sein. Es ist aber möglich (und eigentlich auch gewollt), dass die Förderung derart erfolgreich war (oder aber der Schüler den Förderort wechselt), dass kein neuer Förderplan geschrieben wird. In diesem Fall kann entweder der Förderbedarf aufgehoben oder entschieden werden, ob, welche und wie wichtige Informationen an die weiterführende Einrichtung übergeben werden.

Fördernde Bedingungen Kooperativer Förderplanung

Die „Kooperative Erstellung und Fortschreibung individueller Förderpläne" (KEFF) ist in mehreren Fortbildungen Lehrkräften verschiedener Schultypen vermittelt worden und wird seither vielfach eingesetzt. In einer Befragung wurden fördernde, hemmende und verhindernde Bedingungen für die Kooperative Förderplanung herausgearbeitet (Methner/Popp 2010, 90ff). Diese Bedingungen werden kurz wiedergegeben, um einen Beitrag zur Erhöhung des Einsatzes Kooperativer Förderplanung in der schulischen Praxis zu leisten. Tab. 5 zeigt die fördernden Bedingungen. Die genannten hemmenden und verhindernden Bedingungen sind im Umkehrschluss in fördernde Bedingungen formuliert worden, um Doppelungen zu vermeiden.

hemmende Bedingungen

Die Auflistung der Beispiele der fördernden Bedingungen zeigt, dass die Kooperative Förderplanung grundsätzlich ähnliche Voraussetzungen benötigt wie eine Förderplanung, die allein verantwortet wird. Im Umkehrschluss treffen für sie alle hemmenden Bedingungen zu, die auch für eine Förderplanung allgemein formuliert werden: zu wenig zur Verfügung stehende Ressourcen (räumlich, zeitlich, finanziell), mangelnde Unterstützung der Kollegen, ungenügende Mitarbeit von Schülern und Eltern und anderen Professionen.

Lösungsmöglichkeiten

Mit der Kenntnis dieser fördernden und hemmenden Bedingungen können aber auch Lösungsmöglichkeiten gefunden werden. Ressourcen zu schaffen liegt freilich nicht in der Kompetenz des einzelnen Lehrers und entsprechende Eingaben können nur an die Schulaufsicht weitergegeben werden. So lange sich hierbei nichts ändert, wird die Koope-

Tab. 5: Fördernde Bedingungen für die Kooperative Förderplanung

Bedingungsbereiche	Beispiele für Bedingungen
Schulische Rahmenbedingungen	- Genügend Raum, Materialien, Zeit (geringeres Stundenvolumen), - Stundenplan, der die Kooperative Förderplanung berücksichtigt, - Verteilung von Aufgaben auf möglichst viele Kollegen der Schule, - geringere Schülerzahl, - Klassenlehrer bekommt zusätzliche Integrationsstunden, - Möglichkeit, Fort- und Weiterbildungen zu besuchen, - geringe bürokratische Hürden.
Lehrerkollegium / Kooperationspartner	- Gute Zusammenarbeit / Unterstützung des Kollegiums und angenehmes Arbeitsklima, - regelmäßiger Austausch mit den Kollegen, - konsequentes Handeln, - förderliche innerschulische Kommunikation, - Unterstützung durch die Schulleitung, - Zusammenarbeit mit anderen Professionen.
Lehrerpersönlichkeit	- Persönliche Bereitschaft und Motivation, Probleme sofort anzusprechen und für Lösungen offen sein, - Bereitschaft zu Weiterbildungen und Selbststudium, - Berufserfahrung, - humanistisches Menschenbild.
Schüler und familiäres Umfeld	- Gute Zusammenarbeit zwischen Schülern, Eltern und Lehrern, - Mitarbeit der Schüler / Eltern, - Begrenzung der Fülle von Aufgaben für die Schüler, - Bewusstsein über die Grenzen der Methode bei psychiatrischen Grundproblemen.

rative Förderplanung einerseits vom Engagement der einzelnen Lehrkräfte, aber auch von deren Belastung durch akute Probleme abhängen. Die darüber hinausgehenden Bedingungsbereiche können jedoch bereits jetzt von den einzelnen Schulen angegangen und in der Schulprogrammarbeit berücksichtigt werden.

So können z. B. schulinterne Fortbildungen für das gesamte Kollegium veranstaltet werden (→ Kap. 8). Weiterhin kann ein geeigneter Beratungsraum eingerichtet und die Förderplanung mit einer festen Zeit in der Stundentafel berücksichtigt werden, ähnlich wie dies an vielen Schulen für Lehrerkonferenzen bereits geschieht. Dies wäre dann eine Zeit, in der alle Lehrkräfte für eine Kooperative Förderplanung zur Verfügung stehen.

Adaptionsmöglichkeiten

Die Kooperative Förderplanung hat den größten Raum dieses Kapitels eingenommen. Dies liegt vor allem daran, dass wir der Meinung sind, dass Lehrkräfte, die in der Kooperativen Förderplanung geschult sind und diese hin und wieder (vielleicht auch öfter) umsetzen, auch die anderen drei eingangs benannten Varianten problemlos umsetzen können. So liefert die KEFF einen Leitfaden, der auch als Orientierung für die individuelle Förderplanung dienen kann. Vor allem für das Führen von Entwicklungsplangesprächen in der Zweiersituation mit einem Schüler oder in der Dreiersituation mit Schüler und Elternteil können die Leitfäden Orientierung für den Ablauf geben.

Zudem möchten wir noch darauf hinweisen, dass sich die zu wählende Variante nach dem Zweck richtet, den der Förderplan erfüllen soll. Wenn der Förderplan für einen Lehrer eine bloße Dokumentarfunktion besitzt – so wie es das Gesetz vorschreibt – kann dieser den Förderplan am effektivsten allein schreiben und seine durchgeführte Förderung (auch im Nachhinein) dokumentieren. Soll er allerdings noch weitere der in Kap. 2.2 beschriebenen Funktionen erfüllen, sollte eine der anderen drei Varianten gewählt werden.

3.3 Teamarbeit im Lehrerkollegium

Kooperative Förderplanung sollte Teamarbeit sein. Die Beachtung wichtiger Aspekte von Teamarbeit kann die Effektivität der Kooperativen Förderplanung erhöhen. Dass umgekehrt Kooperative Förderplanung die Effektivität der

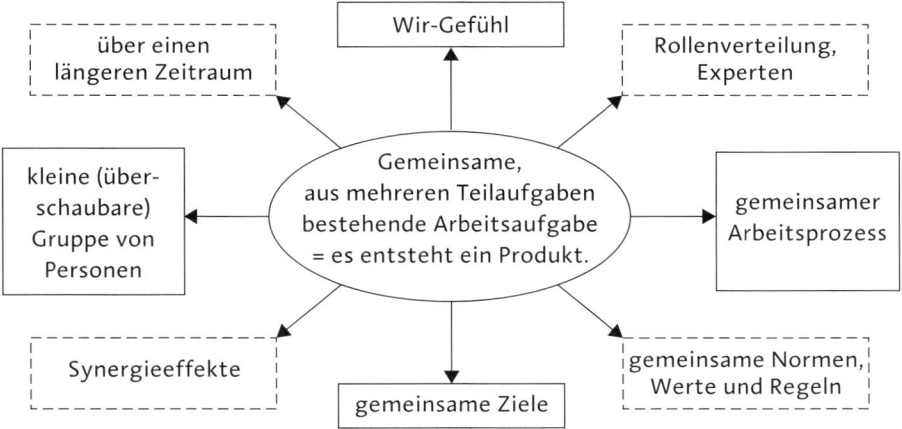

Abb. 9: Merkmale eines Teams (nach Phillip 1996 mit Ergänzungen von Mutzeck 2008b)

Teamarbeit erhöht, haben bereits Straggilos und Xanthacou (2006, 343) gezeigt. Abb. 9 zeigt in einer Zusammenfassung die Merkmale eines Teams. Dabei ist zu beachten, dass die Arbeitsfähigkeit und die Effektivität eines Teams mit zunehmender Anzahl der Teammerkmale steigen.

Die in der Mitte stehende Aufgabe ist der qualitativ hochwertige Förder*prozess*. Das entstehende Produkt sollte nicht der Förderplan allein sein. Dieser kann höchstens als eine Teilaufgabe begriffen werden. Die Aufgabe des Teams endet also nicht mit der Erstellung oder Fortschreibung eines Förderplans, sondern bezieht die Förderung und deren Evaluation mit ein. Das übergeordnete gemeinsame Ziel sollte unter diesem weiten Blickwinkel nicht auf der bestmöglichen Förderung „stehen bleiben", sondern die Förderung sollte sich im besten Fall irgendwann überflüssig machen. Dabei ist uns wohl bewusst, dass dies ein hohes Ziel ist, welches aber nie aus den Augen verloren werden sollte.

Förderplanung als Teamaufgabe

Es ist sinnvoll, die Teamarbeit sowohl im Förderplanungsteam, im Klassenstufenteam als auch im Kollegium zu pflegen und zu reflektieren. Unter Berücksichtigung der gegenseitigen Wertschätzung (→ Kap. 5.6 „W") kann in regelmäßigen Abständen die Teamarbeit genauer evaluiert werden. Hierzu kann die Methode „Fördernde und hemmende Faktoren der Teamarbeit" (Mutzeck 2008b, 70) genutzt werden. Die Ziele dieser Methode sind:

Reflexion der Teamarbeit

- Die Teammitglieder erkennen, welche Bedingungen in ihrer Teamarbeit als förderlich und hinderlich erlebt werden bzw. erlebt werden könnten.
- Sie sollen erarbeiten, welche förderlichen Faktoren sie künftig verstärkt beachten, sie stützen oder verstärken bzw. welche hemmenden Faktoren sie abbauen möchten.

Damit soll Konflikten innerhalb des Teams vorgebeugt und gleichzeitig die Teamarbeit weiterentwickelt werden. Die Methode kann zu jedem Zeitpunkt der gemeinsamen Arbeit im Team eingesetzt werden (in Vorbereitung, als formative oder summative Evaluation während und nach dem Arbeitsprozess). Zur Durchführung der Methode sind folgende Schritte nötig:

Ablauf
- Führen Sie in Ihrem Team ein Brainstorming durch: Jedes Teammitglied schreibt hierzu fördernde Faktoren und hemmende Faktoren Ihrer Teamarbeit auf. Benutzen Sie dazu zwei verschieden farbige DIN-A6-Zettel. Wichtig ist, dass Sie jeweils nur einen Faktor auf ein Blatt Papier schreiben. Nehmen Sie sich dazu ca. 20 Minuten Zeit.
- Lesen Sie sich nacheinander Ihre ermittelten Faktoren vor und führen Sie dabei eine Inselbildung (Clustering) durch.
- Betrachten Sie das entstandene Bild Ihrer Teamarbeit und überlegen Sie, ob es zwischen einzelnen Faktoren Zusammenhänge oder auch Widersprüche gibt.
- Suchen Sie sich gemeinsam jeweils einen fördernden Faktor aus, den Sie weiterentwickeln bzw. ausbauen möchten und einen hemmenden Faktor, den Sie verringern bzw. eingrenzen wollen.
- Mit diesen Faktoren können Sie methodisch nun analog wie in der KEFF fortfahren: Finden Sie mittels Brainstorming Lösungen, entscheiden Sie sich für eine oder mehrere Lösungen und planen Sie deren Umsetzung (schreiben Sie also einen Förderplan für Ihr Team).

Diese Methode kann nicht nur zur Verbesserung der Teamarbeit, sondern auch für viele Aspekte Ihrer Tätigkeit in der Schule angewendet werden, wie die Überarbeitung des Schulkonzepts, aber auch des Förderkonzepts (→ Kap. 7) oder die Durchführung von Förderplangesprächen.

Praxistransfer

- *Welche Form der Förderplanung (allein, mit dem Schüler, kooperativ im Team) bevorzugen Sie für sich und aus welchen Gründen?*
- *Wen würden Sie zu einem kooperativen Förderplangespräch einladen? Gern können Sie einen aktuellen Schüler gedanklich als Beispiel nehmen.*
- *Welche grundlegenden Aspekte der KEFF erachten Sie für Ihre tägliche Arbeit als sehr bedeutsam?*
- *Welche Merkmale der Teamarbeit haben Sie in letzter Zeit eher vernachlässigt und wollen diese daher in der nächsten Zeit einsetzen?*

4 Schüler- und Elternbeteiligung

In diesem Kapitel soll thematisiert werden, welche Chancen, Möglichkeiten aber auch Gefahren ein pädagogisches Setting haben kann, in dem Lehrer, Schüler und Eltern sich gemeinsam beraten und Lösungen suchen, um Kompetenzen auszubauen und Schwächen abzubauen. Eine Möglichkeit, gemeinsam und strukturiert an einem Strang zu ziehen, kann durch einen gemeinsamen Förderprozess koordiniert und im Rahmen einer gemeinsamen Förderplanung – Kooperativen Förderplanung – realisiert werden. Die Frage der Schüler- und Elternbeteiligung an der kooperativen Förderplanung wird im Folgenden intensiver erörtert.

konträre Positionen   Die Lehrer sind mit der Erstellung und Fortschreibung von Förderplänen beauftragt und können demzufolge als Initiatoren der schulischen Förderplanarbeit zählen. Gleichzeitig wird in der Literatur vielfach betont, dass eine Erreichung der gesetzten Förderziele und eine Umsetzung der Fördermaßnahmen nur durch die Unterstützung der Schüler und Eltern möglich sei (Mutzeck / Melzer 2007, 216; Eggert 2007, 66; Schuck 2004, 126). Eine Vereinigung beider Blickpunkte könnte in eine Kooperative Förderplanung oder in ein gemeinsames Formulieren von Zielvereinbarungen münden und die schulische (Förderplan-)Praxis erleichtern sowie schulische Integrationsbemühungen positiv unterstützen. So überrascht es weniger, dass in den meisten sonderpädagogischen Verordnungen in Deutschland die Beteiligung von Eltern und Schülern empfohlen wird (Pluhar 2003, 76ff). Gleichzeitig wird diese Beteiligung in der Fachöffentlichkeit konträr diskutiert. Im weiteren Verlauf des Kapitels erfolgt eine Bestandsaufnahme dieser Diskussion für beide Personengruppen (Schüler und Eltern) getrennt voneinander, dabei werden fördernde und hemmende Aspekte der Teilnahme vorgestellt.

4.1 Schülerbeteiligung an der Förderplanung

Eggert (2007, 18) beschreibt einen Paradigmen-Wandel, demzufolge Menschen mit Behinderung im Zuge der Normalisierungs- und Individualisierungsbewegung individuellere Betrachtung erfahren sowie selbst an Prozessen der Diagnostik und Förderung beteiligt werden. In der Diagnostik und auch in der Förderung soll im Dialog mit den Betroffenen ein Angebot erarbeitet werden. Um dabei eine ganzheitliche Förderung zu erzielen, soll in langfristiger Kooperation mit Fachleuten, dem Kind und der Familie gearbeitet werden.

Paradigmenwechsel

Die Einbeziehung von Schülern in offizielle Diagnose-Gremien (Sander 1998, 16), welche als Bestandteil von Förderung und Förderplanung zu sehen sind, hat sich aber laut Hildeschmidt (1998, nach Lemke 2007, 190) noch nicht durchgesetzt. Nach Behrens (2008, 45) wird in der Förderplanung die Sicht des zu Fördernden bei der Wahl und Festlegung von Förderzielen und -maßnahmen nicht so stark gewichtet, wie die der Förderer. Das führt zu einem Missverhältnis. Gründe werden in der mangelnden Subjektorientierung innerhalb der praktizierten sonderpädagogischen Diagnostik und Pädagogik vermutet (Carle 1997, nach Lemke 2007, 72). Zudem wird gegen die Teilnahme von Schülern mit deren Überforderung in diesen Situationen argumentiert.

Praxis der Schülerbeteiligung

Im Gegensatz hierzu wird von Methner (2009, 78), aufbauend auf dem interaktionstheoretischen Paradigma (Cloerkes 2001; Benkmann 2007) folgender Ansatz verfolgt: Die Nicht-Beteiligung von Schülern und Eltern kann als Ausgrenzung und stigmatisierend wahrgenommen werden, da durch die Nicht-Beteiligung am Förderplanprozess über Eltern und Schüler hinweg entschieden wird. Dies könnte wiederum zur Folge haben, dass diese sich als nicht selbstständig und weniger selbstwirksam erfahren. Die Schüler, aber auch die Eltern, werden hinsichtlich ihrer Kompetenzen nicht anerkannt, ihr Erleben der Selbstwirksamkeit wird nicht gefördert und somit werden ihre Fähigkeiten und Fertigkeiten nicht hinreichend akzeptiert.

Nicht-Beteiligung als Ausgrenzung

> **Wichtig!**
> Die Konsequenz, bezogen auf die Förderplanung, muss demnach lauten: Schüler sollten durch die Einbeziehung in den Förderprozess in ihrem Selbstvertrauen gestärkt werden, indem sie sich als aktiv Handelnde erleben und ihnen nicht fremdbestimmt ihre Bedürfnisse und Interessen diktiert werden.

Sinnhaftigkeit der Mitarbeit

Die Mitarbeit von Schülern am Förderprozess und deren Motivation hierzu müssen hergestellt werden. Dazu ist es notwendig, dass sich dieser Prozess als lohnend oder sinnhaft für den Schüler darstellt. Der Einbezug, das Teilhaben am Prozess und die Möglichkeit der Mitbestimmung können sich förderlich auswirken, da die Interessen und Meinungen des Schülers auf diese Weise Gewicht erhalten und Maßnahmen in Absprache mit ihnen vereinbart werden können (Schlee 2007, 184f). Die Motivation wird in der Lernpsychologie als ein wichtiger Faktor für das Gelingen von Zielen erachtet, Emotionen nehmen dabei einen gleichwertigen Stellenwert ein (Gollwitzer 1995, nach Wild et al. 2001, 222). Bezogen auf die Beteiligung von Schülern an der Erstellung und Fortschreibung von Förderplänen heißt das, dass Schüler eher motiviert sind, die Förderung durchzuführen und durchzuhalten, wenn ihre Ziele und Interessen in die Planung einfließen. Die Förderung von Schülern kann nach Bründel und Simon (2007, 35) ohne deren Mitwirkung und Einsicht nur kurzfristige Effekte haben, längerfristige Effekte würden jedoch ausbleiben.

Emotionen

Die Emotionen spielen eine wichtige Rolle bei den Settings, da sie umgeben von Lehrern und anderen Personen in einem Raum ihre Interessen vertreten sollen. Dies ist unter Umständen nicht unproblematisch, da Schüler mit besonderem Förderbedarf mit Schule oder Förderung häufig Misserfolg und somit negative Erfahrungen verbinden (Arnold 2007, 43). Martin (2005, 68ff, 111ff) verweist darauf, dass alle Beteiligten über individuelle Erfahrungen und den damit verbundenen (negativen oder positiven) Emotionen verfügen. Diese können sich auch auf die Gestaltung der Förderplanung auswirken.

Bereitschaft der Förderplankommission

Grundsätzlich ist aber die Frage zu stellen, wie hoch die Bereitschaft der Förderplankommission ist, die Schüler an der Förderplanung bzw. den Förderplansettings teilnehmen zu lassen. In den einzelnen Konzeptionen gibt es verschiedene Ansichten, beispielsweise, dass Schüler nicht am Setting teilnehmen, aber dass Informationen zu individuellen Sichtweisen und Präferenzen im Vorfeld über einen Dialog mit dem Schüler eingeholt werden (Widlak/Witt 2005, 76; Soriano 2006, 15f; Eggert 2007, 29). In einigen Fällen wird eine Beteiligung der Schüler empfohlen (Eggert 2007, 66). Explizit wird die Wichtigkeit der Teilnahme von Schülern am Kooperativen Förderplansetting bei Schuck (2004, 126), Mutzeck und Melzer (2007, 216), Melzer (2009, 25) sowie Melzer et al., (2009, 37) erwähnt. Daneben existieren Konzepte, welche die Förderplanung ausschließlich in Kooperation zwischen Schüler und Lehrer verorten (Zetterström 2006; Schlee 2007). Ein pragmatischer, aber nachvollziehbarer Grund für die Teilnahme von Schülern wird von Schlee (2007) genannt: Durch die Teilnahme der Schüler muss die subjektive Sicht nicht rekonstruiert werden und somit entfällt diese mühevolle (und teils vergebliche) Arbeit.

Im anglo-amerikanischen Raum wurde die „Self-Advocacy-Strategy" entwickelt. Dieses Programm wurde für verschiedene Personengruppen ausgearbeitet, die jedoch nur ältere Schüler ab 14 Jahren obligatorisch einbeziehen (CEC 2006). Das Programm zielt darauf ab, Schüler auf die Beteiligung an Förderplansitzungen vorzubereiten, damit sie dort ihre individuellen Bedürfnisse und Wünsche formulieren können (Test/Neale 2004, 135ff). Eine Weiterentwicklung in Anlehnung an dieses Programm ist das Programm „Self-Directed IEP" für junge Erwachsene ab dem Alter von 16 Jahren, welches von Lehrern durchgeführt wird (Arndt et al. 2006, 194ff). In den USA wird durch die Schaffung solcher Programme eine grundlegende Bereitschaft signalisiert, Schülern die Teilnahme an Förderplansettings zu ermöglichen und der Vorwurf entkräftet, dass Schüler mit der Teilnahme überfordert sein könnten, indem Möglichkeiten aufgezeigt werden, diese Überforderung zu vermeiden. Kritisch wird dabei von Martin et al. (2006) angemerkt, dass die Gespräche der weiteren IEP-Mitglieder für Schüler unverständlich sind, die Atmosphäre für sie unangenehm ist und sie ihre Rolle innerhalb des IEP-Settings nicht kennen (Martin et al. 2006).

Studien im anglo-amerikanischen Raum

Eine der wenigen Studien im deutschsprachigen Raum, die sich zwar nicht auf die Förderplanung, aber auf das verwandte Konzept der Hilfeplanung (→ Kap. 2.1, Tab. 1) und den daran beteiligten Personen bezieht, ist die Studie von Sponagl (2002). Die Studie untersucht das Hilfeplangespräch und erhebt unter anderem Daten zur Eltern- und Schülerbeteiligung. Sponagl führte eine Befragung zu 24 Hilfeplange-

Studien in Deutschland

sprächen in Heimen durch. Hierbei erhob der Autor auch den Wunsch der Beteiligten (Kinder, Eltern und Erzieher) nach der Teilnahme des Kindes. Auffallend ist hier, dass alle Befragten sich wünschen, dass die Kinder zumindest teilweise am Hilfeplangespräch teilnehmen. Eine vollständige Teilnahme der Kinder wünschen sich ca. 66 % der Personen in jeder Befragtengruppe (Sponagl 2002, 70).

Hinsichtlich der Ergebnisse zeigt die Studie, dass Kinder/Jugendliche, die an der Erstellung des Hilfeplangespräches beteiligt werden, zu 61,5 % mit den Ergebnissen zufrieden sind und daneben eine optimistische Einstellung gegenüber der Zielerreichung haben.

In einer weiteren Untersuchung von Hillenbrand et al. (2006) wurden in Nordrhein-Westfalen 116 Schulen mit dem Förderschwerpunkt emotionale und soziale Entwicklung hinsichtlich der am Förderplanprozess beteiligten Personen befragt. Die Schulen geben an, dass am Förderplanprozess zu 52,1 % die Schüler beteiligt seien. Ob sich die Teilnahme auf die konkrete Beteiligung bei der Erstellung und Fortschreibung von Förderplänen bezieht oder ob sie im Vorfeld der Sitzung bzw. in einer Form der Nachbesprechung einbezogen werden, bleibt offen.

fördernde und hemmende Bedingungen der Schülerteilnahme

Über die Beteiligung von Eltern und Schülern an Förderplangesprächen im schulischen Setting gibt eine Studie von Methner (2009) Auskunft. Sie befragte 17 Lehrkräfte des Regelschulbereichs an 11 verschiedenen Schulen in Deutschland, welche regelmäßig kooperative Förderpläne erstellen, mittels Experteninterview. Insgesamt sprechen sich sechs Lehrer für eine Teilnahme aus, drei Personen tendieren zur Teilnahme und neun Personen lehnen eine Teilnahme der Schüler an den Förderplangesprächen ab. Die Aussagen der Lehrkräfte resultieren einerseits aus den ebenfalls erfassten unterstützenden und hemmenden Bedingungen für den Prozess der Förderplanung sowie anderseits aus schulorganisatorischen Aspekten. In Abb. 10 sind fördernde und hemmende Bedingungen der Teilnahme von Schülern erfasst (Methner 2009, 71).

Neben den genannten Bedingungen werden auch schulorganisatorische Aspekte durch die Lehrkräfte benannt:

- Die Schüler nehmen eher dann teil, wenn auch die Eltern teilnehmen.
- Sie werden indirekt einbezogen, z. B. über Selbstbewertungsbogen und Gespräche, in denen auch Ziele festgelegt werden, die in die Förderplanung mit einfließen.

Fördernde Bedingungen	Hemmende Bedingungen
▪ Die Sichtweisen der an der Förderung Beteiligten können erweitert werden. ▪ Maßnahmen können besser umgesetzt werden. ▪ Die Informationen der Schüler bieten eine gute Orientierung zur Weiterarbeit. ▪ Ziele werden eher erreicht (weil die Unterstützung der Schüler gegeben ist – sie wollen sie auch erreichen). ▪ Der Förderplan ist realistischer (mehr an der Realität orientiert).	▪ Die Einbeziehung der Schüler kostet Zeit bzw. zeitlich unrealistisch. ▪ Der Förderplan stellt eine eigene pädagogische Handlungsgrundlage der Lehrkräfte dar. ▪ Ziele und Maßnahmen können mit den Schülern auch im Vorfeld besprochen werden. ▪ Lehrer sind in ihren Aussagen gehemmter, wenn die Schüler selbst anwesend sind. ▪ Bei fehlender Vertrauensbasis zwischen Lehrkräften und Schülern sollten die Schüler nicht einbezogen werden.

Abb. 10: Fördernde und hemmende Bedingungen der Schülerteilnahme

- Die Schüler bekommen im Vorfeld und/oder im Nachhinein den Förderplan und seine Inhalte erklärt.
- Die Schüler können sich beim Durchsprechen des Förderplans gegen Maßnahmen entscheiden.

Insgesamt können damit alle in der Literatur benannten positiven und negativen Faktoren nochmals bestätigt werden. Eine Lehrkraft nimmt in dieser Studie eine besondere Position ein, da sie äußert, dass der Förderplan eine persönliche Handlungsgrundlage für die Lehrer sei. Diesbezüglich müsse schulorganisatorisch geklärt werden, welche Funktion der Förderplan in der Schule habe (→ Kap. 2.2.1). Wenn er vorrangig die Funktion der individuellen Handlungsplanung von Lehrern habe (oder eine reine Dokumentarfunktion übernehme), sei die Schülerbeteiligung nicht notwendig.

4.2 Elternbeteiligung an der Förderplanung

Viele Aspekte der Förderplanung und die Einbeziehung von Eltern in diesen Prozess sind denen ähnlich, die in der Literatur auch in Bezug auf die Schülerbeteiligung vertreten werden.

Praxis der Elternbeteiligung

So werden sie häufig zwar als wünschenswerte Partner gesehen, aber ebenso wenig wie die Schüler an den Settings beteiligt. Grundsätzlich scheint aber die Bereitschaft der Lehrer zur Beteiligung der Eltern höher zu sein als die zur Schülerbeteiligung, da sie auch von der Gesetzgebung her eingebunden werden sollten: Die Eltern haben vom Grundgesetz (Art. 6, Abs. 2) her das Erziehungsrecht inne, welches lautet: „Pflege und Erziehung der Kinder sind das natürliche Recht der Eltern und die zuvörderst ihnen obliegende Pflicht". Das heißt, trotz der gesetzlich geregelten Schulpflicht sind die Eltern in alle Maßnahmen und Prozesse einzubeziehen. Denn Maßnahmen im Zuge der Förderplanung stellen staatliche Eingriffe in das Elternrecht dar, weshalb die Eltern diese ablehnen können (Hesselberger 2003, 114).

Eltern als Quelle von Problemen

Lange galten Eltern als Quelle von Problemen z. B. durch ihr Erziehungsverhalten (Popp 2007, 420f). Als primäre Sozialisationsinstanz legen sie Grundlagen für den Lern- und Leistungserfolg und somit auch für den schulischen Erfolg (Gardner 1999, 115, nach Drinck 2008). Das System Familie unterliegt ebenso wie andere Systeme Veränderungen. Die Belastungssituationen für Familien haben zugenommen. Steigende Scheidungsraten, Vereinbarkeit von Beruf und Familie, nicht selten Ein-Kind-Familien und widersprüchliche Erziehungsziele steigern den Druck für die Eltern. Ansatzpunkte für eine Förderplanung können auch in Themen liegen, bei denen ein hoher Leidensdruck für Eltern, Lehrer und Schüler besteht (Widlak / Witt 2005, 79).

„Wenn es auch nicht von der Hand zu weisen ist, dass der Umgang der Eltern mit ihren Kindern, die entsprechenden häuslichen Erziehungssituationen für so manche Verhaltensauffälligkeit mitverursachend waren, verkennen viele hierbei, dass dies Prozesse sind, die von den Eltern nicht bewusst herbei geführt werden. Zum einen scheinen Eltern ebensolche Hilfe und Unterstützung wie die Kinder zu benötigen, um mit den genannten Problemen umzugehen. [...] Eltern in ihren Erziehungskompetenzen stärken ist eine der Möglichkeiten, um Verhaltensauffälligkeiten zu verhindern oder zumindest zu verringern. Anderseits können und müssten Eltern auch potentielle Unterstützer und Partner der Arbeit von Pädagogen sein, damit pädagogische Maßnahmen auch im häuslichen Umfeld fortgesetzt, unterstützt oder zumindest diesen nicht kontraproduktiv entgegengearbeitet wird" (Popp 2007, 421).

Zusammenfassend kommt Popp (2007, 429) zur Konsequenz, dass die „Familie [...] nicht als ein Risikofaktor, sondern auch als ein potentieller Bündnispartner zu verstehen [ist], der allerdings genutzt werden muss".

Als Experten für ihre Kinder können sie unter anderem wichtige Informationen zur Ist-Stand-Erhebung beitragen (Eggert 2007, 66). Bei einer individuumsorientierten Diagnostik und Förderung sind Kind und Eltern Partner, nicht Forschungsobjekte. Das bedeutet, Entscheidungen sollten mit ihnen und nicht über sie getroffen werden. Nach Hauer und Feyerer (2006) wird den Eltern in der Förderplanung von 16–20 % der Lehrer ein Mitspracherecht zugestanden (Hauer/Feyerer 2006, 141). Anders stellt sich die Beteiligung der Eltern in den USA dar. Die Teilnahme der Eltern an IEP Meetings ist seit 2004 gesetzlich vorgeschrieben (CEC 2006, § 300.344 IEP Team und § 300.345 Parent Participation). In Eltern-Guides wird der IEP behandelt (Rebhorn 2002, 6). Diese Guides sollen den Eltern Inhalte, Rechte und Pflichten vermitteln, um sie handlungsfähig zu machen, damit sie sich für ihre Kinder in den IEP-Meetings einsetzen können. Dies birgt aber auch die Gefahr, dass sich die Eltern als Anwälte gegen die Schule und Lehrer sehen.

Eltern als Experten für ihre Kinder

Nachdem der vorige Ansatz sich auf die USA bezog, wird jetzt der Blick nach Deutschland gerichtet. In Deutschland ist eine hohe Beteiligung der Eltern bei der Erstellung von Hilfeplänen vorgesehen. Diese fallen in den Bereich der Jugendhilfe, bzw. Hilfe zur Erziehung. Der Hilfeplan ist im Kinder- und Jugendhilfegesetz (KJHG) geregelt (§ 36) (BMFSFJ 2005). § 36 KJHG ist mit „Mitwirkung, Hilfeplan" überschrieben und umfasst die Mitwirkung von Eltern und Jugendlichen am Prozess der Hilfeplanerstellung. In § 5 Wunsch- und Wahlrecht (KJHG) ist darüber hinaus beschrieben, dass Leistungsberechtigte Wünsche hinsichtlich der Gestaltung und Art der Hilfe äußern können und auf ihr Recht hinzuweisen sind (Gallhoff 2007, 63).

Situation in Deutschland

In der Studie von Sponagl (2002) wurde die Befürwortung für eine besondere Mittelpunktstellung von Eltern und Kind/Jugendlichem aus Sicht der Sozialarbeiter, Erzieher, Kinder/Jugendlichen sowie der Eltern/Angehörigen erfragt. Alle Befragten – Sozialarbeiter, Erzieher, Eltern und Kinder/Jugendliche – beurteilen die Beteiligung der Eltern überwiegend positiv. Vorteile sehen sie vor allem hierin:

- Die Betroffenen äußern zumeist sehr authentisch ihre Meinungen und Ansichten.
- Ihre Teilnahme verdeutlicht die Relevanz, die dem Förderprozess beigemessen wird.

Aber auch Nachteile werden benannt:

- Die Eltern üben häufig Zurückhaltung bei der Beteiligung, möchten nachgeordnet sprechen oder möglichst wenig aussagen.
- Die Eltern wirken teilweise überfordert und verunsichert.

In der Untersuchung von Hillenbrand et al. (2006) geben die teilnehmenden Schulen an, dass 50 % der Eltern beteiligt werden. Inwiefern sie am Förderplangespräch selbst teilnehmen oder auf andere Weise einbezogen werden, wird nicht benannt.

fördernde und hemmende Faktoren der Schülerteilnahme

Zu vergleichbaren Ergebnissen kommt Methner (2009, 66) in ihrer Studie zur Beteiligung von Schülern und Eltern an kooperativen Förderplangesprächen. 3 der 17 befragten Personen sprechen sich für eine permanente Elternbeteiligung bei der Förderplanung aus. Folgende Begründungen für die Beteiligung der Eltern werden genannt:

- Verantwortung der Eltern für ihre Kinder,
- Kooperative Eltern – einige Eltern wünschen sich eine intensive Beteiligung an schulischen Förderprozessen.
- (Maßnahmen und Ziele greifen ins) Privatleben, d.h. sie sind nicht nur auf die Schule ausgerichtet, sondern sollten ebenfalls im außerschulischen Bereich ihre Anwendung finden.
- Kenntnis von Schülern, d.h. die Problem- und Ressourcenerkundung wird umfänglicher bzw. genauer und das Finden bzw. Benennen von Förderzielen wird einfacher.
- Informationsweitergabe, d.h. die Förderplanung kann gleichzeitig der Treffpunkt für eine Informationsweitergabe (z.B. diagnostische Ergebnisse, Erfahrungen) sein.

Fünf Personen *tendieren lediglich zur Beteiligung* von Eltern und begründen dies u.a. damit:

- Rahmenbedingungen (Zeit, Ort, Sprache etc.) müssten verändert werden, um Eltern häufiger einbeziehen zu können.
- Teilweise wollen die Eltern nicht teilnehmen und ihnen „fehlt das Interesse".
- Eltern sollten nur bei „gravierenden Fällen" eingeladen werden.

Neun Personen sprechen sich *gegen die Beteiligung* der Eltern an diesem Prozess aus und begründen dies folgendermaßen:

- Andere Kooperationsformen, d.h. es besteht regelmäßiger Kontakt und eine Zusammenarbeit mit den Eltern außerhalb der Förderplanarbeit oder es existieren feste Verantwortlichkeiten/Ansprechpartner für die Kooperation mit den Eltern.
- Der Förderplan dient als Gesprächsgrundlage mit den Eltern, d.h. im Rahmen des Förderplangesprächs einigt sich das Förderteam auf eine gemeinsame Vorgehensweise/Standpunkt, welche die Gesprächsgrundlage für die Zusammenarbeit mit den Eltern bildet.
- Der Faktor Zeit, d.h. die Gespräche nehmen einerseits viel Zeit in Anspruch und andererseits fehlt die Zeit im Schulalltag für die Vorbereitung dieser Sitzungen.
- Sprachprobleme, d.h. Eltern mit Migrationshintergrund können nicht ohne weiteres in die Sitzungen mit einbezogen werden, da sie mangelnde Kenntnisse der deutschen Sprache haben.
- Methodische Unsicherheiten, d.h. der Gesprächsleitfaden ist noch nicht verinnerlicht und die Lehrkräfte möchten ihn daher nur in einem als sicher erlebten Umfeld (mit Kollegen) einsetzen.
- Die Größe des Teams, d.h. das Förderteam ist bereits zu groß.

Auch wenn es viele hemmende Bedingungen in Bezug auf die Teilnahme der Eltern an kooperativen Förderplangesprächen gibt, sollten diese immer mit dem Vorteil einer ganzheitlichen, über das schulische Umfeld hinausgehenden Förderung gemeinsam mit den Eltern abgewogen werden. Fraglich ist jedoch, auf welche Weise dies geschehen kann. Im nächsten Kapitel werden einige Anregungen hierzu gegeben.

4.3 Umsetzung der Schüler- und Elternbeteiligung

Die konträren Positionen über den Einbezug der Schüler und Eltern in die Förderplanarbeit werden momentan auf unterschiedlichen Ebenen geführt. Während sich die Mehrheit aus fachwissenschaftlicher Perspektive für eine Beteiligung ausspricht, stößt dieser Anspruch in der praktischen Umsetzung, trotz positiver Beispiele, oft auf Schwierigkeiten. Mögliche Wege, beide Positionen – Theorie und Praxis – miteinander zu vereinen, sollen im Folgenden aufgezeigt werden und beruhen im Wesentlichen auf den genannten fördernden und hemmenden Bedingungen der

Beteiligung. Während die förderlichen Bedingungen als Bestätigung der fachwissenschaftlichen Argumente für eine Beteiligung fungieren, spiegeln die hemmenden Bedingungen die praktischen Schwierigkeiten wider.

Situationsabhängigkeit

Das Benennen beider Positionen durch die Lehrkräfte verdeutlicht die starke Situationsabhängigkeit. Auf einige dieser hemmenden Faktoren möchten wir näher eingehen, gleichzeitig möchten wir Sie ermutigen, eigene kreative Ideen zum Abbau der hemmenden Faktoren für Ihre schulische Situation zu entwickeln.

Faktor Zeit

Der Faktor Zeit wird am häufigsten als hemmender Grund für eine Schüler- bzw. Elternbeteiligung genannt. Einerseits fehlen bisher Untersuchungen, ob ein Gespräch mit Eltern- bzw. Schülerbeteiligung tatsächlich länger dauert oder ob das Team hierdurch nicht im Gegenteil zu mehr Disziplin angehalten ist, was zu einer Verkürzung des Gesprächs führen würde. Zudem könnten Gespräche vor und nach der Förderplanung mit Eltern oder Schülern eingespart werden, was einen erneuten Zeitgewinn darstellen würde. Gleichzeitig bietet die Teilnahme von Eltern und Schülern die Chance, weitere Informationen (z. B. diagnostische Ergebnisse, schulische Leistungen) auszutauschen.

Ein tatsächliches organisatorisches Zeitproblem ist die Terminfindung: Zur Kooperativen Förderplanung müssen Eltern, Schülern, Lehrkräfte und weitere Experten einen für alle Beteiligten akzeptablen Termin finden. Während Schüler und Lehrkräfte vor Ort in der Schule sind, müssen die anderen genannten Personengruppen, trotz ggf. beruflicher Belastung, in der Schule eintreffen. Eine mögliche Variante zur Realisierung liegt im langen vorausgeplanten Förderplantag, welcher mit einem Elternsprechtag kombiniert werden kann. Das frühe Festlegen der Termine kann dazu beitragen, dass es für die Beteiligten zu keinen Terminüberschneidungen kommt. Diese Organisationsvariante ermöglicht gleichzeitig, dass einerseits die Betreuung der Schüler in der Schule sichergestellt und andererseits flexibel auf zeitliche Wünsche der Beteiligten eingegangen werden kann.

Freiwilligkeit

Die Teilnahme von Personen an den Förderplansitzungen sollte auf Freiwilligkeit beruhen. Zwar wird die Teilnahme der Eltern und Schüler im schulischen Kontext empfohlen, jedoch ohne Pflichtcharakter. So können die Lehrer als Gastgeber der Förderplanung frei entscheiden, wen sie einladen. Eltern und Schüler können diese Einladung auch ablehnen, sodass Eltern und auch Schüler frei wählen können, ob sie teilnehmen möchten oder nicht.

Sicherlich kann es sowohl für Eltern als auch für Schüler, aber auch Lehrer eine neue und ungewohnte Situation darstellen, die Eltern und/oder die Schüler an der Förderplanung zu beteiligen. Nachdem Kompetenzen in der Kooperativen Förderplanung erworben und einige Erfahrungen ohne Eltern- und Schülerbeteiligung gesammelt worden sind, gehört nach unseren Erfahrungen und den Rückmeldungen von Fortbildungsteilnehmern ein Stück Überwindungskraft dazu, Schüler oder Eltern dazu zu bitten. Dies kann folgender Erfahrungsbericht eines nach der KEFF-Methode arbeitenden Teams verdeutlichen:

ungewohnte Situation

„Wir haben das Förderplangespräch mit dem Schüler, jedoch ohne die Eltern durchgeführt. Unsere anfänglichen Ängste, dass es mit dem Schüler zu unangenehmen Situationen kommen würde, waren unberechtigt. Der Schüler ging sehr reif mit Kritik um und war sehr selbstkritisch, was unsere Diskussion natürlich sehr bereicherte. Durch die Mitarbeit des Schülers hatten wir das Gefühl, näher an der Realität des Schülers zu sein und waren der Meinung, konkretere Förderziele festlegen zu können. Deshalb haben wir entschieden, dass bei unseren Förderplangesprächen die Schüler immer anwesend sein sollten."

Die Beteiligung von Eltern und Schülern an Förderplangesprächen sollte natürlich angebahnt und entsprechend unterstützt werden. Dies betrifft vor allem die Vorbereitung des gemeinsamen Förderprozesses, die Rahmenbedingungen und das methodische Vorgehen, welche als nächstes kurz skizziert werden.

Anbahnung der Teilhabe

Zu beachten ist, dass die vorgestellten Aspekte nicht nur für Eltern und Schüler gedacht sind, sondern für alle Personen zu Rate gezogen werden können, denen die Förderplanarbeit fremd ist. Es bestehen zwischen den einzelnen Personen jedoch Unterschiede hinsichtlich ihrer emotionalen Gefühlslage vor, während und nach der Teilnahme. So wird ein Psychologe, Mediziner oder Sozialarbeiter, der zum Gespräch hinzukommt und die Förderplanarbeit nicht kennt, in der subjektiven Wahrnehmung der Einzelnen als Experte hinzugebeten und sich selbst auch so sehen. Personen in dieser Rolle werden dementsprechend eine andere Einstellung zum Gespräch einnehmen als ein Schüler, für den der Förderplan verfasst wird bzw. dessen Eltern.

Einbindung weiterer Personen

Sowohl bei Schülern als auch bei Eltern muss sensibel vorgegangen werden. Sie dürfen sich nicht wie in einem Tribunal vorkommen, d. h. alleine, ohne das Gefühl der Gleichberechtigung, dem Lehrerteam gegenüber stehen. „Fruchtbare und konstruktive Förderprozesse können nur in einer vertrauensvollen und unterstützenden Atmosphäre gedeihen" (Schlee 2007, 183).

4.3.1 Vorbereitung des gemeinsamen Förderprozesses

Wie bereits erwähnt, sollten Schüler und Eltern auf den gemeinsamen Förderprozess, inklusive der kooperativen Erstellung und Fortschreibung des Förderplans, vorbereitet und für die benötigte Mitarbeit motiviert werden. Für diese Vorbereitung werden insbesondere im angloamerikanischen Sprachraum im Zuge der Förderplantreffen (innerhalb des IEP-Konzepts; → Kap. 2.1, Tab. 1) nähere Informationen gegeben. Im Folgenden werden diese getrennt nach Hinweisen für Eltern und Schüler vorgestellt und auf das deutsche Schulsystem transferiert.

Vorbereitung der Schüler auf die Kooperative Förderplanung

Zunächst stellt sich die Frage, ob die Schüler einzeln oder als Klassenverband auf die gemeinsame Förderplanung vorbereitet werden sollten. Da auf der einen Seite für jeden Schüler ein Förderplan erstellt werden kann und auf der anderen Seite die Individualität des Einzelnen nicht aus den Augen verloren werden sollte, erscheint eine Koppelung beider Möglichkeiten sinnvoll.

Vorbereitung der Klasse

Im Klassenverband sollten demzufolge allgemeine Aspekte sowie die Einführung in die Thematik des Förderplanprozesses thematisiert werden. Hierfür wird von Kupper und McGahee-Kovac (2002, 6f) folgender Leitfaden formuliert:

- Eröffnen Sie die Diskussion: Sprechen Sie mit den Schülern über das Lernen – was fällt ihnen leicht und was schwer? Fragen Sie die Schüler, was ihnen beim Lernen hilft. Hierfür können Sie auch das in Abb. 11 präsentierte Arbeitsblatt einsetzen. Notieren und visualisieren Sie alle genannten Punkte auf einen Poster. Lassen Sie dabei Widersprüche und Zusammenhänge benennen.
- Ermutigen Sie Ihre Schüler, positiv in die Zukunft zu blicken: Es ist förderlich, mit Ihrer Klasse über die Notwendigkeit einer Förderung bei besonderem Förderbedarf zu sprechen.

- Weisen Sie darauf hin, dass Schwächen bei gezielter Förderung kompensiert werden können.
- Sprechen Sie über Beeinträchtigungen: Verdeutlichen Sie die unterschiedlichen Ausprägungsformen von Beeinträchtigung sowohl in der Klasse, der Schule als auch der Gesellschaft. Weisen Sie darauf hin, dass ein Mensch sich nicht durch mögliche Beeinträchtigungen auszeichnet, sondern vor allem durch seine Kompetenzen. Heben Sie daher die Kompetenzen Ihrer Schüler besonders hervor.
- Zeigen Sie einen Film über Menschen mit Beeinträchtigungen.
- Verdeutlichen Sie den Schülern die Notwendigkeit einer Förderplanung und die Bedeutung ihrer eigenen Beteiligung.
- Diskutieren Sie mit Ihrer Klasse mögliche Unterstützungsformen, welche die gesamte Klasse für umsetzbar hält. Entwerfen Sie auf dieser Basis einen Fördermaßnahmenkatalog (→ Kap. 3.2.3).
- Überlegen Sie gemeinsam im Klassenverband, wie eine mögliche Umsetzung der Fördermaßnahmen realisiert werden könnte.
- Sichern Sie Ihre Arbeitsergebnisse.

Arbeitsblatt zur Zielerreichung

In Anlehnung an Kupper und McGahee-Kovac (2002) wurde ein Arbeitsblatt entwickelt, um die Sicht der Schüler für die Förderplanung zu erheben. Mit Hilfe des Arbeitsblattes (→ Abb. 11) ist es möglich, die Schüler auf den gemeinsamen Förderplanprozess einzustimmen. Im Rahmen dieser Vorbereitung haben diese die Chance, die eigenen Gedanken zu strukturieren und mögliche Ziele und Umsetzungsbedingungen zu benennen.

I-PLAN

Während diese Vorbereitung der Klasse darauf abzielt, die Schüler für Beeinträchtigungen und die Erkenntnis der Notwendigkeit einer individuellen Förderplanung zu sensibilisieren, thematisiert die nächste Phase speziell das Förderplangespräch. Hierfür wird von Test und Neale (2004) im Rahmen der „Self Advocacy" ein Fünf-Punkte-Trainingsplan, der I-PLAN, vorgeschlagen. Der Begriff „I-PLAN" setzt sich aus den Anfangsbuchstaben der englischen Begriffe für die fünf Punkte zusammen (s. Tab. 6). In der englischen Originalversion wird dieses Training mit jedem einzelnen Schüler durchgeführt. Aus Gründen der Praktikabilität wird es an dieser Stelle für die Anwendung im Klassenverband vorgestellt (→ Tab. 6).

Insbesondere in der Vorbereitung des einzelnen Schülers auf die Förderplangespräche sollte viel Wert auf Trans-

Ziele erreichen

Ziele sind wichtig. Sie helfen Dir und uns im Schulalltag und im Leben voranzukommen. Die Planung und das Erreichen von Zielen ist aber manchmal schwierig. Ein Förderplan ist ein Plan, der Dir und uns hilft, für Dich wichtige Ziele zu erreichen. Dabei ist es besonders wichtig, dass Du selbst weißt, was Dir beim Lernen hilft, was schwierig ist und was Du erreichen möchtest.

1. Was würdest Du als Deine Stärken bezeichnen, worin bist Du gut?

_____

_____

2. Wie lernst Du am besten? Welche Art von Unterricht hilft Dir beim Lernen?

- ■ Am besten lerne ich, wenn ich **zuhören** kann.
- ■ Am besten lerne ich, wenn ich ein Bild **sehen** kann.
- ■ Am besten lerne ich, wenn ich einen Text **lesen** kann.
- ■ Am besten lerne ich, wenn ich mich dabei **bewegen** kann.

- ■ Am besten lerne ich **allein.**
- ■ Am besten lerne ich **mit einem Partner.**
- ■ Am besten lerne ich **in einer Gruppe.**
- ■ Am besten lerne ich **mit dem Lehrer.**

3. Was stört Dich beim Lernen in der Schule?

_____

_____

4. Was ist schwierig für Dich beim Lernen in der Schule?

_____

_____

5. Welches Ziel möchtest Du in der nächsten Zeit in der Schule gern erreichen?

_____

_____

6. Welche Bedingungen können Dich beim Erreichen Deines Zieles unterstützen (z. B. Personen, die Dir helfen; Erinnerungshilfen, evtl. sogar Belohnungen)?

_____

_____

7. Was kannst Du dazu beitragen, um Dein Ziel zu erfüllen?

_____

_____

Abb. 11: Arbeitsblatt zum Thema „Ziele erreichen"

Tab. 6: I-PLAN (nach Test/Neale 2004, 140)

Phase im I-PLAN	Beschreibung
1. Bestandsaufnahme (**I**nventory)	Bestandaufnahme über Stärken und Schwächen der Schüler sowie Gebiete auf denen Sie sich verbessern wollen. Dieses wird von den Schülern in einem „Inventory-Blatt" dokumentiert und zu den Förderplangesprächen mitgenommen.
2. Bereitstellen der Bestandsaufnahme (**P**rovide your Inventory Information)	Erarbeiten Sie mit den Schülern, wie das Inventory-Blatt beim Förderplangespräch präsentiert werden kann. *Hinweis:* Der methodische Ablauf der KEFF (→ Kap. 3.2.3) kann an dieser Stelle den Schülern vermittelt werden, da dieser hierfür bereits Darstellungsvarianten vorschlägt.
3. Zuhören und antworten (**L**isten and Respond)	Thematisieren Sie mit Ihren Schülern Gesprächsregeln (→ Kap. 3.2.3) und eine angemessene Gesprächsführung (→ Kap. 6.1.2). Integrieren Sie in dieser Phase Demonstrationen und Übungen.
4. Fragen stellen (**A**sk Questions)	Sammeln Sie mit Ihrer Klasse Fragen, welche die Schüler den weiteren Beteiligten am Förderplangespräch stellen könnten. Berücksichtigen Sie dabei die individuellen Bedürfnisse der Schüler. *Hinweis:* Diese Phase könnte auch in Einzelarbeit der Schüler erfolgen, d.h. jeder Schüler sammelt für sich relevante Fragen.
5. Ziele benennen (**N**ame Goals)	Thematisieren Sie (Förder-)ziele und lassen Sie Möglichkeiten der Umsetzung benennen.

parenz im methodischen Vorgehen gelegt werden, d. h. der Schüler muss erfahren, was ihn im Förderplangespräch erwartet und welche Fragen an ihn gestellt werden könnten. Wichtig für die weitere Vorbereitung ist, dass den Schülern die notwendige Zeit für die eigene Vorbereitung eingeräumt wird: Zeit sich über eigene Stärken, Schwächen und Ziele klar zu werden. Von der Lehrkraft sollte dieser Findungsprozess der Schüler durch Anregungen und Fragen unterstützt werden.

Vorbereitung der Eltern auf die Kooperative Förderplanung

Der schulische Werdegang und die persönliche Entwicklung des eigenen Kindes stellt für Eltern ein großes Interessengebiet dar. Der kooperative Förderplanprozess kann dabei für Eltern ein Weg sein, um mit den Lehrern über die Belange der Kinder zu sprechen: welche Bedürfnisse ihre Kinder in ihren Augen haben und welchen Weg man zur Bedürfnisbefriedung gehen sollte. Damit die Förderplanung dieses Anforderungsprofil erfüllt, schlägt Rebhorn (2002) zur Vorbereitung der Eltern auf die Kooperative Förderplanung diverse Maßnahmen vor, dabei sollten die Eltern im Vorfeld notwendige Informationen erhalten. Diese können differenziert werden in allgemeine Angaben zur Förderplanpraxis und konkrete Informationen zur Vorbereitung des Förderplangespräches. Im weiteren Verlauf werden die vorgeschlagenen Maßnahmen von Rebhorn diesen zwei Bereichen zugeordnet. Die Maßnahmen werden dabei als Fragen formuliert, da sie an die jeweilige schulische Situation angepasst werden müssen.

Allgemeine Angaben zur Förderplanpraxis:

- Was ist Förderplanung?
- Wie ist die Förderplanung in der Schule etabliert?
- Was kann die Förderplanung für das eigene Kind leisten?

Vorbereitung des Förderplangespräches:

Die Eltern sollten schriftlich informiert werden über:

- Welches sind die Gründe und Zielstellungen des Treffens?
- Welche Personen werden am Treffen teilnehmen und was können diese Personen für das Kind leisten?
- Wer könnte zusätzlich zu den bereits genannten Personen eingeladen werden, da er spezielles Wissen über das Kind hat?
- Wann und wo findet das Treffen statt?
- Welche Erwartungshaltung wird den Eltern beim Gespräch entgegengebracht?
- Was muss im Vorfeld des Treffens durch die Eltern vorbereitet werden?

4.3.2 Rahmenbedingungen

informative Einladung

In der Vorbereitung der Förderplansitzung zur Erstellung eines kooperativen Förderplans müssen die Schüler und Eltern direkt und persönlich eingeladen werden. In dieser Einladung sollten die Gründe und Ziele sowie die Notwendigkeit der gemeinsamen Kooperation unter Betonung der gegenseitigen Expertenstellung der Förderplanung erwähnt werden. Zusätzlich ist die genaue Zeit des Beginns und des Endes festzulegen, die unbedingt einzuhalten ist (Pünktlichkeit).

Insbesondere für Schüler kann die gleichzeitige Begegnung und Arbeit mit vielen Lehrern, teilweise noch mit Vertretern der Schuladministrationen, eine angstbesetzte Situation darstellen, der sie sich nur ungern aussetzen möchten. Persönliche Gespräche im Vorfeld erscheinen hierbei sinnvoll. Zusätzlich könnten die Schüler durch einen Lehrer ihres Vertrauens zu dem Raum, in dem die Förderplanung stattfindet, begleitet werden. Letzte Unsicherheiten vor dem Gespräch könnten hierdurch beseitigt bzw. abgeschwächt werden. *Begleitung der ungewohnten Situation*

Die gemeinsame Förderplanung stellt gleichzeitig Beziehungsarbeit dar. Gespräche führen und Vertrauen aufbauen ist hierfür ein wesentliches Kriterium. Für das Anbahnen von Vertrauen sollte eine ruhige und ungestörte Arbeitsatmosphäre hergestellt werden. Zusätzlich sind Vereinbarungen über die Arbeitsweise für den Vertrauensaufbau förderlich (→ Kap. 6.1.1; Melzer et al. 2009, 84). Der Einladung zur Förderplanung und der Einführung in das Förderplangespräch kommen hierbei eine große Bedeutung zu. Sie geben eine Orientierungshilfe und vermitteln dementsprechend Sicherheit. Das Führen von Gesprächen hat, wie in jeder Teamarbeit, eine hohe Relevanz. Insbesondere in der Arbeit mit Schülern und Eltern sollte darauf geachtet werden, dass keine Verhörsituation entsteht, indem die Schüler und Eltern in eine Rechtfertigungshaltung gedrängt werden. Für Gespräche im schulischen Alltag (insbesondere der Förderplanung) sind die von Mutzeck (2008a, 83ff) beschriebenen Elemente einer personenzentrierten Gesprächsführung besonders gut geeignet (→ Kap. 6.1.2). *Förderplanung als Beziehungsarbeit*

4.3.3 Methodische Aspekte

Während das bereits vorgestellte Konzept von Zetterström (2006) auf eine direkte Schülerbeteiligung ausgelegt ist, beziehen sich die folgenden methodischen Überlegungen vor allem auf die Methode der KEFF, welche den Einbezug sowohl von Schülern als auch von Eltern ermöglicht (→ Kap. 3.2.3).

Von Vorteil für die Beteiligung der Eltern und Schüler am Förderplangespräch ist die Menschenbildannahme der KEFF *Expertentum und Gleichberechtigung* mit der resultierenden Anerkennung der gegenseitigen Expertenstellung. Denn unter Rückgriff auf die KEFF muss keine eigenständige Methode für die Eltern- und Schülerbeteiligung entwickelt werden und es müssen nur geringfügige Änderungen am Grundkonzept vorgenommen werden. Mit dem gegenseitigen Expertentum ist das Rollenverständnis klar, jedoch noch nicht für alle Beteiligten transparent. Die Einführung in die Methode hat aus diesem Blinkwinkel besondere Relevanz, da sie den Grundbaustein für die gleichberechtigte Partnerschaft zwischen Lehrern, Schülern und Eltern bildet. Gleichberechtigt bedeutet hier, dass bei einer Teilnahme der Schüler, der Eltern (oder/und weiteren Personen) jeder dieselben Rechte innehat. An Mehrheitsentscheidungen dürfen sie mit vollem Stimmrecht teilnehmen und ihre Positionen vertreten.

Ferner sollten das Ziel der Sitzung und die Gesprächsregeln in der Einführung nochmals benannt und durch alle bestätigt werden. So ist es dem Moderator möglich, bei eventuellen Schwierigkeiten im Gespräch erneut darauf zu verweisen. Dies ist vor allem dann bedeutungsvoll, wenn Teilnehmer in Positionen aus einer höheren Hierarchieebene (z. B. die Schulleitung) teilnehmen und gegen Gesprächsregeln verstoßen. Eine Gleichberechtigung auf dieser Ebene wird damit unterstützt und vermittelt zudem Selbstvertrauen für alle Beteiligten.

Aufgaben des Moderators

Der Moderator sollte bei Einbezug von Eltern und Schülern verstärkt auf eine horizontale Gesprächssituation achten und die Eltern und Schüler zur Mitarbeit motivieren. Bei allen Phasen sollte der Moderator zuerst den Schüler, dann die Eltern und im Anschluss die Lehrkräfte zu Wort kommen lassen. Bei Phasen, in denen mit positiven Aspekten (z. B. Stärken) begonnen wird, können auch die Lehrkräfte als erstes beginnen, da das Lob der Lehrer für die Schüler und Eltern wohltuend, stärkend und motivierend wirkt. Wie im Vorfeld bereits erwähnt, können die dargestellten Gesprächsleitfäden der KEFF (→ Kap. 3.2.3) bei der Beteiligung von Eltern und Schülern beibehalten werden.

Ablauf des Förderplangesprächs

Innerhalb der Informationsdarstellung und -analyse sollten zuerst die Kompetenzen des Schülers benannt werden und erst im Anschluss die Defizite, da auf diese Weise verdeutlicht wird, dass nicht nur die Schwächen Beachtung finden, sondern auch die Stärken. Gleichzeitig können so eigene Defizite besser angenommen und im weiteren Verlauf mögliche Maßnahmen zu deren Abbau anerkannt werden. Am Ergebnis des Förderplangespräches, dem Produkt

Förderplan, sind Eltern und Schüler in gleicher Weise interessiert wie die Lehrer, deshalb sollte zum Abschluss geregelt werden, wie alle den Förderplan erhalten. Eine Möglichkeit besteht darin, gleich eine Kopie anzufertigen und auszugeben.

Am Ende des Förderplangespräches sollte der Prozess der Förderplanerstellung nochmals kurz reflektiert werden: Welche Aspekte waren förderlich und welche waren hemmend? Sind die Erwartungshaltungen erfüllt worden? So ist es möglich, alle Beteiligten für weitere Gespräche zu motivieren. Gleichzeitig kann bei weiteren Sitzungen ggf. Zeit gespart werden, da methodische Schritte weniger thematisiert werden müssen bzw. ein Teil der Arbeit bereits im Vorfeld der Sitzung erfüllt werden kann.

Praxistransfer

- *An welchen Punkten in Ihrer Förderplanarbeit haben Sie bislang Schüler und/oder Eltern einbezogen?*
- *Welche Vorteile hätte ein Einbezug der Schüler und der Eltern für Sie persönlich und für Ihre Schüler?*
- *Wie könnte eine Unterrichtseinheit zum Einbezug der gesamten Klasse in die Förderplanung bei Ihnen konkret aussehen?*
- *Wie würden Sie persönlich Eltern zu einem Gespräch einladen und diese darauf vorbereiten? Welche der beschriebenen Aspekte können Sie sich für Ihre Arbeit vorstellen, welche nicht?*

5 Fördermaßnahmen

Innerhalb dieses Kapitels wird den Fördermaßnahmen besondere Aufmerksamkeit gewidmet, da diese im schulischen Kontext eine besondere Relevanz haben: Zum einen dienen sie als Weg, um die Diskrepanz zwischen dem Ist- und dem Soll-Zustand zu verringern (→ Kap. 1.2). Zum anderen fließen sie direkt in die pädagogische Praxis ein und haben damit stärkere Konsequenzen für den beruflichen Alltag als beispielsweise das Formulieren von Förderzielen oder die Schaffung einer diagnostischen Basis. In der Literatur wird der Begriff der „Fördermaßnahme" unterschiedlich verwendet. So werden die Termini „Intervention", „Training", „Förderprogramm", „Methode" und „Fördermaßnahme" oft synonym verwendet, ohne eine klare Abgrenzung zu schaffen, was im Rahmen dieses Werkes nicht ganz beigelegt werden kann. Im weiteren Verlauf des Praxisleitfadens wird jedoch der Begriff der Fördermaßnahme als Oberbegriff verwendet.

5.1 Begriff der Fördermaßnahme

Auf Grundlage des handlungstheoretischen Ansatzes stellen Fördermaßnahmen Handlungen dar, welche geplant, zielgerichtet, bewusst, sowie normen- und werteorientiert vollzogen werden (Mutzeck 2008a, 60; → Kap. 3.2.3).

Definition

> Unter **Fördermaßnahmen** werden alle Handlungen verstanden, die förderzielführend sind. Diese Formulierung schließt präventive und intervenierende Maßnahmen ebenso wie gut evaluierte komplexe Förderprogramme oder „einfache" Methoden ein. Handlungen, welche auf die Erweiterung der Informationsbasis zielen (z.B. weitere Gespräche oder weitere diagnostische Verfahren), können ebenfalls als Fördermaßnahmen verstanden werden.

Auf den ersten Blick könnte es als Nachteil gesehen werden, dass durch diese weite Definition Unsicherheiten bei der

Wahl der Fördermaßnahmen auftreten könnten. Dieser Umstand bietet jedoch auch die Chance, dass das Förderplanteam frei (auf Grundlage seiner fachwissenschaftlichen Ausbildung) gemäß den Gegebenheiten in der Schule und den jeweiligen persönlichen Präferenzen entscheiden kann.

Eine Differenzierungsmöglichkeit von Fördermaßnahmen kann nach dem Ort der Ausführung erfolgen in:

Einteilung

- innerschulische Fördermaßnahmen (z. B. Auszeitkarte im Unterricht) sowie
- außerschulische Fördermaßnahmen (z. B. Nachhilfe im Freizeitbereich) (Arnold / Richert 2008, 21).

5.2 Kompetenzbereiche für die Durchführung von Fördermaßnahmen

Problematisch in der Förderplanung, speziell bei der Wahl der Fördermaßnahmen und bei der Festlegung der Förderziele, erweist sich derzeit das Verhältnis zwischen Förderer und dem zu Fördernden (Behrens 2008, 45). Bei der Bestimmung der passenden Fördermaßnahmen durch den Planer bzw. durch das Förderplanteam wird die Sicht der Schüler sowie der Unterstützer (Personen, die die Umsetzung der Ziele begünstigen, z. B. Eltern, andere Fachlehrer, andere Schüler) oft vernachlässigt bzw. eine Bereitschaft zur Umsetzung der Maßnahme bei ihnen vorausgesetzt. Es ist jedoch fraglich, inwiefern die Fördermaßnahmen ohne (aktive) Beteiligung der Schüler und Unterstützer umgesetzt und somit die Förderziele erreicht werden können. Kretschmann und Arnold werfen die Frage auf, ob vom Diagnostiker vorgegebene Fördermaßnahmen in der Schule durch die fördernde Person umgesetzt werden (Kretschmann / Arnold 1999, 410). Analog dazu ist die Frage zu stellen, ob aufgestellte Förderziele und Fördermaßnahmen des Förderplanteams durch den Schüler selbst und seine Unterstützer umgesetzt werden.

Verhältnis zwischen Förderer, Schüler und Unterstützer

In Anbetracht der zugrunde gelegten Menschenbildannahme der KEFF (→ Kap. 3.2.3) kann jeder Mensch (in Bezug auf die Förderplanarbeit also der Förderer, der zu fördernde Schüler sowie die Unterstützer) autonom und reflexiv über seine Handlungen entscheiden. Innerhalb dieses Kontextes ergeben sich zwei Kompetenzbereiche bei der Förderplanarbeit: einer für das Förderplanteam, sowie ein generalisierter für Personen außerhalb des Teams. Jede dieser

Handlungsfähigkeit im Kompetenzbereich

Überschneidungen von Kompetenzbereichen

Personen hat natürlich ihren eigenen Kompetenzbereich, der Übersichtlichkeit halber werden diese jedoch in Abb. 12 zu einem Bereich zusammengefasst. Innerhalb eines Kompetenzbereiches kann autonom, frei, zielgerichtet und reflexiv entschieden und gehandelt werden.

Zwischen den einzelnen Kompetenzbereichen kann es zu Überschneidungen kommen, welche sich infolgedessen zu Diskrepanzen entwickeln können. Handlungen bei Überschneidung der Kompetenzbereiche stellen Angebote dar, welche der „Andere" annehmen, modifizieren oder ablehnen kann. Abb. 12 verdeutlicht dieses Zusammenspiel graphisch.

Festlegen von Kompetenzbereichen

Für die Wahl der Förderziele und -maßnahmen bedeutet dieses Zusammenspiel, dass das Förderplanteam sich für Handlungen bzw. Fördermaßnahmen entscheiden kann, die in seinem Kompetenzbereich liegen, d. h. die es selbst ohne Zustimmung Dritter (z. B. Schüler, Eltern, nicht teilnehmende Pädagogen etc.) umsetzen könnte. Vorstellbar wäre beispielsweise, dass das Team sich entscheidet, in seinem Unterricht eine transparentere Struktur zu schaffen, indem an der Tafel der Stundenablauf (ein „roter Faden") angeschrieben wird. Dabei können die einzelnen Unterrichtsschritte nach Erledigung abgehakt werden. Auch wäre denkbar, dass den Schülern (konkrete) Angebote (z. B. die

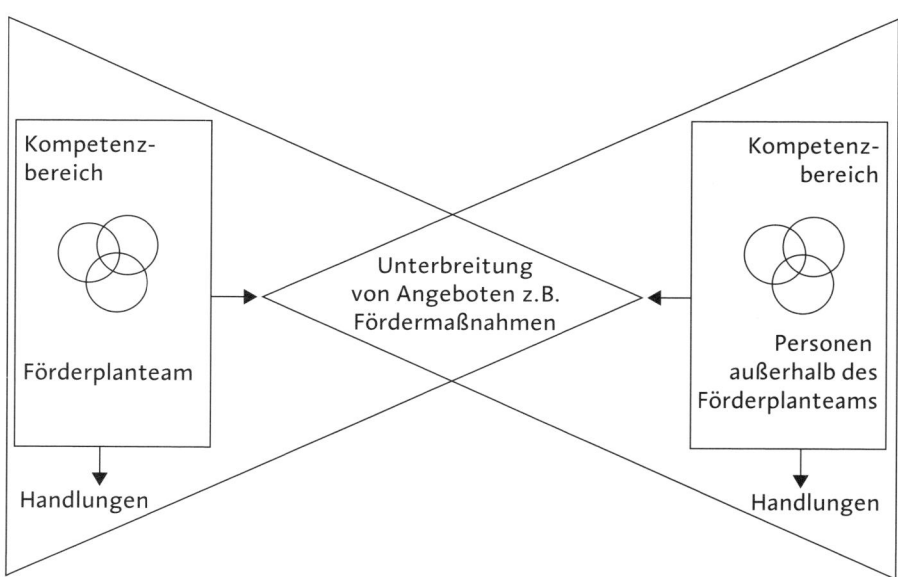

Abb. 12: Kompetenzbereiche in Anlehnung an Melzer et al. (2009, 37)

Nutzung einer Auszeitkarte im Unterricht) unterbreitet werden. Ob und wie der einzelne Schüler das Angebot annimmt, liegt in seinem Kompetenzbereich. In diesem Fall besteht für das Förderplanteam der Auftrag, Transparenz herzustellen: Es muss seine Vorstellung und Zielstellung bei der Wahl der Fördermaßnahmen gegenüber dem Schüler vertreten und diesen zur Mitarbeit motivieren.

Jedoch bestehen nicht nur gegenüber dem Schüler Überschneidungen im Kompetenzbereich, sondern auch gegenüber weiteren Dritten (z. B. der Schulleitung, anderen Lehrern oder den Eltern). Ein Förderplanteam könnte z. B. die Maßnahme festlegen, dass vor dem regulären Schulbeginn eine dauerhafte Betreuung der Schüler in der Schule stattfindet, um für die Schüler ein positiveres Ankommen in der Schule zu ermöglichen. Diese Maßnahme zeugt zwar von hohem Engagement der teilnehmenden Lehrkräfte, wird jedoch ohne Zustimmung der Schulleitung und Unterstützung anderer Pädagogen nicht umzusetzen sein. Erneut besteht Klärungsbedarf gegenüber der Schulleitung und den Kollegen, welche zur Mitarbeit motiviert werden müssen. Im umgekehrten Fall können Personen außerhalb des Förderplanteams ebenfalls selbstständig Handlungen vollziehen oder dem Förderplanteam Angebote unterbreiten. So ist es beispielsweise denkbar, dass ein Schüler in seiner Freistunde gerne Nachhilfe in Anspruch nehmen würde. Ob dieser Wunsch bzw. das Angebot in der Förderplanung berücksichtigt wird, hängt vom Förderplanteam ab.

Abstimmung zwischen unterschiedlichen Kompetenzbereichen

Um den nachträglichen Klärungsbedarf zu minimieren, ein Scheitern bei der Umsetzung zu verhindern und das Spektrum an Fördermöglichkeiten zu erhöhen, ist es sinnvoll, den Kompetenzbereich des Förderplanteams zu erweitern:

Erweiterung des Kompetenzbereiches

- Eine kooperative Teilnahme der Schüler (→ Kap. 4.1) an der Förderplanung würde den Kompetenzbereich des Förderplanteams enorm erweitern. Der Schüler könnte in diesem Fall selbst entscheiden, welche Ziele er für realistisch und welche Maßnahmen er für umsetzbar hält.
- Eine kooperative Teilnahme der Eltern (→ Kap. 4.2) an der Förderplanung wäre sinnvoll. Der Förderplan könnte vielschichtiger werden, wenn er neben dem schulischen auch den häuslichen Bereich einbezieht. Insbesondere die Wahrscheinlichkeit der Umsetzung von außerschulischen Maßnahmen könnte hierbei erhöht werden.
- Aus organisatorischen und methodischen Gründen ist die Teilnahme aller Pädagogen an der Förderplanung nicht mög-

lich (und nicht sinnvoll). Im Vorfeld sollte daher schulintern geklärt werden, welche Pädagogen teilnehmen sollten und welche Kompetenzen diese Personen als Förderplanteam innehaben (z. B. zur Verfügung stehende zeitliche oder personelle Ressourcen).

5.3 Wahl der Fördermaßnahmen

Die Wahl der Fördermaßnahmen sollte immer eingebettet in die gesamte Förderplanarbeit stattfinden. Zudem sollten weitere Punkte in diese Auswahl und Entscheidung einfließen:

Kriterien zur Auswahl

Tab. 7 fasst die Entscheidungspunkte zusammen und gibt hierzu je eine kurze Erläuterung.

Einbettung in das Umfeld

Die spezifischen Fördermaßnahmen in der Arbeit mit dem Schüler dürfen nicht isoliert von seinem Umfeld betrachtet werden. Eine optimale spezifische Förderung ist vom Ort der Durchführung abhängig. Ein positives Schul- und Unterrichtsklima ist die Voraussetzung für eine optimale Förderung (Hartke 2005; Feuser o. J.). Die Beachtung und Erfüllung der menschlichen Grundbedürfnisse kann einen wesentlichen Beitrag zu einem positiven Schul- und Unterrichtsklima leisten und sollte aus diesem Grund kontinuierliche Beachtung erfahren (Mutzeck 2003, 212f).

5.4 Ordnungssystem von Fördermaßnahmen

Ebenen der Förderung

Eine große Spannweite von Fördermaßnahmen kann ihren Einsatz im Schulalltag finden. Bei der Suche nach geeigneten Fördermaßnahmen kann auf das Ordnungsschema in Abb. 13 zurückgegriffen werden. Es benennt drei Ebenen, denen die Fördermaßnahmen zugeordnet werden könnten: die schulische Ebene, die außerschulische Ebene und die Kooperation. Die schulische Ebene lässt sich dabei differenzieren in Unterrichts- und Schularrangements.

Die einzelnen Fördermaßnahmen differenzieren sich dabei in:

- Kontinuierliche, unterrichtsimmanente Fördermaßnahmen, d. h. Maßnahmen, die permanent über den vollständigen Unterrichtsverlauf angewendet werden (z. B. Verstärkung / Lob, Hinweise auf problematische Verhaltensweisen oder Ignorieren von Verhaltensweisen),

- unterrichtsintegrierte Fördermaßnahmen, d. h. pädagogische Maßnahmen, die bewusst in den Unterrichtsverlauf eingeplant werden (z. B. Rollenspiel), aber noch nicht den Umfang von sonderpädagogischen Maßnahmen haben,
- unterrichtsorganisatorische Fördermaßnahmen, d. h. Maßnahmen, die den Verlauf und die Organisation des Unter-

Tab. 7: Entscheidungskriterien bei Fördermaßnahmen (Melzer et al. 2009, 38f)

Entscheidungskriterium	Erläuterung
begrenzte Anzahl	Die Anzahl der Fördermaßnahmen pro Förderziel sollte begrenzt werden. Als Empfehlung werden von Mutzeck und Melzer (2007, 227) jeweils zwei Fördermaßnahmen pro Förderziel angegeben. Diese Begrenzung ist notwendig, da sonst die Gefahr besteht, dass der zu Fördernde oder/und die Fördernden überfordert werden und der Förderplan aufgrund der „Überfrachtung" nicht mehr realisiert werden kann (Mutzeck/Melzer 2007, 224).
zielführend	Ist durch Anwendung der Fördermaßnahme das Förderziel zu erreichen bzw. kann sie einen Beitrag zur Zielerreichung leisten? Durch Beachtung der Punkte „Evaluiertheit der Maßnahme" und „fachliche und sachliche Richtigkeit" ist die Frage zu beantworten.
fachlich und sachlich richtig	Die Anwendung der zur Wahl stehenden Fördermaßnahmen sollte sich theoretisch begründen lassen. Dabei sind Lern- und Entwicklungstheorien ebenso zu berücksichtigen wie Fachdidaktik und Unterrichtsmethodik.
realistisch	Fördermaßnahmen müssen sich im Schulalltag realisieren lassen, d. h. sie sind so auszuwählen, dass sie in Bezug auf die Zeit, die Räumlichkeit und die Schülerzahl umgesetzt werden können (Braun/Schmischke 2008, 93).
konkret	Die Fördermaßnahmen sollten genau beschrieben sein und festlegen, wer, wann, wie, was, wo durchführt und welche Mittel dem Handelnden zur Verfügung stehen. (Mutzeck/Melzer 2007, 227). Der Förderplan wird damit zu einem die Förderung koordinierenden und strukturierenden Plan.
ressourcenorientiert	Können Ressourcen und Kompetenzen des Schülers bei der Umsetzung der Maßnahmen genutzt/gefördert werden und wenn ja: Wie?

Entscheidungskriterium	Erläuterung
verständlich	Fördermaßnahmen müssen klar und eindeutig formuliert werden. „Förderempfehlungen, die von den Schülern und ihren Eltern nicht verstanden werden, haben geringen Informationswert und bleiben ohne Konsequenzen für die Unterstützung der Fördermaßnahme durch die Betroffenen und durch ihre Eltern (Feuser o. J., 4).
evaluiert	Unter diesem Entscheidungspunkt werden zwei Sachverhalte gefasst: Zum einen Evaluationsstudien zu den Fördermaßnahmen, d. h. die Beschäftigung mit der Frage: Welche empirischen Ergebnisse existieren zur Effektivität der zur Wahl stehenden Fördermaßnahmen? Um eine möglichst effektive Förderung zu realisieren, sollten empirisch abgesicherte und auf der Grundlage der aktuellen Theorieentwicklung begründete Fördermaßnahmen gewählt werden. Ein guter Überblick zur Wirksamkeit von Förderkonzepten wird bei Fingerle und Ellinger (2008) gegeben. Zum anderen sollten die gewählten Fördermaßnahmen in ihrer Anwendung „diagnostische Kontroll- und Evaluationsschleifen integrieren" (Hartke 2005, 34). Durch eine kontinuierliche Fortschreibung von Förderplänen können diese Schleifen in der Förderung etabliert werden.

richts beeinflussen (z. B. Änderung der Sitzordnung, Strukturierung des Unterrichts, differenzierte Aufgabenstellung),
- schulinterne Fördermaßnahmen, d. h. Maßnahmen, die die Ressourcen der Schule zur Förderung von Schülern aufgreifen und nutzen (z. B. Teilnahme an einer Schul-AG, am Förderunterricht oder an der Hausaufgabenhilfe in der Schule),
- schulorganisatorische Fördermaßnahmen, d. h. Maßnahmen, die fächer- und klassenübergreifend ihre Anwendung finden und einer Organisation auf Schulebene bedürfen (z. B. Schülerpatenschaften),
- Trainings bzw. Elemente aus Trainingsprogrammen (z. B. Gesprächs-, Anti-Aggressions-, Methodentraining),
- außerschulische Fördermaßnahmen, d. h. Maßnahmen, die im außerschulischen Bereich angewendet werden bzw. den außerschulischen Bereich tangieren (z. B. soziale Kontakte ausbauen, Erstellen eines Zeitplanes, Sport in der Freizeit),
- Maßnahmen zur Realisierung von Kooperation (jegliche Form von Gesprächen, Einbindung der Schulsozialarbeit, Zusammenarbeit mit dem ASD),
- förderpädagogische Fördermaßnahmen, d. h. Maßnahmen, die insbesondere in sonderpädagogischen Organisationsformen zum Einsatz kommen (z. B. Verhaltensmodifikation, Tokensysteme).

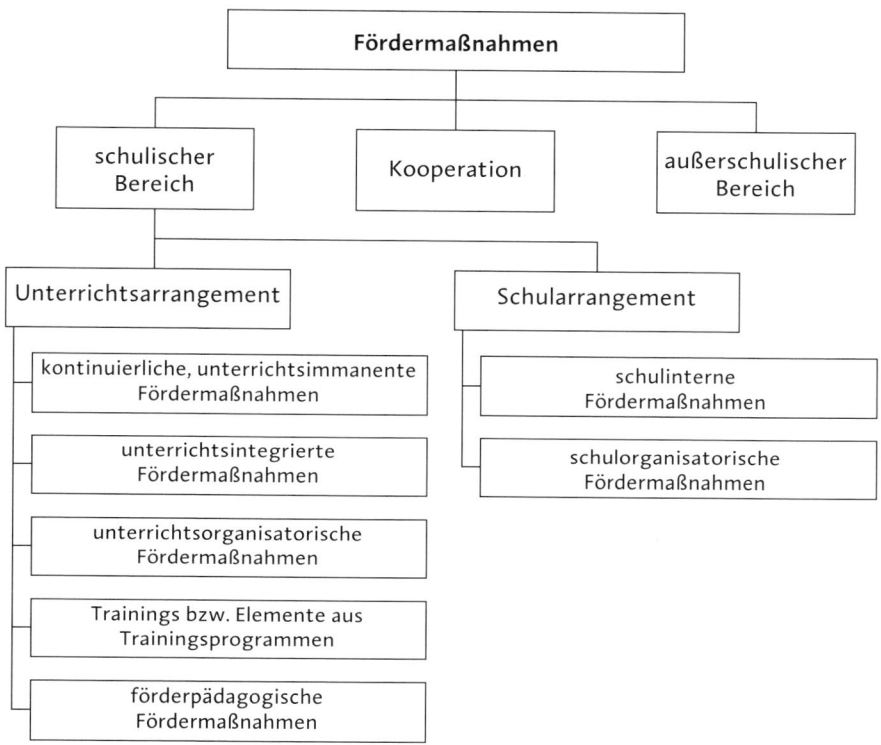

Abb. 13: Ordnungssystem für Fördermaßnahmen

Die einzelnen Fördermaßnahmenbereiche könnten im Weiteren noch nach dem Grad ihrer evaluativen Aufarbeitung differenziert werden. Die Einteilung von Fingerle und Ellinger in „bewährte Ansätze", „vermutlich effektive Ansätze" und „potenziell effektive Ansätze" wäre dafür zu empfehlen (Fingerle/Ellinger 2008, 9).

5.5 Einbezug der Grundbedürfnisse in die Fördermaßnahmen

Bei der Förderplanung sollte immer wieder auf die Grundbedürfnisse des Menschen geachtet werden und es sollten gegebenenfalls Bedingungen zu ihrer Umsetzung geschaffen werden. Gerade im sozial-emotionalen Bereich haben viele Störungen einen Signalcharakter und stellen einen Ruf nach der Befriedigung der Grundbedürfnisse dar. Die meisten kognitiven Lernprozesse und sozialen Verhaltensweisen

Verhaltensauffälligkeit und Bedürfnisbefriedigung

können erst initiiert werden, wenn Lernbarrieren (wie die Nichterfüllung von Grundbedürfnissen) beseitigt sind (Mutzeck 2003, 212f). Auf Grundlage der Bedürfnispyramide nach Maslow (2005, 62ff) können viele Fördermaßnahmen abgeleitet werden, welche als Möglichkeiten der Bedürfnisbefriedigung in Frage kommen. Eine solche Ableitung von Fördermaßnahmen erfolgt beispielhaft in Tab. 8. Die hier dargestellten Inhalte sind das Ergebnis einer Fortbildung von Mutzeck und Melzer im August 2007 in Leipzig. Es ist jedoch sinnvoll, sich innerhalb des Kollegiums eigene Gedanken über mögliche Umsetzungsvarianten zur Befriedigung der Bedürfnisse zu machen.

Tab. 8: Grundbedürfnisse und deren Befriedigung

Grundbedürfnis	Wie können diese Grundbedürfnisse in der Schule befriedigt werden?
1. Physiologische Bedürfnisse Bedürfnisse des Überlebens, d.h. des Essens, Trinkens und Schlafens.	▪ Bei Klassenfahrten auf gemeinsames und regelmäßiges Essen und Trinken achten! ▪ Die Pause dient zum Frühstück für alle Kinder. Darauf achten, dass alle etwas essen. ▪ Projekte zum Thema Ernährung und gesundes Frühstück (gemeinsam zubereiten und einnehmen), ▪ Elternabend: Thematisierung der Bedeutung von Frühstück und Pausenbrot, ▪ Pausenversorgung: Frühstücksangebote mit kleinen Preisen und z. B. kostenlosem Tee, ▪ gemeinsames Frühstück (und Benimmregeln), gemeinsame Mahlzeiten (in Klassenleiterstunde), ▪ „Wohlfühlzimmer", evtl. mit persönlichen Einrichtungsgegenständen.
2. Bedürfnis nach Sicherheit Sich geborgen und zugehörig fühlen, jemandem vertrauen können, Beständigkeit und Verlässlichkeit erleben, eine fortdauernde Existenz für sich/und ggf. für seine Familie haben (Arbeit, Wohnung); langfristige, stete Bindung.	▪ Dinge, die im Gespräch als vertraulich deklariert werden, nicht an andere weitergeben, ▪ passive Aufsicht, ▪ nicht nur sporadisch für den Schüler da sein, sondern zuhören, sich für die Schüler interessieren, ▪ Regeln aufstellen, Regeln akzeptieren, Regeln gelten konsequent für alle, ▪ die Klasse als Team bzw. Kollektiv erlebbar machen (jeder respektiert jeden, jeder akzeptiert jeden, unabhängig von Herkunft, Aussehen, Charakter – das „Wir-Gefühl" fördern), ▪ dafür sorgen, dass kein Schüler ausgeschlossen wird (Mobbing), ▪ Prinzipien mitteilen und einhalten, ▪ Klassenzimmer wohnlich gestalten,

Grundbedürfnis	Wie können diese Grundbedürfnisse in der Schule befriedigt werden?
zu 2.	■ Rituale im Unterricht einführen, die von allen akzeptiert werden, ■ Zeit haben und nehmen, ■ Tagesablauf besprechen, ■ wenig Fachlehrer-Wechsel, wenn möglich, ■ Banknachbarn nicht wechseln, ■ Situationen schaffen, in denen sich der Schüler wohl fühlt (Tee, Pausenbrot).
3. Bedürfnis nach Zuwendung Sich beachtet, anerkannt, geliebt fühlen; angenommen sein; emotionale Wärme, körperliche Nähe.	■ Auf Hilferufe jeglicher Art reagieren und das Gespräch suchen (z.B. Schüler sucht ständig Nähe eines Lehrers in Pausen, bei Wandertagen), ■ gerechte Behandlung aller Schüler, ■ Zeit nehmen, ■ individuelle Gespräche führen, ■ nicht auf Schwächen „rumhacken", diese kennen die Schüler selbst genau, ■ Lob für gelungene Dinge, auch für Kleinigkeiten, ■ Begrüßungsrituale, Blickkontakt (auch in Ruhephasen), ■ richtiges Verhältnis von Distanz und Nähe, ■ Herausfinden, was der Schüler gut kann und ihn dort bestärken und loben, ■ Interesse zeigen am Alltag des Schülers (Familie, Freunde, Freizeit), ■ Körperkontakt (aber Vorsicht!), ■ Betreuung und Begleitung des Schülers über einen längeren Zeitraum (Schuljahresplanung), ■ Unterstützung von Freundschaftsaufbau, z.B. jemanden neben einen Schüler setzen, ■ persönliche Unterhaltung, z.B. in der Pause, wenn der Schüler Kehrdienst hat usw.
4. Bedürfnis nach Geltung und Wertschätzung Erleben, etwas wert zu sein, sich als Mensch mit seinen Eigenschaften und Fähigkeiten angenommen, anerkannt und geschätzt fühlen.	■ Viel mit Lob und Anerkennung arbeiten (auch Kleinigkeiten loben), ■ Erfolge der Freizeit würdigen (z.B. im Sport), ■ kleinere Aufgaben (Dienste) verteilen und dafür loben, ■ verschiedene Meinungen akzeptieren, jede Meinung wird geachtet, ■ pädagogisch wertvoller Gesichtsausdruck (Lächeln), ■ zuerst positive Dinge hervorheben, Kritik sorgsam verpacken, ■ jeder darf seinen Beitrag leisten, ■ Teilnahme an der Vorbereitung von Events, Situationen für Lob/Anerkennung schaffen, ■ Zugänglichmachen der Fähigkeiten/Fertigkeiten für alle,

Grundbedürfnis	Wie können diese Grundbedürfnisse in der Schule befriedigt werden?
zu 4.	▪ Höflichkeit: Lehrer als Vorbild, ▪ Verstärkerpläne.
5. Bedürfnis, zu etwas fähig zu sein und etwas zu bewirken Sich fähig fühlen; erleben, etwas zu können und damit etwas zu bewirken (Selbstwirksamkeit); Entfaltung und Ausschöpfung der eigenen Möglichkeiten erleben; etwas lernen zu können.	▪ Teilnahme an AGs, um eigene Interessen ausleben zu können, ▪ Veranstaltungen vorbereiten lassen, organisieren, ▪ Schülerfirma, Schülerzeitungen, ▪ Stärken sichtbar machen, ▪ Möglichkeiten bieten zum Vorstellen von Hobbies u.ä., ▪ Ideen nicht sofort ablehnen, sondern „Risikobereitschaft", positive Erlebnisse schaffen (Motivation), ▪ Anleiten von Spielen (PC), ▪ Teilnahme an Schulveranstaltungen (Schülerkonzert – selbst kleine Beiträge einbringen), ▪ Steuerung von Teilnahme, z.B. in einem Verein (Sport, FFW) oder AG, ▪ Schüler für seine bestimmten Fähigkeiten/Fertigkeiten begeistern.
6. Bedürfnis nach Sinnhaftigkeit Einen Sinn in seinem Tun und seinem Leben sehen, eine Orientierung haben.	▪ Aktive Teilnahme an der Vorbereitung von Höhepunkten im schulischen Leben (Klassenfahrten, Feiern, Projekte, u.ä.), ▪ Praktika, Betriebsbesichtigungen, ▪ Lehrling-Schülergespräche, ▪ bewusste Nutzung der Stärken (für Klassenaktivitäten), ▪ eine Perspektive geben, eine Richtung weisen, ▪ Ziele setzen, auch Fehlschläge erläutern (Nr.7 als Folge im Blickfeld behalten), ▪ Fragen stellen, z.B.: Haben die Interessen der Schüler Zukunftschancen? Auswirkungen auf die Berufswahl beachten.
7. Bedürfnis nach Selbstverwirklichung Verwirklichung eigener Wünsche, des eigenen Lebensplans; Weiterentwicklung, sich selbst verändern, verbessern können, mit sich selbst zufrieden sein können.	▪ Mitarbeit in der Schülerfirma, ▪ Erweiterung des geistigen und räumlichen Horizonts (Klassenfahrten, Wintersport, Exkursionen), ▪ Wünsche äußern, auch mal „spinnen" über reale Möglichkeiten hinaus, Chancen geben zum Ausprobieren um zu lernen, Ziele und Ergebnisse zu relativieren und zu akzeptieren.

5.6 Maßnahmenalphabet

Zur Inspiration und Anregung werden aus der enormen Bandbreite von Fördermaßnahmen 24 mögliche Maßnahmen exemplarisch in Form eines „Maßnahmenalphabetes" vorgestellt, um den Rahmen einer Arbeitshilfe nicht zu überschreiten. Problematisch an dieser Begrenzung war die Frage, welche Maßnahmen ins Alphabet aufgenommen werden. Sollten es komplexe, gut evaluierte Förderprogramme sein? Sollten es Maßnahmen für alle Förderschwerpunkte sein, oder sollten die Maßnahmen vorrangig einen bestimmten Förderschwerpunkt widerspiegeln? Sollten präventive Maßnahmen aufgenommen werden oder solche, die nur intervenierend Anwendung finden können? Die Entscheidung für die vorliegende Variante ist das Resultat des Wunsches der an der Fortbildungsinitiative teilnehmenden Lehrkräfte. Sie wünschen sich aus verschiedenen Gründen Fördermaßnahmen, welche sich „problemlos" in den Unterricht integrieren lassen und dabei noch nicht die Komplexität von validen Förderprogrammen annehmen. Die Maßnahmen sollen sowohl präventiv als auch intervenierend einsetzbar sein und eine Besonderheit im täglichen Unterricht darstellen. Zusätzlich haben wir bei der Wahl darauf geachtet, dass die Maßnahmen nicht im Gegensatz zur theoretischen Grundannahme der KEFF (→ Kap. 3.2.3) stehen und deren Ausführung keine weitere zusätzliche Ausbildung neben der KEFF bedarf. Zu bedenken ist, dass die dargelegten Maßnahmen bisher keine empirische Fundierung erhalten haben, sondern sich nur theoretisch begründen lassen, jedoch im Schulalltag bereits erfolgreich erprobt wurden. Aufgrund der gewählten Kriterien konnten keine Fördermaßnahmen mit dem Buchstaben „X" und „Y" für das Alphabet gefunden werden.

Auswahlkriterien für Fördermaßnahmen

In diversen Publikationen werden andere Entscheidungskriterien zu Grunde gelegt, so werden bei Fingerle und Ellinger (2008) gut evaluierte, sonderpädagogische Förderprogramme vorgestellt bzw. bei Kunze und Solzbacher (2009) eine spezielle individuelle Förderung für die Sekundarstufe I thematisiert. Tab. 9 enthält eine Übersicht über alle Maßnahmen im Alphabet, die dann im Anschluss alle ausführlich erläutert werden.

Tab. 9: Übersicht über die Fördermaßnahmen des Maßnahmenalphabets

Name	Schwerpunkte	Geschätzte Dauer
Agenten	Wahrnehmung Regelverhalten	unterrichtsimmanent
Ballongruppen	Gruppenbildung	5 Minuten
Collagen	Selbstwahrnehmung Kreativität Ausdrucksfähigkeit	90 Minuten
Doppelt schwierig	Kommunikation Wiederholung von Inhalten	frei wählbar
Evaluationszielscheibe	Kommunikation/Feedback Wahrnehmung	15 Minuten
Fragebogen	Schwerpunkt individuell festsetzbar zur Ist-Stand-Erhebung	10 Minuten
Genialer Wort-Kreis	Ich-Bewusstsein Wertschätzung Kommunikation	5–10 Minuten
Hausaufgabenmodifikation	Attraktive Wiederholung von Inhalten	frei wählbar
Interventionskoffer	Schwerpunkt individuell wählbar	frei wählbar
Ja oder Nein	Kommunikation Emotionalität	5–10 Minuten
Körpersprache	Kommunikation Emotionalität Wahrnehmung	pro Schüler 5 Minuten
Lärmprotokoll	Wahrnehmung Regelverhalten Kommunikation	unterrichtsimmanent
Monitoring	Selbst- und Fremdwahrnehmung	unterrichtsimmanent
Nacht von Palermo	Kommunikation Wahrnehmung	10 Minuten
Ödel-Dödels Ballspiel	Konzentration	15 Minuten

Name	Schwerpunkte	Geschätzte Dauer
Patenschaften	Kooperation Soziale Beziehung Verantwortungsübernahme	–
Quatsch-Bingo	Kommunikation Wahrnehmung Beobachtung	unterrichtsimmanent
Roter Faden	Struktur	unterrichtsimmanent
Störungskarte	Selbstwahrnehmung Feedback	unterrichtsimmanent
Tüten-Ich	Wahrnehmung Ausdrucksfähigkeit	10 Minuten
Unannehmlichkeiten benennen	Wahrnehmung	15 Minuten
Verträge	Selbsteinschätzung Regelverhalten Kooperation	unterrichtsimmanent
Wertschätzende Dialoge	Kommunikation Kooperation	15 Minuten in Zweier-Gruppen
Zehn Schritte	Kommunikation Selbstwahrnehmung Soziale Beziehung	10–20 Minuten

Agenten

Mit der Methode Agenten ist es möglich, subjektive Eindrücke über das Verhalten einzelner Schüler festzuhalten und somit unterschiedliche Wahrnehmungen zu bestimmten Verhaltensweisen untereinander abzugleichen. Die Wahrnehmung von Unruhe, eines unangemessenen Lautstärkepegels oder von Disziplinverstößen ist immer eine subjektive Angelegenheit, die von Schüler zu Schüler und von Lehrer zu Lehrer variiert. Neben der subjektiven Wahrnehmung des eigenen Verhaltens ist die Wahrnehmung eines Dritten und dessen Bewertung für eine Veränderung des Verhaltens meist notwendig. Die Methode der Agenten ermöglicht dem Schüler im Schutz der Anonymität, das Verhalten seiner Mitschüler zu beobachten und diese Beobachtung schriftlich festzuhalten.

Material: Kärtchen mit den Namen aller Schüler sowie ein Beobachtungsbogen. Der Bogen kann vom Kollegium entworfen werden und sollte Möglichkeiten beinhalten, die Arbeitshaltung, die Unterrichtsdisziplin und das Sozialverhalten des Schülers einfach und schnell einzutragen. Er sollte sich ohne großen Aufwand ausfüllen lassen und unterschiedliche Aspekte aufgreifen.

Durchführung: Jeder Schüler zieht am Anfang der Stunde ein Kärtchen mit dem Namen eines Mitschülers. Den Namen des Mitschülers sollte er für sich behalten, denn er ist nun dessen Agent. Anhand des Beobachtungsbogens registriert der Agent unerkannt das Verhalten seines „Beobachtungsobjektes". Nach dem Stundenende sind mehrere Verfahren denkbar. Zum einen könnten sich die Agenten zu erkennen geben und den Bogen dem beobachteten Schüler aushändigen. Zum anderen könnte jeder Schüler seinen ausgefüllten Bogen dem Lehrer geben und dieser teilt die Bögen den Schülern aus. Die Möglichkeit einer Auswertung des Bogens zwischen den Agenten und den Beschatteten sollte im Anschluss gegeben werden.

Anmerkung: Da jeder Schüler sowohl Agent als auch Beobachtungsobjekt ist, sind Unstimmigkeiten zwischen den Schülern nicht zu erwarten. Die Informationen auf den Bögen sind nur für den jeweiligen Schüler bestimmt. Angaben über deren Inhalte an die Lehrer sollten nur freiwillig durch den Schüler erfolgen. Die Schüler sollten keine Konsequenzen aufgrund des Bogens fürchten. Ziel der Methode ist, dass die Schüler lernen, ihr eigenes Verhalten zu reflektieren.

Zu beachten ist, dass die Schüler häufig schon während des Unterrichts ihren Agenten aufdecken möchten, was zu Unruhe führen kann. Diesem sollte der Lehrer entgegensteuern.

Literatur: Lanig, J. (2004): Gegen Chaos und Disziplinschwierigkeiten. Eigenverantwortung in der Klasse fördern. Verlag an der Ruhr, Mülheim, 29– 32

Ballongruppen

Das Bilden von Kleingruppen stellt häufig eine Schwierigkeit im Unterrichtsgeschehen dar, sei es, dass die einen nicht mit den anderen zusammen arbeiten möchten und es in Folge dessen zu Streit und damit zu Lärm kommt oder dass ein Schüler keinen Anschluss an eine Gruppe findet. Die Methode der Ballongruppen eignet sich zur Bildung von Kleingruppen nach dem Zufallsprinzip und integriert gleichzeitig Bewegung in die Unterrichtsstunde.

Material: Pro Person einen Luftballon, zu jeder gebildeten Gruppe eine andere Farbe. (Es ist von Vorteil, mehr Luftballons mitzubringen, als benötigt werden.)

Durchführung: Bei einem bestimmten Kommando (z. B. Pfiff) schnappt sich jeder Schüler einen Luftballon und bläst ihn, so schnell wie er kann, auf. Dann macht jeder einen Knoten hinein und wirft ihn in die Luft. Nachdem alle Schüler ihren Ballon in die Luft geworfen haben, finden sich die Gruppen nach den jeweiligen Farben des Ballons zusammen. Also ein Schüler, der einen grünen Ballon gefangen (oder alternativ: aufgepustet) hat, ist in der grünen Gruppe usw.

Anmerkung: Durch die eindeutige Zuordnung der Ballonfarben zu den Gruppen wird unnötige Unruhe verhindert, da jeder Schüler genau weiß, in welcher Gruppe er ist. Die Methode bietet die Chance, Außenseiter der Klasse in die verschiedenen Gruppen zu integrieren. Die dargestellte Methode ist eine Möglichkeit, auf kreative Weise eine Gruppenbildung in der Klasse herbeizuführen.

Literatur: Wallenwein, G. F. (2003): Spiele: Der Punkt auf dem i. Kreative Übungen zum Lernen mit Spaß. 5. Aufl. Beltz, Weinheim/Basel, 41 (Die ursprüngliche Bezeichnung der Autorin ist „Pustegruppe".)

Collage

Die Verbalisierung der Innensicht bereitet Schülern oft Probleme. Die Methode der Collage ermöglicht eine vorerst wortlose Erfassung der inneren Perspektive des Schülers, hilft ihm, diese zu strukturieren und dient als Unterstützung für eine anschließend verbale Auswertung.

Material: viele Kataloge, Bilder, Zeitungen etc., Schere und Leim, DIN-A3-Blätter, Tapete oder ähnliches.

Durchführung: Eine Collage wird unter einem bestimmten Oberthema angefertigt, zum Beispiel „mein Leben", „meine Stärken" oder „meine Träume". Das Thema kann durch den Lehrer vor-

Abb. 14: Beispiel für eine Collage

gegeben sein (zum Beispiel als Ergebnis einer Förderplanung) oder durch die Schüler selbst gewählt werden. Die Schüler sollen auf Grundlage ihres Selbstbildes das Oberthema unter Verwendung verschiedener Bilder künstlerisch darstellen. Welche Bilder sie verwenden, wie sie diese anordnen, ist den Schülern überlassen. Im Anschluss kann die entworfene Collage in der Klasse ausgehängt werden, sodass jeder Schüler die Möglichkeit bekommt, die Collagen der Mitschüler anzuschauen. Das Vorstellen der eigenen Collagen sollte angestrebt werden, entweder in Kleingruppen oder in einem Lehrer-Schüler-Gespräch.

Anmerkung: Nehmen Sie sich im Vorfeld der Arbeit die Zeit, als Lehrer eine eigene Collage anzufertigen. Zum einen kann diese als Demonstration für die Klasse verwendet werden, zum anderen kann Ihnen dadurch deutlich werden, dass die Anfertigung gar nicht so leicht wie erwartet ist.

D Doppelt schwierig

Mit dieser Methode lernen die Schüler, nur einem Sprecher zuzuhören, während ein zweiter versucht, sie abzulenken. Gleichzeitig können Inhalte aus dem Unterricht wiederholt werden.

Material: Karteikarten, auf denen Inhalte und Fragen des Unterrichtsstoffes stehen.

Beispielhafter Inhalt einer Karteikarte:

Karl der Große ist zum Weihnachtstag 800 in Rom zum Kaiser gekrönt wurden. Die Krönung stellte den Höhepunkt seiner Karriere dar.
1. Wurde Karl der Große 750, 800 oder 850 zum Kaiser gekrönt?
2. War die Krönung in Aachen, Leipzig oder Rom?

Es werden mindestens acht Karten mit unterschiedlichen Fakten und Fragen pro Gruppe benötigt.

Durchführung: Es werden Vierer-Gruppen gebildet. Spieler A ist jeweils der Zuhörer, Spieler B und C sind die Sprecher und Spieler D ist der Schiedsrichter. Den Sprechern wird jeweils eine Karteikarte gegeben, die sie in Ruhe und allein durchlesen. Im Anschluss stellen sie sich in gleicher Entfernung zu Spieler A. Der Schiedsrichter beginnt das Spiel (z. B. 1, 2, 3 – Los!). Nun lesen die Sprecher in normaler Lautstärke gleichzeitig ihre Karten Spieler A vor, der selber entscheiden muss, wem er zuhört. Wenn beide Sprecher fertig sind, liest der Schiedsrichter zuerst die Fragen auf der Karte des Sprechers, den A gewählt hat und danach die Fragen des anderen Sprechers. Spieler D notiert die richtigen Antworten von A. Danach beginnt eine neue Spielrunde mit neuen Fakten, solange bis jeder einmal Zuhörer war.

Anmerkung: Nach Abschluss der Übung ist es sinnvoll, mit den Schülern darüber zu sprechen, was leicht und schwer daran war, sich auf einen Sprecher zu konzentrieren. Die Übung eignet sich gut, um im Anschluss mit der Klasse gemeinsam Gesprächsregeln aufzustellen.

Literatur: Mosley, J., Sonnet, H. (2006): 101 Spiele zur Förderung von Sozialkompetenzen und Lernverhalten in der Grundschule. Persen, Horneburg, 31

Evaluationszielscheibe

Die Evaluationszielscheibe ist eine schnelle Feedback-Methode, die nonverbale positive Rückmeldungen sowie Kritikpunkte graphisch darstellt. Sie ist nahezu für alle Feedbackthemen einsetzbar. Beispielsweise könnte die Schul- und Lernsituation oder das Schülerverhalten durch die Schüler eingeschätzt werden.

Material: Für jeden Feedbackgeber eine Zielscheibe. Das Thema des Feedbacks muss im Vorfeld (z.B. in Förderplangesprächen) festgelegt und die Zielscheiben entsprechend vorbereitet werden.

Durchführung: Nachdem die Zielscheibenvordrucke ausgeteilt sind, wird mit allen Beteiligten das Bewertungsraster besprochen (Innenkreis/5=trifft voll zu bis Außenkreis 1=trifft gar nicht zu), d.h. je näher die Markierung in die Mitte gesetzt wird, desto positiver ist die Bewertung. Das Ausfüllen kann mit Filzstiften, Klebepunkten oder mit Magneten an der Tafel geschehen. Sollte eine ganze Klasse Feedback geben, ist es möglich, dass erst jeder einzeln eine Zielscheibe ausfüllt und im Anschluss daran die Einzelergebnisse in eine leere vorbereitete Klassenzielscheibe übertragen werden. Eine Auswertung sollte zeitnah erfolgen.

Anmerkung: Eine nonverbale Präsentation des Feedbacks ersetzt ausführliche, komplizierte und umfassende verbale Formulierungen und bietet dennoch anschließend genügend Anlässe zur Diskussion.

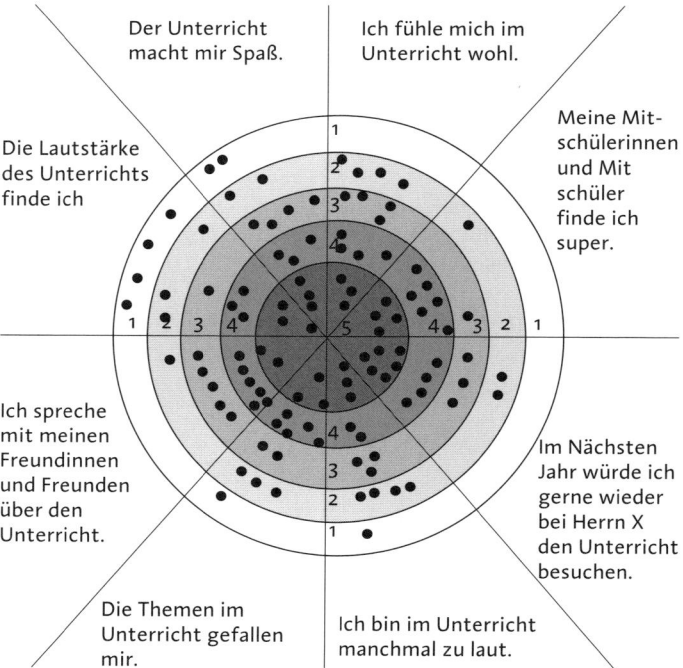

Abb. 15: Beispiel für eine Evaluationszielscheibe

Literatur: Bastian, J., Combe, A., Langer, R. (2007): Feedback-Methoden. Erprobte Konzepte, evaluierte Erfahrung. Beltz, Weinheim/Basel, 37–139

Fragebogen

Oft können in einem Förderplangespräch aufgrund unzureichender Informationen keine passenden Förderziele und Fördermaßnahmen gefunden und gewählt werden. Eine Möglichkeit, die Informationsbasis zu erhöhen, ist die Entwicklung eigener Fragebögen. Zudem kann mit Hilfe des Fragebogens die präventive Arbeit verbessert werden, da problematische Situationen früh erkannt werden können. Dieses frühe Erkennen von problematischen Situationen ermöglicht ein frühes pädagogisches Intervenieren. Beispielsweise schlägt Olweus (2006, 69) eine Fragebogenerhebung bei Schülern auf Schulebene vor, um intervenierend gegen Mobbing in der Schule vorzugehen. Die Erhebung kann natürlich auch präventiv oder im Klassenverband erfolgen. Die Basis für den Einsatz von Fragebögen ist eine theoretische Aufarbeitung über Erscheinungsformen, die Entwicklung und Ursachen des thematischen Problemfeldes, z.B. zum Thema Mobbing. Nach diesem Schritt kann der Fragebogen im Team entwickelt und im Anschluss daran eingesetzt werden. Bei der Erarbeitung sollte auf eine „leichte" Ausfüllbarkeit und Auswertbarkeit geachtet werden. Eine anonyme Bearbeitung des Fragebogens ist empfehlenswert, da hierdurch die Chance einer ehrlichen Beantwortung erhöht wird. Die Ergebnisse des Fragebogens können dazu dienen, notwendige Interventionsstrategien zu entwickeln. Häufig reicht aber auch schon das Feststellen eines Problems, um Handlungsalternativen entwickeln zu können. Der aufgeführte Mobbingfragebogen (→ Abb. 16) dient als Beispiel und ist das Ergebnis einer Gruppenarbeit im Rahmen der KEFF-Ausbildung 2008/09.

		Ja	Nein
1)	Fühlst Du Dich in der Klasse wohl?	▪	▪
2)	Fühlst Du Dich in Deiner Klasse anerkannt und akzeptiert?	▪	▪
3)	Hast Du in Deiner Klasse Freunde?	▪	▪
4)	Hast Du Angst vor Deinen Mitschülern?	▪	▪
5)	Wirst Du in Deiner Klasse bedroht (mündlich, per Telefon, Internet)?	▪	▪
6)	Hast Du das Gefühl, dass über Dich „schlecht" geredet wird?	▪	▪
7)	Findest Du schnell Mitschüler, die mit Dir arbeiten wollen?	▪	▪
8)	Werden Dir (oft) Arbeitsmaterialien weggenommen?	▪	▪
9)	Wurde schon einmal Deine Kleidung/Schulranzen absichtlich beschädigt?	▪	▪
10)	Wirst Du (häufig) grundlos geschlagen?	▪	▪
11)	Wirst Du gezwungen, Deine Hausaufgaben an andere abzugeben?	▪	▪
12)	Bist Du schon einmal erpresst worden (Pausenbrot, Geld)?	▪	▪
13)	Wird Deine Familie von anderen Schülern beleidigt?	▪	▪
14)	Wirst Du (häufig) in der Klasse ausgelacht?	▪	▪
15)	Wirst Du (oft) beleidigt? Wenn ja, wie?		

Abb. 16: Fragebogen zum Thema Mobbing in der Schule

Genialer Wort-Kreis

Die Methode des Wort-Kreises ist eine Möglichkeit, mit der Schüler ein positives Gefühl erhalten. Außerdem soll mit dieser Methode das Selbstwertgefühl gesteigert werden.

Material: Für jeden Schüler der Klasse kleine Papierblätter, auf denen jeweils positiv besetzte Adjektive wie cool, genial, super, phantastisch, spitze, toll, prima etc. notiert sind. Je mehr verschiedene Wörter, desto besser.

Durchführung: Die Schüler der Klasse stellen sich im Kreis auf. Jeder Schüler erhält nun das kleine Blatt Papier, was er still für sich lesen soll. Das jeweilige Wort muss sich jeder Schüler merken. Nachdem jeder sein Wort kennt, stellt sich ein Schüler der Klasse in die Mitte des Kreises. Der in der Mitte Stehende kann nun mit seiner Hand abwechselnd auf verschiedene Schüler zeigen. Der Schüler, auf den gezeigt wird, muss sein Wort nennen. Der Schüler in der Mitte wird zum Dirigenten und kann damit bestimmen, wann, wer (was) und wie oft sagt. Der Schüler in der Mitte entscheidet selbst, wann er genügend Bestätigung erhalten hat und den Kreis verlassen möchte. Ein Wechsel kann auch durch den Impuls der Lehrkraft erfolgen. Das Spiel endet, wenn jeder einmal in der Mitte stand. Im Anschluss sollte über die Empfindung während des Spiels gesprochen werden (z.B. Wie war das, als man selber im Kreis stand? Warum könnte das ein gutes Gefühl sein? etc.).

Anmerkung: Achten Sie bei der Durchführung darauf, dass die Schüler nur diejenigen Wörter nennen, die auf den jeweiligen Karteikarten standen. Die Methode ersetzt keine positive Rückmeldung, sondern kann eine Einführung zum Aufbau eines entsprechenden, wertschätzenden Klassenklimas sein.

Hausaufgabenmodifikation

Hausaufgaben haben eine besondere Funktion in schulischen Situationen. Sie sichern das Erlernte durch Wiederholen, ermöglichen eine Weiterarbeit am Unterrichtsgeschehen oder beenden den nicht geschafften Unterrichtsstoff. Nicht gemachte Hausaufgaben stellen oft ein großes Problem für Lehrkräfte dar, da sie kurzzeitig eine Weiterarbeit verhindern. Mit Hilfe von individuellen Hausaufgaben können jedem Schüler maßgeschneiderte Aufgaben entsprechend seiner persönlichen Lernsituation zugeteilt werden. Folgende Ideen können als Anregung zur Umgestaltung der Hausaufgaben dienen:

- **Zeitkonto:** Bei der Hausaufgabenverteilung erfahren die Schüler, wie viel Zeit sie für die einzelnen Hausgaben aufwenden sollten. Sie können überprüfen, inwiefern die von ihnen investierte Zeit davon abweicht. Gleichzeitig dient die vergebene Zeit als Orientierung für die Erledigung.
- **Schwierigkeitsgrade**: Neben dem Zeitraum geben die Lehrer den Schwierigkeitsgrad der Aufgaben an. Zum Beispiel: 1 = Kinderspiel bis 5 = Herausforderung für Experten. Mit Hilfe der Einteilung können die Schüler ihre eigenen Leistungen besser einschätzen.

- **Freiwillige Selbstkontrolle**: Die Erledigung mündlicher Hausaufgaben erfolgt oft nur oberflächlich, da den Schülern oftmals eine Orientierung fehlt, was sie genau und wie genau sie die Aufgaben bearbeiten sollen. Die Formulierung der Aufgabenstellung könnte in diesem Fall variiert werden. Statt „Arbeite S. 50 im Schulbuch durch" könnte die Aufgabe folgendermaßen formuliert werden: „Arbeite S. 50 so durch, dass Du später ein fünfminütiges Referat halten könntest".
- **Leistungskurven**: Die Schüler halten täglich fest, wie viel Zeit sie für die Erledigung der Hausaufgaben verwendet haben, wie sie den Schwierigkeitsgrad der Aufgaben einschätzen und wie oft ihre Lösung richtig war. Die verschiedenen Tagesresultate werden zu Leistungskurven verbunden. Diese graphische Darstellung zeigt, wann und wo „Durchhänger" auftreten. Gemeinsam mit den Schülern können dann Maßnahmen zur Gegensteuerung dieser Durchhänger entwickelt werden.
- **Plus-Aufgaben**: Hausaufgaben können eine Unterforderung darstellen. Die Darbietung zusätzlicher, intellektuell fordernder Hausaufgaben, die den vollen Schülereinsatz verlangen, kann eine Unterforderung abbauen. Die Erledigung sollte selbstverständlich freiwillig erfolgen.
- **Wochenaufgaben**: Die Erledigung der Hausaufgaben erfolgt in diesem Konzept nicht mehr von einem zum anderen Tag oder von Stunde zu Stunde, sondern über einen längeren Zeitraum. Eine Wochenstunde könnte so zur Hausaufgabenstunde werden, in der die Aufgaben besprochen, korrigiert und diskutiert werden.
- **Rückwärts und vorwärts**: Die Schüler bekommen eine größere Anzahl an Aufgaben zur Verfügung gestellt, unter denen sie eine Auswahl treffen sollen. Ein Teil der Aufgaben sollte zum Einüben und Vertiefen des Erlernten dienen, eine anderer zum nächsten Lernstoff hinführen.
- **À la carte**: Am Stundenende entscheidet jeder Schüler, wie gut er den Lernstoff beherrscht. An der Tafel hängen fünf Umschläge, die für den Schwierigkeitsgrad der Aufgaben stehen. In jedem Umschlag sind passende Aufgabenstellungen. Die Schüler entscheiden selbstständig, in welchen Umschlag sie greifen.
- **Homeworker**: Bevor die Hausgaben formuliert werden, wird ein Homeworker in der Klasse ausgelost. Seine Aufgabe ist es, seine Lösung auf eine Folie zu schreiben. Zu Beginn der nächsten Stunde erläutert der Homeworker, wie er die gestellte Aufgabe angegangen ist und wie er zu seinem Ergebnis gekommen ist.
- **Bringnote**: Die große Mühe, welche die Schüler bei der Erledigung der Hausaufgaben an den Tag legen, wird oft nicht

hinreichend belohnt. Einmal im Halbjahr hat der Schüler daher die Möglichkeit, sich über seine Hausaufgaben abfragen und seine Leistung benoten zu lassen. Die Anmeldung zur Bringnote sollte im Vorfeld erfolgen, zum Beispiel eine Woche vorher. Der Zeitraum sollte mit der Klasse festgelegt werden.

- **Hausaufgabenkalender**: Schüler sind oft mit einer Unmenge an Hausaufgaben konfrontiert. Fachlehrern und Klassenlehrern ist die genaue Anzahl oft nicht bekannt. In einem großen Wandkalender, der im Klassenzimmer hängt, könnten die Lehrer die von ihnen vergebenen Hausaufgaben mit zeitlichem Umfang und Schwierigkeitsgrad eintragen. Jeder Lehrer hätte so die Möglichkeit, sich über den Umfang des zeitlichen Pensums der Hausaufgaben zu informieren. Zusätzlich könnten Klassenarbeiten in den Kalender eingetragen werden. Neben der Transparenz der Hausaufgaben für die Lehrkräfte dient der Kalender den Schülern als Orientierung und Erinnerungshilfe.

Literatur: Lanig, J. (2008): Bessere Chancen für alle durch individuelle Förderung. Die besten Methoden. Verlag an der Ruhr, Mülheim, 129–138 (Die ursprüngliche Bezeichnung des Autors ist „Individuelle Hausaufgaben".)

Interventionskoffer

Disziplinverstöße in der Klasse können Ausdruck fehlender Alternativen von Schülern sein, den Unterricht aktiv mit zu gestalten. Mit Hilfe des Interventionskoffers bekommen Schüler einen aktiveren Part im Unterricht. Der Unterricht liegt nicht mehr nur in den Händen des Lehrers, sondern geht teilweise mit in die Verantwortung der Schüler über. Die Schülerbeteiligung kann sich auf die Vorbereitung des Unterrichts, die kreative Zusammenfassung der Ergebnisse einer Stunde oder ein Feedback für den Lehrer beziehen.

Material: Moderationskoffer (aus Seminaren und Workshops bekannt), gefüllt mit farbigen Blättern, Klebestiften, dicken Filzstiften, Klebeband, Stoppuhr etc., sowie eine größere Anzahl an Ideen für Interventionsmethoden (s. u.).

Durchführung: Für jede Stunde übernimmt ein Schüler das Amt des Stundenwächters. Er kann den Interventionskoffer im Vorfeld der Stunde mit nach Hause nehmen oder ihn sich in Ruhe in der Schule anschauen. Für seine Wächterstunde sucht er sich aus einer Vielzahl an Interventionsmethoden eine geeignete Methode aus, mit der er den Unterricht belebt.

Anmerkung: Die Suche nach attraktiven Interventionsmethoden kann Teil des Förderplangespräches sein und/oder diese werden gemeinsam mit der Klasse erarbeitet. Damit die Methode nicht als aufgezwungen erlebt wird, sollte sie eine Abwechslung zum alltäglichen Unterrichtsgeschehen darstellen und für die Schüler einen gewissen Anreiz haben. Neue Interventionen von Seiten der Schüler sollten im Vorfeld mit dem Lehrer abgesprochen werden.

Beispiele für Interventionsmethoden:

- **ABC-Protokoll**: Der Stundenwächter verteilt zu Beginn der Stunde an seine Mitschüler selbstklebende Zettel, auf denen jeweils ein Buchstabe des Alphabets steht. Während des Unterrichts notieren die Schüler bedeutsame Begriffe mit dem jeweiligen Anfangsbuchstaben, die im Stundenverlauf vorkommen, auf den Zettel und kleben diesen an die Tafel.
- **Blitzlicht**: Zum Stundenende wird durch den Stundenwächter ein kurzes Feedback eingeholt. Er formuliert dazu einen Satzanfang, zum Beispiel „Neu war für mich in dieser Stunde…". Er wirft einem Mitschüler einen Softball zu, der den vorformulierten Satz beenden muss. Im Anschluss wird der Ball weiter geworfen.
- **Gleitzeit**: Es werden alle belohnt, die aufgepasst haben, denn für sie ist der Unterricht früher zu Ende. Um die Belohnung festzustellen, formuliert der Stundenwächter im letzten Teil der Unterrichtsstunde zehn Fragen zum aktuellen Stoff, die von den Mitschülern schriftlich beantwortet werden müssen. Wer alle richtig beantwortet hat, kann für die Stunde Feierabend machen.
- **Groß und Klein**: Der Stundenwächter überlegt Kriterien, nach denen der Unterricht bewertet werden kann (z.B. Spannung, Methodenwechsel, Disziplin etc.). Am Ende der Stunde notiert er die Kriterien auf einer Folie, wobei er, je besser die Kriterien erfüllt wurden, die Schrift vergrößert bzw. im umgekehrten Fall die Schrift verkleinert.
- **Lehrer-TÜV**: Zuhause entwirft der Stundenwächter eine Checkliste, um das Verhalten des Lehrers zu überprüfen, z.B.: Wurden Fremdwörter erklärt? Wie war das Sprechtempo? Bekam jeder, der sich gemeldet hatte, eine Chance? Im Unterricht füllt er die Checkliste aus. Am Stundenende stellt der Stundenwächter sie der Klasse und dem Lehrer vor.

- **Motor-Inspektion**: Der Lehrer hat am Anfang der Stunde 100 Sekunden Zeit, eine kurze Inhaltsübersicht über die Unterrichtsstunde zu geben. Im Anschluss markiert jeder Schüler auf einem Blatt, wie groß sein Interesse für das Thema ist (z. B. 10 für „sehr groß", 1 für „sehr niedrig") und ggf., womit er sich lieber zum Thema beschäftigen würde.
- **Pause in der Stunde**: Der Stundenwächter darf den laufenden Unterricht für fünf Minuten unterbrechen. In dieser Pause gibt es die Gelegenheit für Gespräche, Essen etc., in der der Stundenwächter registriert, über was sich unterhalten wird und welche Rolle der Unterricht dabei spielt.
- **Prämienziehung**: Der Stundenwächter beobachtet während der Stunde seine Mitschüler und beurteilt das Engagement im Unterricht. Am Ende der Stunde verteilt er eine Tüte Bonbons unter seinen Mitschülern. Jeder erhält so viele, wie es dem Einsatz im Unterricht entspricht.
- **Tombola**: Zu Beginn des Unterrichts erfahren die Schüler den Inhalt der Stunde. Sie notieren einen Namen oder einen Begriff, der voraussichtlich im Laufe der Stunde genannt wird. Am Schluss wird überprüft, welche Begriffe wirklich gefallen sind und welche nicht.
- **Stundenhoroskop**: Der Stundenwächter notiert zu Hause mögliche Kommentare zum Unterricht, z. B.: „Du wirst dich sehr langweilen." oder „Du lernst viel dazu". Diese Kommentare verteilt er zu Stundenbeginn seinen Mitschülern. Am Stundenende werden diese in eine JA-Box oder eine NEIN-Box geworfen, je nachdem ob das Horoskop zugetroffen hat oder nicht.

Literatur: Lanig, J. (2004): Gegen Chaos und Disziplinschwierigkeiten. Eigenverantwortung in der Klasse fördern. Verlag an der Ruhr, Mülheim, 84–91

Ja oder Nein

Um Wut und Aggression innerlich zu beherrschen und entsprechende Interventionsstrategien zu entwickeln, müssen diese Gefühle für die Schüler transparent sein. Die Übung „Ja oder Nein" ermöglicht eine leichte Variante des geschützten Erlebens der Gefühle und ebnet den Weg für ein pädagogisches Gespräch.

Material: –

Durchführung: Die Schüler suchen sich einen Partner, mit dem sie gerade ein kleineres Problem haben. Dem stellen sie sich gegenüber und schauen ihm fest entschlossen und zielstrebig in die Augen. Dann beginnt der Dialog, bei dem der eine Schüler nur „Ja" und der andere Schüler nur „Nein" sagen darf. Der Streitdialog kann durch Sprechtempo und Lautstärke bis zur lauten Beschimpfung gesteigert werden. Weitere Wörter außer „Ja" und „Nein" bleiben verboten. Die Übung endet nach einem vorher festgelegten Signal und einer vorher vereinbarten Zeit. Bei Bedarf können die Rollen getauscht werden. Im Anschluss an die Übung sollte der Streitdialog ausgewertet werden. Wir haben die Erfahrung gemacht, dass die Kinder und Jugendlichen von allein in eine Reflexion einsteigen. Zur Unterstützung können jedoch folgende Fragen gestellt werden: „Wie fühlst Du Dich nach dem Streit?"; „Was ist Dir im Dialog aufgefallen?"; „Was hast Du während des Streitgesprächs gedacht?"; „Wie hast Du die Lautstärke wahrgenommen?"; „Sind Dir Veränderungen bei Dir oder Deinem Streitpartner aufgefallen?"

Alternativ kann diese Übung abgewandelt und die zu verwendenden Wörter können variiert werden. Jedoch sollte das im Vorfeld genau abgesprochen sein. Vorstellbar wäre beispielsweise eine „Publikumsbeschimpfung" (Portmann 1996, 82). Hierbei teilt sich die Klasse in zwei Gruppen. Jede Gruppe bekommt fünf Minuten Zeit, Vorwürfe, Beleidigungen und Schimpfwörter zu sammeln. Im Anschluss stehen sich die Gruppen gegenüber. Eine vorher vereinbarte Gruppe beginnt und darf die andere Gruppe so laut und wütend wie möglich für eine Minute beschimpfen. Dabei darf immer nur die ganze Gruppe angesprochen werden. Äußerungen gegen nur einen Schüler sind verboten. Im Folgenden ist die andere Gruppe mit ihrer Publikumsbeschimpfung an der Reihe. Zum Ende gehen beide Gruppen aufeinander zu und geben sich die Hand. Bei dieser Variation sollte auf das Auswertungsgespräch nicht verzichtet werden, insbesondere sind hierbei die Gedanken und Gefühle in beiden Positionen zu beleuchten.

Anmerkung: Die Übung sollte nicht durchgeführt bzw. sofort abgebrochen werden, wenn ein Schüler sich hierbei unwohl fühlt.

Literatur: Portmann, R. (1996): Spiele zum Umgang mit Aggressionen. 2. Aufl. Don Bosco, München, 74

Körpersprache

Menschliche Kommunikation vollzieht sich nicht nur auf der Ebene der verbalen Sprache, sondern zum Großteil in nonverbalen Ausdrucksformen. Nonverbale Kommunikation hat daher auf menschliche Kommunikationsprozesse enormen Einfluss (Eisenhofer 2003, 89). Mit der nachfolgenden Fördermaßnahme soll die nonverbale Ausdrucksform geübt werden.

Zeit: Die Dauer ist abhängig von der teilnehmenden Schülerzahl. Für jeden Schüler sollten fünf Minuten eingeplant werden.

Material: Für jeden Schüler wird ein Zettel benötigt, auf dem ein Gefühl aufgeschrieben ist.

Durchführung: Nacheinander zieht jeder Schüler einen Zettel. Das vermerkte Gefühl soll er im Anschluss daran der Klasse nonverbal darstellen. Die Klasse errät das dargestellte Gefühlswort.

Anmerkungen: Neben der Übung der nonverbalen Ausdrucksfähigkeit wird einerseits die Fähigkeit trainiert, Gefühle zu benennen und anderseits die Gefühle anderer zu erkennen. Insbesondere Schüler im Förderschwerpunkt sozial-emotionale Entwicklung haben mit dem letztgenannten viele Schwierigkeiten (von Aster 2005, 386).

Literatur: Wallenwein, G.F. (2003): Spiele: Der Punkt auf dem i. Kreative Übungen zum Lernen mit Spaß. 5. Aufl. Beltz, Weinheim/Basel, 195

Lärmprotokoll

Die Lautstärke im Klassenzimmer während des Unterrichts stellt für Lehrer, aber auch für Schüler, eine starke Belastung dar. Der Lärm kann die Vermittlung des Unterrichtsstoffes durch den Lehrer erschweren und stört die Schüler beim Lernen und Arbeiten. Mit Hilfe des Lärmprotokolls soll die Entwicklung des Lärmaufkommens in der Klasse dokumentiert und die Ursachen hierfür (z.B. Methodenwechsel des Lehrers) aufgedeckt werden. Das Lärmprotokoll kann ein Anstoß für Veränderungen in der Klasse sein.

Material: DIN-A4-Blatt

Durchführung: Nachdem der Sinn, Nutzen und die Chancen der Methode mit der Klasse besprochen wurden, übernimmt ein Schüler für jede Stunde (oder für je einen Schultag) das Amt des Stundenwächters. Er soll in einem Diagramm festhalten, wie die Lärmentwicklung während der Unterrichtsstunde ist. In der Vertikalen werden die Lärmwerte eingetragen (z. B. Skalen von sehr leise bis sehr laut), in der Horizontalen die einzelnen Phasen des Unterrichts. In der Auswertungsphase erläutert der Stundenwächter sein Lärm-Protokoll.

Anmerkung: Eine Registrierung des Lärms bedeutet noch nicht eine Bekämpfung. Deshalb sollte jedes Lärmprotokoll gemeinsam mit der Klasse ausgewertet werden. Mögliche Ursachen des Lärms können so gemeinsam besprochen und zukünftig zumindest minimiert werden.

Gleichzeitig bietet die Methode eine gute Reflexionsmöglichkeit für den Lehrer, da sein Unterricht von der Klasse dokumentiert wird. Die einzelnen Phasen mit ihrer jeweiligen Einordnung in einen bestimmten Lautstärkepegel können in den Reflexionsprozess eingebunden werden. So könnte sich zeigen, dass bei einem Lehrervortrag eine höhere Lautstärke vorherrscht als bei einer Gruppenarbeit. In der Konsequenz würde das bedeuten, dass der Gruppenarbeit mehr Zeit eingeräumt werden müsste.

Literatur: Lanig, J. (2004): Gegen Chaos und Disziplinschwierigkeiten. Eigenverantwortung in der Klasse fördern. Verlag an der Ruhr, Mülheim, 49– 50

Monitoring

Bei Feedback-Gesprächen zwischen Lehrern und Schülern stehen häufig die negativen Seiten des Schülers im Vordergrund und dominieren die Themen des Gesprächs. Beim Monitoring stehen positive und negative Verhaltensweisen gleichermaßen im Mittelpunkt.

Material: Pädagogisches Tagebuch, Notizzettel o. ä.

Durchführung: Der Lehrer sucht sich vor der Unterrichtsstunde einen Schüler aus, den er gezielt beobachtet – natürlich ohne dass der Schüler darüber informiert wird. Er vermerkt die positiven und negativen Eindrücke von ihm, z. B. Beteiligung am Unterricht, Kontakt zu seinen Mitschülern etc. Am Nachmittag sucht der Lehrer gezielt mit dem Schüler ein ausführliches Gespräch (z.B. im Anschluss an eine AG, telefonisch, o.ä.), welches in ungestörter Atmosphäre stattfinden sollte. Es ist normal, dass Schüler im ersten Augenblick bei einem Gespräch oder Anruf des Lehrers verunsichert sind. Nach einem kleinen Erholungsmoment sollte der Lehrer den Schüler um ein Feedback für den heutigen Unterricht bitten. Schüler und Lehrer sollten sich im Gespräch als gleichberechtigte Partner treffen. Im Anschluss daran schildert der Lehrer seine Eindrücke, die er in der Stunde über den Schüler gewonnen hat. Dabei sollte er mit positiven Sachverhalten oder Verhaltensweisen beginnen (z.B. „Es hat mich gefreut, dass du zu Stundenbeginn alle Sachen ausgepackt hattest."), bevor er negative Dinge anspricht. Der Dialog sollte nicht ohne Absprachen beendet werden, die bei einem weiteren Monitoring (z.B. ein paar Monate später) überprüft werden können.

Anmerkung: Monitoring sollte nicht nur eine einmalige Angelegenheit sein, sondern zum Ritual werden (z.B. jede Woche). Zum einen haben dann alle Schüler einmal die Möglichkeit, ein ausführliches Feedback geben und erhalten zu können. Zum anderen weiß kein Schüler, wann er wieder an der Reihe ist. Bei der Einführung des Monitoring sollte nicht absichtlich gleich mit dem Schüler angefangen werden, der die meisten Schwierigkeiten auf Grund seines Verhaltens bereitet oder der am schüchternsten ist, sondern die Wahl sollte zufällig auf einen beliebigen Schüler fallen.

Literatur: Lanig, J. (2004): Gegen Chaos und Disziplinschwierigkeiten. Eigenverantwortung in der Klasse fördern. Verlag an der Ruhr, Mülheim, 148–151

Nacht von Palermo

Die italienische Mafiosi-Stadt wird in der Phantasie der Gruppe/Klasse zum Schauplatz eines komplexen Strategiespiels, bei dem die Schüler durch „genaue Beobachtung, kommunikative Signale und Verlaufsanalysen Personen isolieren" (Trautmann/Trautmann 2004, 75), d.h. die Rollen der jeweils anderen Mitspieler erkennen müssen.

Material: Vorgefertigte Lose für jeden Schüler. Mit den Losen werden die Rollen bestimmt.

Rollen: Moderator (er leitet den Verlauf – am Anfang sollte diese Rolle noch der Lehrer übernehmen), Bürger, Mafiosi, Detektiv, Arzt. Der Großteil der Schüler schlüpft im Spiel in die Rolle der Bürger, etwa 1/5 sind Mafiosi, zwei bis drei Schüler sind Detektive und ein Schüler ist Arzt.

Durchführung: Die Klasse sitzt im Sitzkreis, jeder Schüler muss die Möglichkeit haben, die anderen anschauen zu können. Die Lose werden verteilt und damit die Rollen im Spiel festgelegt. Niemand darf die Rolle des anderen kennen oder seine eigene im Spiel bekannt geben.

Danach beginnt der Moderator mit der Geschichte, die er frei nach seinem Belieben sprachlich ausgestalten kann. „In der schönen Stadt Palermo genießen die Menschen das Leben […]. Langsam wird es Nacht und alle Menschen gehen schlafen." Alle Schüler schließen die Augen. „Die Mafia übernimmt die Stadt und treibt ihr Unwesen." Alle Mafiosi öffnen die Augen und registrieren erst einmal, wer noch zur Mafia gehört. Nonverbal, nur mit Hilfe von Mimik und Gestik verständigen sie sich auf ihr Opfer, das die Nacht nicht überleben soll (ein Schüler in der Rolle der Bürger) und teilen das dem Spielleiter ebenfalls nonverbal mit. Im Anschluss fordert der Spielleiter alle Mafiosi erneut auf, die Augen zu schließen.

Nun darf der Arzt seine Augen öffnen. Er erfährt nonverbal vom Spielleiter das Opfer. Der Arzt besitzt die besondere Fähigkeit, einmal einen zu heilen (auch sich selbst) und muss für sich entscheiden, wann und in welcher Runde er diese Fähigkeit einsetzt. Nachdem der Arzt sich für oder gegen eine Heilung entschieden hat, teilt er das non-verbal dem Moderator mit. Danach schließt er nach Aufforderung des Moderators wieder die Augen.

Nun darf der Detektiv seine Augen öffnen. Er darf gegenüber dem Moderator eine Vermutung äußern (natürlich nonverbal), wer Mafiosi ist. Dieser bestätigt oder verneint den Verdacht nonverbal. Darauf schließt auch er wieder seine Augen. Der Moderator moderiert nun wieder für alle. „Ein neuer Tag bricht in Palermo an und die Menschen erwachen, alle außer (Name des Mafia-Opfers).

Nun beginnt die Diskussion, in der jeder seine Vermutung äußern darf, wer zur Mafia gehört. Jeder hat das Recht, anzuklagen oder sich zu rechtfertigen, zum Beispiel: „Ich habe in der Ecke was rascheln hören und Martin schaut, als ob er etwas zu verbergen hätte" oder „Ich bin der treueste Bürger der Stadt, bekämpfe seit Jahren die Mafia. Ich kann es unmöglich sein".

Ziel ist, dass entweder die Bürger gewinnen und alle Mafiosi aufdecken oder die Mafia gewinnt und nur noch Mafiosi im Spiel sind. In jeder Diskussionsphase einigen sich alle Teilnehmer auf eine Person, die verbannt wird. Für die Person ist das Spiel beendet und sie muss ihre Rolle bekannt geben. Danach beginnt das Spielszenario erneut, „Es wird Nacht in Palermo", solange bis nur noch Bürger (Arzt und Detektiv sind ebenfalls Bürger) oder Mafiosi in der Stadt sind.

Anmerkung: Beim ersten Mal endet es oft enttäuschend und schnell. Die Schüler sind die verschiedenen Rollen und Funktionen noch nicht gewohnt. Es fehlt an Erfahrung, was sich beim zweiten Mal schon ändert. Anfangs ist es denkbar, nur zwei Rollen einzuführen – die Bürger und die Mafiosi. Ebenso könnten noch Rollen hinzugefügt oder Schauplätze ergänzt werden (z. B. Vampire in Transsilvanien). Neben dem Spiel selbst kann dieses Anstoß zu Diskussionen geben, z. B. die Funktion von Mimik und Gestik und deren mögliche Fehldeutung.

Literatur: Trautmann, H., Trautmann, T. (2004): 50 Unterrichtsspiele für die Kommunikationsförderung. Lerninhalte festigen durch Bewegung, Sprache und Darstellung. Auer, Donauwörth, 75–76

Ödel-Dödels Ballspiel

Das Ödel-Dödel-Ballspiel ist eine unkomplizierte Konzentrationsübung, welche die Unterrichtsstunde zugleich auflockert.

Material: Stoffball

Durchführung: Alle Schüler der Klasse sitzen im Sitzkreis. Zuerst rufen sie alle nacheinander ihren neuen Namen. Der erste ruft: „Ödel-Dödel Nr. 1", der linke Nachbar „Ödel-Dödel Nr. 2" solange, bis jeder Schüler einmal seinen neuen Namen gerufen hat. Im Anschluss übergibt der Lehrer einem Schüler den Ball. Dieser nennt seinen Namen, z. B. „Ödel-Dödel Nr. 15" und den Namen des Schülers, dem er den Ball gleich zuwirft „an Ödel-Dödel Nr. 11". Er wirft den Ball. Hat die Nummer des Fängers gestimmt, wird gleich weiter gespielt z. B. „Ödel-Dödel Nr. 11 an Ödel-Dödel Nr. 7". Wenn ein Schüler einen Fehler macht (Nennung einer falschen Nummer oder keine Reaktion auf das Rufen), bekommt er einen Klebepunkt auf die Stirn oder das T-Shirt. Der betroffene Schüler hat jetzt einen neuen Namen „Ödel-Dödel Nr. 7 mit einem Punkt". Er selber und seine Mitschüler müssen ihn nun mit seinem neuen Namen anreden. Sobald ein Spieler drei Punkte hat, ist das Spiel beendet. Diejenigen Schüler mit den wenigsten Punkten haben das Spiel gewonnen.

Anmerkung: Dieses Spiel ist ebenfalls unter dem Namen „Schraps hat den Hut verloren" bekannt und kann auch ohne Stoffball gespielt werden. Statt mit Klebepunkten kann mit Pfand gespielt werden, das zum Schluss durch Aufgaben (z. B. Rechenaufgaben oder Dienste) zurück gewonnen werden kann.

Literatur: Bartl, A. (1992): Spaß mit Konzentrationsspielen. Oldenbourg, München, 105

Patenschaften

Patenschaften erfreuen sich in Deutschland zunehmender Beliebtheit unter Lehrern. Im Fokus der Betrachtung stehen hier spezielle Schülerlernpatenschaften, d. h. ein Schüler begleitet fachliche und soziale Lernprozesse als Lehrender (Tutor oder Berater), der andere verbleibt in der Rolle des Schülers und ist Tutorschüler (Tutee). Die Patenschaften können sowohl innerhalb der Klasse oder klassenübergreifend etabliert werden (Lehmann 2007, 19) und sollen dabei in beiden Fällen folgende Ziele realisieren:

- „Leistungsverbesserung,
- Einstellungsveränderung,
- soziales Lernen,
- Entwicklung der Identität und der Autonomie" (Feldmann/Wendebourg 2009, 112).

Tutor/Berater: Sichergestellt werden sollte, dass der Tutor über notwendige fachliche und soziale Kompetenzen verfügt (Feldmann/Wendebourg 2009, 112). Gleichaltrige Schüler können über derartige Kompetenzen verfügen, jedoch können dann nur leistungsstarke Schüler die Funktion des Tutors ausführen. Bei Altersheterogenität ist eine Übernahme der Aufgabe von leistungsschwächeren Schülern möglich, da sie dann für jüngere Schüler als Tutor tätig sein können. Die Übernahme der Tutoren- bzw. Beraterrolle sollte mit dem Schüler gemeinsam vorbereitet sein und ihm sollten Handlungsalternativen und Materialien zur Verfügung gestellt werden. Gleichzeitig muss der Lehrer ihm während und nach dem Prozess als Begleiter zur Seite stehen.

Formen:

- Bei Einschulung in eine neue Schulform bzw. Schule. Die Tutoren könnten ihre Tutees beim Kennenlernen und Einleben in der neuen Situation unterstützen.
- Alle Schüler der oberen Klasse werden zu Tutoren für jüngere Schüler.
- Feste Etablierung von Partnerklassen, beispielsweise könnte eine Klasse der höheren Jahrgänge verantwortlich sein für eine Klasse der unteren Jahrgänge (Feldmann 2002, 29).
- Es wird eine Auswahl von Schülern getroffen, die Lernpatenschaften eingehen.
- Einige Schüler könnten sich auf bestimmte Themen oder Bereiche spezialisieren (z.B. moderne Medien – Anlegen einer Homepage), in denen sie gegenüber den anderen Schülern als Experten auftreten (Feldmann/Wendebourg 2009, 114).
- Innerhalb des Fremdsprachenunterrichts können Schüler mit Migrationshintergrund oder guten Kenntnissen der Fremdsprachen als Lernpaten für leistungsschwächere Schüler eingesetzt werden (Feldmann 2002, 29).
- Der Einsatz von Paten in Krankheitsfällen (Jerusalem 2005, 13).

Thematische Inhalte: Die Patenschaften können langfristig und kurzfristig angelegt sein, sich auf die Vermittlung von bestimmen Fähigkeiten beziehen (z.B. innerhalb eines Projektes), sich auf die Unterstützung bei schulischen Anforderungen konzentrieren (z.B. Hausaufgabennachhilfe), den Austausch von Interessen ermöglichen (z.B. Lesepatenschaften) oder Übergänge erleichtern (z.B. berufliche Eingliederung).

Anmerkung: Aufgrund des Arrangements darf für keinen der beteiligten Schüler ein Nachteil entstehen, z.B. das Versäumen von Unterrichtsstoff. Folgende Möglichkeiten könnten bedacht werden:

- Während den Kontaktstunden wird kein neuer Unterrichtsstoff vermittelt bzw. erarbeitet.
- Die zeitliche Verlegung der Zusammenkunft außerhalb der Unterrichtszeiten (vgl. Feldmann 2002; Feldmann & Wendebourg 2009, 113).

Erfahrungsberichte: Es gibt erfolgreiche, fest angelegte Patenschaftsprojekte in allen Schulformen, bei denen positive Lernerfolge erzielt werden können. Neben der eigentlichen Durchführung sind die Rahmenbedingungen entscheidend (Renkle 2006, 420; z.B. die Vorbereitung der Tutoren). Diese Lernform bietet die Chance zur individuellen und intensiven Unterstützung von Schülern (Stumberger 2006, 15).

Quatsch-Bingo

Viele Verhaltensweisen, Aussprüche, Handbewegungen oder Gesten von Lehrkräften werden von Schülern nur als bloße Floskeln erlebt. Diese menschlichen Eigenarten, welche der Lehrer anwendet, um für Ruhe und Disziplin in der Klasse zu sorgen, verfehlen damit oftmals bei den Schülern das erhoffte Ziel. Die Methode des Quatsch-Bingos hilft dem Lehrer, seine eigenen eingeschliffenen und in der Klasse unwirksamen Verhaltensweisen und deren Häufigkeit zu erkennen. Er kann damit gleichzeitig dem Schüler als Modell dienen, um Veränderungsprozesse im Verhalten anzuregen.

Material: ein großes Blatt Papier, in dem 20 Quadrate eingezeichnet sind

Durchführung: Die Schüler sammeln gemeinsam 20 typische Verhaltensweisen der jeweiligen Lehrkraft. Auf jedes Quadrat wird eine Verhaltensweise eingetragen. Die Verhaltensweisen können auch Kleinigkeiten sein, z. B. das Spielen am Ehering bei einem Appell oder die Redewendung „Sag ich mal". Dann wird die Reihenfolge ausgelost, in der die Schüler ihren Lehrer auf diese Verhaltensweisen hin beobachten. Sonst unruhige Beobachter stellen sich bei dieser Methode meist als verlässliche Beobachter heraus. Wenn eine Geste auf dem Feld erfolgt ist, wird diese markiert. Ergeben sich drei horizontal, diagonal oder vertikal zusammenhängende Markierungen, wird dies von dem jeweiligen Schüler mit einem deutlichen „Bingo" honoriert.

Anmerkung: Wichtige Voraussetzung zur Durchführung ist die Bereitschaft des Lehrers, zu sich selbst auf Distanz zu gehen und sich der „Kritik" oder der Beobachtung der Schüler zu stellen. Die Schüler sehen, dass man als Lehrer ebenfalls bereit ist, bestimmte Verhaltensweisen abzulegen, dass man als Mensch nicht perfekt ist und könnten so schneller bereit sein, eigene Verhaltensweisen abzulegen.

Literatur: Lanig, J. (2004): Gegen Chaos und Disziplinschwierigkeiten. Eigenverantwortung in der Klasse fördern. Verlag an der Ruhr, Mülheim, 37–19 (Die ursprüngliche Bezeichnung des Autors ist Bullshit-Bingo.)

Roter Faden

Eine klare und transparente Struktur gilt als pädagogische Grundregel im Umgang mit Verhaltensauffälligkeiten. Eine Möglichkeit, diese Transparenz im Unterricht zu schaffen, ist die Visualisierung der Unterrichtsstruktur mit Hilfe eines roten Fadens.

Material: –

Durchführung: Die wesentlichen Schritte der Unterrichtsstunde werden stichpunktartig an die rechte Tafelseite geschrieben, sodass sie für die Schüler permanent sichtbar sind.

Nachdem ein thematischer Schwerpunkt bearbeitet wurde, wird dieser durchgestrichen. Die Schüler haben so die Möglichkeit, sich immer zu orientieren, in welcher Phase des Unterrichts sie sich befinden. Die Stichpunkte dienen als Ankerpunkte und geben das Oberthema der jeweiligen Phase vor. Ein Augenblick der Unaufmerksamkeit eines Schülers kann so kompensiert werden, da dieser immer wieder die Möglichkeit hat, sich im Unterrichtsgeschehen zurechtzufinden.

- ~~Biografische Lebensdaten~~
- Sachsenkriege
- Kaiserkrönung
- Reformen

Abb. 17: Beispiel „Roter Faden" in einer Unterrichtsstunde zum Thema „Karl der Große"

Störungskarte

Die Störungskarte ist eine Möglichkeit, dem pädagogischen Leitspruch „Störungen haben Vorrang" gerecht zu werden (Cohn 1997, 122), indem auftretende Störungen auf Schülerseite mit Hilfe von Karten signalisiert werden können. Die Karten dienen als Hilfsmittel und fördern die Transparenz auf der Beziehungsebene.

Material: Karteikarte mit einem erkennbaren Symbol (z. B. Blitz, Ausrufezeichen, dunkle Wolken etc.). Am besten werden die Karten gemeinsam mit den Schülern entworfen. Die Schüler gewinnen so das Gefühl, dass es „ihre Karte" ist.

Durchführung: Die Karte dient dem Schüler als persönliches Signalinstrument. Aus diesem Grund sind detaillierte Absprachen zwischen Schülern und Lehrer (sowie der Klasse) über deren Einsatz notwendig: Wann wird die Karte eingesetzt? Was signalisiert sie? Welchen Sinn verfolgt die Karte? Die Einsatz- und Funktionsweise sollte jedem transparent und bekannt sein. Die Karte liegt solange verdeckt auf dem Tisch, wie sich keine Irritation, Verunsicherung, Ärger oder ähnliches beim Schüler ergibt. Verspürt der Schüler Unbehagen, wendet er die Karte und meldet so die Störung. Gemäß dem Prinzip „Störungen haben Vorrang", kann die als unangenehm erlebte Situation durch eine Metakommunikation geklärt werden. Das anschließende Klärungsgespräch ist Bestandteil der Karte.

Variationsmöglichkeiten/Alternativkarten:

- **Auszeitkarte**: Die durch den Schüler als unangenehm erlebte Situation kann oft so gravierend sein, dass ein anschließendes Gespräch oder eine Weiterarbeit am Unterrichtsstoff blockiert ist. Die Auszeitkarte verschafft in dieser Situation für einen kurzen Moment (für alle Beteiligten) Ruhe. Wenn der Schüler die Karte offen vor sich hinlegt (das Symbol zeigt), ist das ein Signal, dass er für einen festgesetzten Zeitraum nicht angesprochen werden sollte oder dass er für einen bestimmten Zeitraum vor die Tür gehen darf. Im Anschluss sollte eine Klärung der Situation erfolgen. Der Zeitraum, der Ort der Ruhe und die Häufigkeit des Einsatzes sollten mit dem Schüler individuell abgestimmt werden.
- **Fragekarte**: Die Karte signalisiert, dass bestimmte Sachverhalte akustisch oder kognitiv nicht verstanden wurden. Bei Darlegung der Karte können diese wiederholt werden.

Literatur: Schlee, J. (2007): Fördern als planvolle Veränderung Subjektiver Theorien. In: Mutzeck, W. (Hrsg.): Förderplanung. Grundlagen – Methoden – Alternativen. 3. Aufl. Beltz, Weinheim/Basel, 178–198

Tüten-Ich

Das Tüten-Ich ist eine geeignete Methode, um die Individualität des einzelnen Schülers jedem in der Lerngruppe transparent zu machen. Gleichzeitig bietet es eine Reflexionsmöglichkeit, um über die Selbst- und Fremdwahrnehmung zu sprechen.

Material: Für jede Person wird ein DIN-A4-Blatt sowie Buntstifte o. ä. benötigt.

Durchführung: Lassen Sie das DIN-A4-Blatt zu einer Tüte falten, am besten demonstrieren Sie diese Schrittfolge mit einem Beispielblatt an der Tafel. Die Innenseite der Tüte wird mit einem kleinen Punkt markiert. Im Anschluss wird die Tüte wieder aufgeklappt. Geben Sie nun ein Thema vor (z.B. „meine größten Stärken"). Auf die Innenseite sollen die Schüler malen, was sie selber als ihre größten Stärken ansehen (Innensicht). Auf die Außenseite soll gemalt werden, was sie denken, was andere als ihre größten Stärken ansehen (Fremdsicht). Nachdem alle fertig sind, wird das Papier wieder zur Tüte gefaltet. Eine Auswertung kann in Zweier,- Vierer-Gruppen oder in der gesamten Klasse erfolgen. In den Gruppen kann darüber gesprochen werden, ob Fremd- und Selbstsicht übereinstimmen, oder woran es liegen kann, dass die Selbst- und Fremdwahrnehmung unterschiedlich ist. Weiterhin kann in der Gruppe besprochen werden, ob die Fremdsicht, die der Schüler für sich sieht, mit der Sicht der anderen Schüler auf ihn übereinstimmt.

Anmerkung: Die Darstellung der Innen- und Außensicht setzt Vertrauen in der Klasse voraus. Von daher ist es ratsam, die Ergebnisse zuerst in kleinen Gruppen auszuwerten. Die Methode kann ebenfalls als Einstieg zu einem Lehrer-Schüler-Gespräch dienen.

Unannehmlichkeiten benennen

Die Verbalisierung und das Ansprechen von Unannehmlichkeiten in der Klasse und von aktuellen Verhaltensproblemen werden oft als problematisch erlebt. Diese Methode erlaubt ein unkompliziertes Ansprechen von Sachverhalten und bietet jedem Schüler die Chance, sich zum Thema zu äußern.

Material: Karteikarte für jeden Schüler, auf der nach aktuellen (Verhaltens-)Problemen der Klasse gefragt wird sowie Klebepunkte (drei bis vier für jeden Schüler).

Beispiele für Probleme in der Klasse:

- Lautstärke im Unterricht,
- Zuspätkommen,
- Gewalttätigkeiten im Schulalltag,

- Bewertung von bestimmten organisatorischen Abläufen im Unterricht (z. B. der Tafeldienst),
- die Frage nach konkreten Situationen.

Durchführung: Die Tische werden zu einem Viereck zusammengestellt. Jeder Schüler erhält eine Karteikarte. Die Karteikarte kann mit den Initialen des Schülers, einem Symbol oder einer Platznummer kenntlich gemacht werden. Auf Kommando des Lehrers beantwortet jeder Schüler die Frage auf seiner Karte und reicht sie seinem rechten Sitznachbarn. Dieser notiert ebenfalls seine Antwort auf der Karte und lässt sie weiterwandern. Ähnlich einem Fließband gehen die Karteikarten durch die Klasse. Wenn die Karten wieder beim Ausgangspunkt angekommen sind, stoppt das Band. Die Schüler werten nun ihre Karte und damit die zusammen getragenen Antworten für sich aus. Die Auswertung wird im Anschluss vorgestellt. Nachfragen sind erlaubt und erwünscht, Diskussionen darüber jedoch nicht. Die einzelnen Karteikarten werden im Anschluss an der Tafel angebracht. Jeder Schüler erhält nun Klebepunkte. Diese klebt er auf diejenige Karte, deren Ergebnis ihn am meisten überrascht. Es wird sichtbar, wo der größte Gesprächsbedarf liegt.

Anmerkung: Die Methode löst noch keine Probleme, sondern macht diese für die Schüler nur sichtbar und bereitet den Weg für eine anschließende Klärung vor.

Literatur: Lanig, J. (2004): Gegen Chaos und Disziplinschwierigkeiten. Eigenverantwortung in der Klasse fördern. Verlag an der Ruhr, Mülheim, 40–43 (Die ursprüngliche Bezeichnung des Autors ist „Feedback-Fließband".)

Verträge

Verträge mit Schülern beinhalten schulische Absprachen, Abmachungen, Übereinkünfte, Verabredungen oder gegenseitige Versprechen, welche für alle (gleichberechtigten) Vertragsparteien (Lehrer-Schüler, Lehrer-Klasse, Schule-Klasse etc.) eine Verbindlichkeit vermitteln (Krumm 2006, 3). Durch explizite Vereinbarungen, z. B. Verhaltensregeln oder Rechte und Pflichten, geben sie für alle Beteiligten eine Handlungsorientierung (Fiegert 2009, 106). Obwohl schulische Verträge nur Willenserklärungen darstellen und ohne rechtliche Konsequenzen sind, haben in Kooperation entworfene Verträge für Schüler (und Lehrer) eine hohe Verbindlichkeit. Sie können präventiv wie auch intervenierend zum Einsatz kommen. In Abhängigkeit von der Zielstellung können gegenwärtig drei Formen von Verträgen in der Schule Verwendung finden (Fiegert 2009):

- **Klassen- und Schulverträge zur Regelung der äußeren Lernbedingungen**: Diese Verträge enthalten explizite Regelungen zu Fragen des gemeinsamen Lebens und Arbeitens in der Schule/Klasse (z.B. Trinken im Unterricht). Während die Vertragspunkte in der Grundschule meist von außen auferlegte Normen beinhalten, die durch Lehrer/Schulordnung vorgegeben sind, sollten sie bei höheren Klassen das Resultat eines Konsenses sein. Hierzu sollten zunächst alle Parteien ihre Erwartungen, Wünsche und Ziele formulieren (Fiegert 2009, 102).
- **Verträge zur Regelung von Lern- und Arbeitsprozessen, sowie Verhaltensweisen**: Je nach der Zielsetzung können Festlegungen zwischen dem Lehrer/Team und der Klasse getroffen werden, z.B. inhaltliche und organisatorische Aspekte in Projektarbeiten oder zwischen einem Lehrer/Team und einem Schüler. Dabei werden gegenseitige Absprachen über individuelle Ziele, Maßnahmen, Zeiträume, Regeln, Evaluationsmöglichkeiten, Unterstützungsformen und mögliche Lernwege schriftlich festgehalten (Paradies et al. 2007, 51).
- **Notenverträge zur Regelung der Bewertungsmaßstäbe**: Um mehr Transparenz bei der Notengebung zu schaffen, insbesondere bei offenen Unterrichtsmethoden, können Notenverträge etabliert werden. Schüler/Klasse und Lehrer handeln dabei für beide Seiten akzeptable Bewertungs- und Beurteilungsmaßstäbe aus. Dadurch können Schüler sich selbst besser einschätzen, das Lehrerurteil besser mit dem eigenen Urteil in Verbindung bringen und eine Beurteilung der Schüler untereinander wird ermöglicht (Fiegert 2009, 107).

Anmerkung: Bei der Erarbeitung und Beschlussfassung von Verträgen sollte auf eine kooperative Beziehungsstruktur der Vertragsparteien geachtet werden, d.h. sollten sich gleichberechtigt gegenüber stehen und ihre Interessen wahren und einbringen. Ein auf einem Konsens basierender Vertrag wird für alle Beteiligten verbindlicher und damit gewinnbringender für die Praxis. Unterstützend für den Erfolg von Verträgen ist der Wortlaut der Formulierung. So sollte die Abmachung positiv formuliert sein (→ 2.4.1) sowie bei Klassenverträgen in der „Wir-Form" (Wir wollen/machen...) und bei Einzelverträgen in der „Ich-Form" geschrieben sein (Fiegert 2009, 108). Damit der Vertrag für alle Beteiligten transparent bleibt (insbesondere bei

Verträgen mit der Klasse), sollte dieser ausgehangen und für jeden ersichtlich sein.

Generell ist festzuhalten, dass zwischen den individuellen Schülerverträgen und Förderplänen eine hohe Übereinstimmung herrscht. Ein mit dem Schüler gemeinsam entworfener Förderplan ist das Resultat eines Konsenses. Ein von allen Beteiligten unterschriebener Förderplan stellt einen Vertrag dar. Sollte der Schüler bei der Erstellung oder Fortschreibung nicht teilnehmen, könnten individuelle Verträge mit ihm zum Scharnier zwischen dem Förderplan und der Schüleraktivität werden (Höhmann 2006, 22).

Wertschätzende Dialoge

Die wertschätzenden Dialoge sind eine Methode zur Teampflege, welche bei leichten Spannungen innerhalb einer Beziehungsstruktur (Schüler-Schüler, Lehrer-Schüler oder Lehrer-Lehrer) eingesetzt werden kann. Sie kann jedoch auch zur Pflege und Verbesserung des Teamklimas beitragen. Durch die offene, strukturierte Bekundung der gegenseitigen Anerkennung und Wertschätzung genießen die meisten Interaktionspartner die Methode sehr, da ansonsten nur selten so offen gute Leistungen und angenehm erlebte Verhaltensweisen thematisiert werden. Zugleich werden in einer wertschätzenden Form Wünsche und Erwartungen verbalisiert. Die Methode der wertschätzenden Dialoge ist im gleichen theoretischen Bezugsrahmen wie die KEFF entwickelt worden (→ Kap. 3.2.3). Ebenso kommen in gleicher Weise die Gesprächsführungselemente zum Einsatz (→ Kap. 6.1.2). Zur Anwendung der Methode wird dem Team bzw. den Schülern ein Gesprächsleitfaden zur Seite gestellt, der jeweils durch persönliche Aussagen ergänzt werden muss. Für eine detaillierte Darstellung der Methode siehe Mutzeck (2008b).

Materialien: Gesprächsleitfaden

Anmerkung: Die Methode trägt dazu bei, Teamkonflikte bereits im Entstehen zu verhindern bzw. ihnen vorzubeugen. Sie sollte jedoch nicht bei gravierenden Spannungen zwischen den Interaktionspartnern eingesetzt werden. Die wertschätzenden Dialoge können ebenfalls in der gesamten Klasse eingesetzt werden. Hierfür können Sie entweder Zweier-Gruppen bilden, welche Sie in der Klasse verteilen oder Sie bilden einen

Sitzkreis, sodass jeder jeden wertschätzen kann. Bei beiden Formen wird laut für alle moderiert. Die Methode ist besonders erfolgreich, wenn Sie sie alle drei bis vier Monate 1x durchführen.

Benötigte Zeit: ca. 15 Minuten in Zweier-Gruppen; ca. eine Unterrichtsstunde im Klassenverband

Beispiel für einen Gesprächsleitfaden:

- **Wertschätzungen:** Bitte sagen Sie sich gegenseitig, was Sie aneinander gut finden. Bitte nennen Sie dazu den Namen Ihres Teampartners (TP). Danach wiederholt der Partner, der die Wertschätzung erfahren hat, diese mittels eines Dialogkonsenses.
  - TP1: „… [Name des TP2], ich finde gut an Dir [bzw. ich schätze an Dir], dass Du …"
  - TP2: „… [Name des TP1], du findest gut an mir [bzw. du schätzt an mir], dass …"

  Wiederholen Sie dies mindestens 3x im Wechsel, sodass jeder drei Wertschätzungen bekommen hat (im Klassenverband jeweils nur eine Wertschätzung).

- **Gemeinsame Ressourcen**: Nun überlegen Sie, welche Aufgaben Sie in der Vergangenheit bereits gemeinsam erfolgreich gelöst haben und welche Anteile Sie beide jeweils an dem Erfolg hatten. Zu starkes Eigenlob ist hier allerdings zu vermeiden. Die so genannten Ressourcen sind vom anderen Teampartner wiederum als Dialogkonsens zusammenzufassen.
  - TP2: „… [Name des TP1], wir haben die Aufgabe … gemeinsam gemeistert. Dabei hast du … dazu beigetragen und ich habe … dazu beigetragen."
  - TP1: „… [Name des TP2], du hast die Aufgabe … genannt. Dabei habe ich … beigetragen und du …."

  Jeder sollte mindestens eine Ressource nennen, sodass jedes Team zwei Ressourcen hat.

- **Wünsche äußern**: Nun können Sie einander Wünsche äußern. Es geht darum, kleine Wünsche zu erfüllen, damit sich diese nicht zu Konflikten entwickeln können. Das Muster orientiert sich wiederum an den Punkten 1 und 2:
  - TP1: „… [Name des TP2], ich wünsche mir von Dir, dass Du …" [Ggf. können Sie kurz eine Begebenheit, Handlungen zur Erklärung voranschalten. Achten Sie darauf, diese als Ich-Botschaften zu formulieren: „Ich habe wahrgenommen, dass Du …"]

- TP2: „... [Name des TP1], Du wünschst Dir von mir, dass ...

Bitte wiederholen Sie dies ebenfalls 3x – jeder TP soll drei Wünsche äußern dürfen (im Klassenverband jeweils einen Wunsch). Zur Umsetzung eines gewählten Wunsches wählen Sie nun gemeinsam jeweils einen Wunsch aus, den Sie als Teampartner dem anderen Teampartner erfüllen.

Literatur: Mutzeck, W. (2008b): Methodenbuch: Kooperative Beratung. Supervision, Teamberatung, Coaching, Mediation, Unterrichtsberatung, Klassenrat. Beltz, Weinheim/Basel, 71–78

Zehn Schritte

Aktuelle Beziehungsstrukturen in der Klasse zu erkennen oder jeden Schüler einer „festen" Gruppe zuzuordnen, fällt oft nicht leicht. Die Methode der zehn Schritte eignet sich hierfür und zusätzlich auch dazu, eine neue Klasse besser kennenzulernen.

Material: –

Zeit: 10–20 Minuten

Durchführung: Die Klasse soll sich gleichmäßig im Raum verteilen und einen Moment ruhig stehen bleiben. Die Schüler haben nun zehn Schritte zur Verfügung, mit denen sie versuchen sollen, sich ihren Freunden in der Klasse zu nähern. Jeder Schritt wird dabei laut von der Lehrerin gezählt. Die Schritte sollten langsam nacheinander gemacht werden. Anschließend kann über die Beziehungsstruktur in der Klasse gesprochen werden. Beispielsweise: War es schwer, sich für eine Richtung zu entscheiden? Wie verlief die Koordinierung mit den Freunden? War sich jemand unsicher auf seinem Weg?

Anmerkung: Wenn Sie diese Übung in einer bereits länger zusammen lernenden Klasse einsetzen, bestehen die Gefahr und die Chance, dass Schüler in ihrer Außenseiterstellung exponiert werden.

Literatur: Baer, U. (o.J.): Remscheider Spielkartei. 24 thematische Spielketten mit über 200 Spielen zum sozialen Lernen. Ökotopia, Münster

Praxistransfer

- *Mit welchen Fördermaßnahmen können Sie eine Befriedigung wesentlicher Grundbedürfnisse Ihrer Schüler erreichen?*
- *Welche strukturellen Bedingungen innerhalb der Schule erschweren Ihnen den Einsatz von Fördermaßnahmen?*
- *Gibt es Fördermaßnahmen aus dem genannten Repertoire, die Sie ganz und gar ablehnen würden? Welche minimieren Ihres Erachtens die Diskrepanz zwischen Ist- und Soll-Zustand in besonderer Weise?*

6 Unterstützende Methoden

In diesem Kapitel werden Rahmenbedingungen beschrieben, die eine Fördeplanung sinnvoll unterstützen können. In Kap. 6.1 wird zunächst thematisiert, wie Gespräche geführt werden sollten. Dabei wird insbesondere die Bedeutsamkeit des Vertrauensaufbaus thematisiert. Die Ausführungen zur Gesprächsführung sind nicht nur grundlegend für die Ist-Stand-Erhebung, sondern auch für den Einbezug der Schüler, Eltern und Kollegen in die Förderplanung. In Kap. 6.2 werden dann Methoden beschrieben, die grundlegend sind, um eine Förderplanung und damit eine Förderung durchzuführen. Dies betrifft in erster Linie Methoden zur Erhebung des Ist-Standes.

6.1 Vertrauen aufbauen und Gespräche führen

Es gibt zahlreiche Grundlagenliteratur zur Gesprächsführung und zur Beratung. In dieser Publikation kann und soll kein neues Grundlagenwerk für diesen Bereich entstehen, sondern lediglich eine Einführung gegeben werden. Es ist auch auf diesem Wege nicht möglich, Beratungskompetenzen zu vermitteln. Dies kann nur in Form von Trainingsseminaren in ausreichendem Maß geschehen. Dennoch werden an dieser Stelle grundlegende Aspekte des Vertrauensaufbaus und der Gesprächsführung beschrieben, die für die Förderplanung und die Förderung allgemein unterstützend wirken können. Vorab soll aber noch einmal auf die grundlegenden Sichtweisen hingewiesen der KEFF werden (→ Kap. 3.2.3). Sie gelten hier ebenso wie für die KEFF. Gleichermaßen grundlegend für die Gesprächsführung ist eine Vertrauensbasis, die oftmals erst geschaffen werden muss (→ Kap. 6.1.1).

6.1.1 Vertrauen aufbauen

„Vertrauen ist […] eine generalisierte Erwartung, daß der andere es ehrlich meint, daß man sich auf ihn verlassen kann, daß es zutrifft und hinreichend begründet und auch mir dienlich ist, was er bewußt oder unbewußt darstellt" (Speck 1997, 185f).

Wenn Menschen mit anderen Menschen arbeiten, wie es täglich in der Schule der Fall ist, sollte dies auf einer (mehr oder weniger großen) Vertrauensbasis geschehen. Denn laut Speck (1997, 187) ist Vertrauen „Grundbedingung für die erzieherische Wirksamkeit und Gültigkeit. […] Über Vertrauen wird Autorität anerkannt". Und nur mit Vertrauen kann schulische Arbeit (hier Förderplanung und Förderung) gewinnbringend sein. Nun stellt sich die Frage, wie Vertrauen aufgebaut werden kann.

Grundvoraussetzung Vertrauen

Zunächst muss ein Bewusstsein dafür entstehen, dass Vertrauen immer ein wechselseitiger Prozess ist, der kognitive und emotionale Anteile beinhaltet (Mutzeck 2008a, 73). Das heißt, wenn man als Lehrer dem Schüler, den Eltern oder den Kollegen kein Vertrauen entgegenbringt, wird in der Regel auch kein Vertrauen zurückgegeben. Basiselemente eines vertrauensvollen Verhältnisses sind Offenheit, Sicherheit und ein angenehmes Nähe-Distanz-Verhältnis. Ein Anbahnen von Vertrauen kann in drei Phasen eingeteilt werden (Mutzeck 2008a, 76ff). Mutzeck beschreibt diese Phasen v. a. im Hinblick auf das Führen von Beratungsgesprächen. An dieser Stelle werden diese Phasen kontextübergreifend wieder gegeben, sodass ein Transfer in den schulischen Alltag möglich wird.

wechselseitiger Prozess

1. Phase: Herstellen einer vertrauensfördernden Kommunikation.

Zum Anbahnen von Vertrauen in der ersten Phase sind vor allem sieben Aspekte zu nennen. Ein erster Aspekt sind die *Rahmenbedingungen*, die leider nicht immer gegeben sind. Für das Führen von Gesprächen und zum Vertrauensaufbau sollte (2.) eine *ruhige und ungestörte Arbeitsatmosphäre* hergestellt werden. Außerdem sind (3.) *Vereinbarungen über die Arbeitsweise* vertrauensfördernd. Eine sehr wichtige Bedingung für Vertrauen ist (4.) *Transparenz und Orientierung*, denn diese erzeugen Sicherheit, was auch den Schülern, Kollegen, Eltern etc. zugute kommt. Speck schreibt in seiner Definition zum Vertrauen über (5.) *Erwartungen*. Solche *Erwartungen* und auch *Befürchtungen*, die die jeweiligen Vertrauenspersonen haben, sollten erkundet und auch darauf eingegangen werden. Ein Aspekt, der bereits angesprochen wurde, ist das Ausstrahlen von (6.) *Selbstsicherheit und Vertrauen*. Wenn ich meinem Gegenüber zeige, dass ich Vertrauen habe, so ist ein Vertrauensaufbau erleichtert. Weiterhin unterstützen (7.) *positive Rückmeldungen, d. h. das Hervor-*

Bedingungen zum Aufbau

heben von Kompetenzen und die Bestärkung des Schülers den Aufbau von Vertrauen. Alle bislang genannten Aspekte und auch die Grundhaltung (→ Kap. 3.2.3) sollten sich in der Mimik, Gestik, Sprache und Körperhaltung ausdrücken. In diesem Sinne kann auch von *Kongruenz* gesprochen werden.

2. Phase: Vorbeugen bzw. Abbau von vertrauenshemmenden Bedingungen

Vermeiden von Verunsicherungen

Vertrauen, das einmal aufgebaut wurde, kann schnell erschüttert werden, v. a. wenn die Vertrauensbasis noch „jung" und damit recht klein ist. Umso wichtiger erscheint der Schutz dieser Basis mittels der Prävention hemmender Bedingungen. Zunächst sollten verschiedene Verhaltensweisen vermieden werden, die entweder dem *Vertrauen entgegen oder verunsichernd wirken*:

- Mangelnder Blickkontakt,
- ständiges Auf-die-Uhr-Schauen,
- abrupter Themenwechsel,
- Zynismus,
- Geringschätzung,
- Bedrohlichkeit,
- Hilflosigkeit.

Weiterhin können gezielt Verhaltensweisen eingesetzt werden, um

- *Verschlossenheit abzubauen* (Empathie und Signalisieren eigener Offenheit),
- die *Angst, fallen gelassen zu werden, zu vermindern* (Zeit geben, einen zeitnahen neuen Termin vereinbaren, Erreichbarkeit via Email oder Telefon signalisieren sowie ein bewusster Einsatz der Gesprächsführungselemente (→ Kap. 6.1.2), um Vertrauen aufzubauen),
- die Angst, dass *Offenheit missbraucht wird*, zu vermindern (Verschwiegenheitspflicht klar benennen und Notizen sowie deren Verwendungszweck für das eigene Memorieren transparent machen) und
- *Orientierungslosigkeit und Unsicherheit* abzubauen (Geben eindeutiger Informationen und eindeutige Handlungen sowie positive Rückmeldung).

keine Wertungen

Wichtig ist zudem das Vermeiden von Verhaltensweisen, die eine *Rechtfertigungshaltung* erzeugen (z. B. Warum-Fragen), die das Gefühl erzeugen, der *Stellvertreter* für jemand anderes (z. B. die Schuladministration) zu sein oder die eine *Unterlegenheit* erzeugen.

Neben der gezielten Vermeidung von Verhaltensweisen und dem Abbau / Vermeiden von Eindrücken und Gefühlen braucht es eine gezielte *Vorbereitung auf ein Gespräch*, den Unterricht oder andere Situationen, in denen eine Vertrauensbasis notwendig ist.

3. Phase: Sichern einer vertrauensvollen Kommunikation

„Erstes gewonnenes Vertrauen darf keiner zu großen Belastung ausgesetzt werden. Es ist wie eine Art Kredit, der nicht verspielt, missbraucht oder einem (zu hohen) Risiko preisgegeben werden sollte" (Mutzeck 2008a, 78).

Die genannten fördernden Bedingungen sind im Verlauf der Kommunikation beizubehalten und die hemmenden Bedingungen gilt es zu verhindern. Es kommt hinzu, dass Belastungen ausgehalten und Unklarheiten sowie Divergenzen geklärt werden müssen, um dauerhaft Vertrauen zu sichern. Weitere vertrauenssichernde Maßnahmen sind:

Aufrechterhaltung und Schutz des Vertrauens

- Zuverlässigkeit (Einhalten von Absprachen und Terminen, Verschwiegenheit, Besprechung von Veränderungen),
- die betreffende Person vor anderen in Schutz zu nehmen,
- in Kontakt sein (Erkundigen, Ermutigungen, Reflexionshilfen anbieten).

Zudem sollte das gewonnene (Selbst-)Vertrauen zunehmend (lösbaren) Bewährungsproben ausgesetzt werden, damit die Kompetenz zur Problembewältigung gestärkt wird.

Wenn all diese Maßnahmen eingesetzt worden sind, ist im besten Fall eine breite Vertrauensbasis geschaffen worden, die auch Bewährungsproben standhält. Damit ist dann auch eine Grundlage für eine erfolgreiche und effektive Förderung geschaffen.

6.1.2 Gespräche führen

Zum Führen von Gesprächen ist neben Elementen der Gesprächsführung v. a. auch die grundlegende Haltung wesentlich – in der Konzeption der KEFF und auch in diesem Buch wird ein Bild vom Menschen als reflexives Subjekt zugrunde gelegt (→ Kap. 3.2.3). Wenn der Schüler, dessen Eltern oder

humanistisches Menschenbild

die Kollegen als aktiv handelnde Individuen mit potentiellen Fähigkeiten angesehen werden, ist nicht nur der Aufbau von Vertrauen erleichtert, sondern auch die Basis für eine effektive gemeinsame Förderung gelegt. Für das Führen von Gesprächen im schulischen Alltag und für die Förderplanung (im Vorfeld, während der Förderplangespräche und während der Förderung) sind die von Mutzeck (2008a, 83ff) beschriebenen Elemente einer personzentrierten Gesprächsführung besonders gut geeignet. Sie bauen auf der nicht-direktiven Beratung von Carl Rogers (1995) auf:

- Direktes, persönliches Ansprechen,
- Anteilnahme zeigen, aktives Zuhören,
- Dialogkonsens,
- Konkretisieren,
- Ansprechen von Gedanken,
- Verbalisieren von Gefühlen.

direktes und persönliches Ansprechen

Das *direkte, persönliche Ansprechen* ist als Wertschätzung des Gegenübers zu sehen. Im alltäglichen Leben wird oftmals unpersönlich gesprochen. Redewendungen wie „Wie geht's?", „Man wird schon sehen" oder „Wir machen das schon!" sind Verallgemeinerungen und sollten vermieden werden. Stattdessen sollten die jeweiligen Personen mit ihren Namen angesprochen und persönliche Fürwörter verwendet werden.

aktives Zuhören

Beim *Anteilnahme-Zeigen und aktiven Zuhören* sind verschiedene Aspekte von Bedeutung. Zunächst sollte aktiv zugehört werden. Dies kann mit einer zugewandten Körperhaltung, Blickkontakt, Nicken und einem verstehenden „Mmh" ausgedrückt werden. Bedingungslose Zuwendung bekundet Interesse für die jeweilige Person. Auch sollte signalisiert werden, dass der andere ernst genommen wird. Dies gelingt v. a. mit nicht abwertenden sprachlichen Äußerungen. Ein weiterer Aspekt ist das Gewähren von Zeit, die zur Reflexion der eigenen Innensicht benötigt wird.

Dialogkonsens

Der *Dialogkonsens* ist ein besonderes Instrument der Kooperativen Beratung (Mutzeck 2008a, 86f). Ausgehend von der Annahme, dass jeder Mensch aufgrund seiner Wahrnehmungen und Informationsverarbeitungen eine eigene Selbst- und Weltsicht konstruiert, sollte in jedem Gespräch abgesichert werden, ob das, was verstanden (konstruiert) wurde, auch das ist, was der Gesprächspartner ausdrücken wollte. Es geht demnach um ein dialogisches Verstehen auf Seiten beider Gesprächspartner. Erreicht wird dies, indem das Gesagte zusammengefasst und anschließend abgesichert wird. Die Zusammenfassung hat eine strukturierende Funktion und sollte keine bloße Wiederholung des Gesagten sein. Die absichernde Frage, ob alles richtig verstanden und vollständig ist („Habe ich das so richtig verstanden?"), sichert eine gemeinsame (Wissens-)Basis.

Die Elemente Anteilnahme zeigen, aktives Zuhören und Dialogkonsens zeigen dem Gesprächspartner Akzeptanz. Beim *Konkretisieren* versucht nun die gesprächsführende Person, den Gesprächspartner zum Strukturieren zu veranlassen, indem verschiedene W-Fragen gestellt, Erklärungen zu verallgemeinernden Aussagen eingefordert und konkrete Situationen erfragt werden. Dabei sind prinzipiell alle W-Fragen erlaubt, die das Vertrauen fördern. Fragen nach Gründen und die Warum-Frage sollten jedoch nicht gestellt werden (→ Kap. 6.1.1).

Konkretisieren

Zu den potentiellen Fähigkeiten gehören neben der Reflexivität (*Gedanken*) auch die Emotionalität (*Gefühle*). Diese beiden Aspekte sind untrennbar im benannten Menschenbild miteinander verbunden. Handlungen sind demnach immer von *Gedanken und Gefühlen* begleitet. Diese sollten in Gesprächen immer angesprochen und verbalisiert werden. Im konkreten Gespräch können Gedanken und Gefühle anhand konkreter Situationen erfragt werden. Das Zurückdenken und Hineinversetzen in eine konkrete Situation unterstützt gerade auch in problematischen Situationen einen Einblick in die Innensicht des Gegenübers stark.

Gedanken und Gefühle

Mit Hilfe dieser Gesprächsführungselemente und der grundlegenden Menschenbildannahme wird das Führen von Gesprächen im Schulalltag erleichtert. An dieser Stelle sei allerdings noch einmal explizit darauf hingewiesen, dass nur mit einem Training die Gesprächsführung optimal erlernt und im Schulalltag nutzbringend umgesetzt werden kann. Außerdem ist das ständige Üben von erworbenen Beratungskompetenzen von hoher Bedeutung.

Kompetenzerwerb mittels Training

6.2 Möglichkeiten zur Erhebung des Ist-Standes

Es gibt sehr viele diagnostische Methoden, die von Experten wie Schulpsychologen und Förderschullehrern angewendet werden. Wenn sonderpädagogischer Förderbedarf nach einer Sonderschulverordnung beantragt wird, übernimmt die zuständige Förderschule die Aufgaben der Diagnostik. Diese

Diagnostik ist nur im Zuge der Antragsstellung in den Regelschulen erforderlich. Aber auch für die tägliche Unterrichtsplanung und speziell für die Förderplanung für Schüler, die keinen sonderpädagogischen Förderbedarf haben, sondern von Schulversagen bedroht oder hochbegabt sind, sollte eine Ist-Stand-Erhebung zur Förderplanung und Förderung erfolgen. Hierfür werden in der vorliegenden Arbeitshilfe neben den Hinweisen zur Gesprächsführung (→ Kap. 6.1.2) zwei grundlegende Methoden vorgestellt, die durch jeden Lehrer eingesetzt werden können.

6.2.1 Verhaltensbeobachtung

Die Verhaltensbeobachtung zählt zu den grundlegenden diagnostischen Methoden und kann sowohl spontan als auch geplant durchgeführt werden.

Definition

„Unter **wissenschaftlicher Beobachtung** wird [...] die zielgerichtete und methodisch kontrollierte Wahrnehmung von konkreten Systemen, Ereignissen (zeitliche Änderungen in konkreten Systemen) oder Prozessen (Sequenzen von Ereignissen) verstanden" (Huber 1989, nach Fisseni 1997, 184).

konkrete Verhaltensweisen

Aus dieser Definition heraus stellt sich die Frage, was wahrgenommen und beobachtet werden kann und was nicht. Nach Fisseni (1997, 185) kann ein Beobachter konkrete Verhaltensweisen beobachten, nicht jedoch das, was die beobachtete Person befähigt, diese Verhaltensweisen (z. B. Mathematikaufgaben, Partnerarbeit) zu zeigen. Dementsprechend können Motive, Gefühle, Gedanken und Fähigkeiten nicht beobachtet werden.

Phasen der Beobachtung

Die Beobachtung selbst – unabhängig davon, welche Form gewählt wird – kann in folgende vier Hauptphasen eingeteilt werden:

1. Phase der Vorentscheidung und der Vorbereitung,
   - Feststellen und Festlegen der Rahmenbedingungen,
   - Vorbereitung der Beobachtung,
2. Phase der Beobachtung im engeren Sinne,
3. Phase der Beschreibung und Protokollierung,
4. Phase der Analyse und Implementierung (Deutung und Interpretation).

Gegenstand der Beobachtung	
▪ *Selbstbeobachtung:* Beobachtung des Verhaltens der eigenen Person	▪ *Fremdbeobachtung:* Beobachtung des Verhaltens durch andere (fremde) Personen
Ort der Beobachtung (Der Ort der Beobachtung bestimmt das Ausmaß des systemischen Einflusses, unter dem das Verhalten zustande kommt)	
▪ *natürliche Situation* (Feldbeobachtung)	▪ *künstliche Situation* (Laborbeobachtung)
Stellung des Beobachters zum Beobachtergegenstand (Rolle des Beobachters)	
▪ *teilnehmend* (aktiv und passiv): *aktiv-teilnehmend*: aktives Mitglied in der beobachteten Situation (intervenierende Beobachtung); *passiv-teilnehmend*: geringer Partizipationsgrad. Beobachter versucht, sich soweit wie möglich zurückzuhalten.	▪ *nicht teilnehmend*: Es findet keine Interaktionen zwischen Beobachter und beobachteter Person statt, da der Beobachter „unsichtbar" ist (z. B. durch Einwegscheibe).
Vermittlung des Beobachtungsgegenstandes	
▪ *technisch unvermittelt*	▪ *technisch vermittelt* (z. B. durch Video-Aufzeichnung)
Informiertheit der Person	
▪ *wissentliche (offene) Beobachtung:* Bei einer wissentlichen Beobachtung ist das Vertrauensverhältnis von Beobachter und beobachteter Person entscheidend.	▪ *unwissentliche (verdeckte) Beobachtung:* Eine verdeckte Beobachtung ist aus ethischen und datenschutzrechtlichen Gründen nicht oder nur in begründeten Ausnahmefällen vorzunehmen.
Kontrolliertheitsgrad der Beobachtung: (Der Kontrolliertheitsgrad der Beobachtung wird durch die Operationalisierung und Strukturierung der Beobachtungseinheit, die planmäßige Methode und die Erfassung und Kontrolle der Umgebungsbedingungen bestimmt; Mutzeck 2000, 161).	
▪ *unsystematische (freie) Beobachtung*: Das zu beobachtende Verhalten wird vor der Beobachtung nicht festgelegt.	▪ *systematische Beobachtung:* Beobachtung einer festgelegten, operational definierten Verhaltensweise. Oftmals in einem bestimmten Zeitraster (s. Tab. 10)
Zeitfaktor der Beobachtung	
▪ *kontinuierliche Beobachtung:* regelmäßige und geplante Beobachtung über einen bestimmten Zeitraum.	▪ *diskontinuierliche Beobachtung:* unregelmäßige Zeiten der Beobachtung.

Abb. 18: Formen der Beobachtung (nach Mutzeck 2000, 157ff; Fisseni 1997, 184ff)

Ohne die Einhaltung dieser Phasen, insbesondere der Trennung von Beobachtung und Beurteilung (Interpretation), ist die Gefahr von voreilig beurteilten und verzerrten Beobachtungsergebnissen groß. Dies sollte insbesondere bei offenen Verhaltensbeobachtungen berücksichtigt werden. Die nachfolgenden Punkte fassen zusammen, was weiterhin zu beachten ist (Mutzeck 2000, 162ff):

- Das zu beschreibende Verhalten muss beobachtbar sein.
- Das Verhalten soll so konkret und damit so eindeutig wie möglich beschrieben werden. Theoretische Konstrukte oder andere mehrdeutige Beobachtungsgegenstände müssen in beobachtbare Verhaltensweisen aufgeschlüsselt werden. Interpretationen sind im Zuge der Beschreibung von Verhaltensweisen unzulässig.
- Das zu beobachtende Verhalten kann in bestimmten Fällen durch ein Verhaltensmaß, durch Zeit- oder Mengenangaben zusätzlich aufgeschlüsselt werden.
- Die Beschreibung soll im Präsens und möglichst im Singular formuliert sein.

Kontrolliertheitsgrad der Beobachtung

Bei der offenen bzw. freien Beobachtung wird das zu beobachtende Verhalten im Vorfeld nicht festgelegt. Es sollten aber währenddessen Fragen gestellt werden, die zu einer Systematisierung führen und für die geschlossene, systematische Beobachtung genutzt werden können. Folgender Fragenkatalog kann dabei verwendet werden:

- Wo spielt die Situation?
- Wer war an der Situation beteiligt?
- Wie haben sich die Beteiligten (einschließlich mir selbst) verhalten?
- Was habe ich in der Situation gefühlt und gedacht? (Diese Frage schließt ein: Wie habe ich die sprachlichen und nichtsprachlichen Äußerungen der anderen Beteiligten ausgelegt?)
- Welche Anteile der Situation bringe ich mit meinem eigenen Verhalten in dieser Situation in Verbindung? (in anderen Worten: Was sehe ich als Wirkung meines Verhaltens an?)
- Welche Anteile der Situation haben bei mir welche Gefühle oder Ideen ausgelöst?

Auf dieser Basis kann ein Beobachtungsprotokoll für eine offene Beobachtung mit Hilfe eines Formulars durchgeführt werden, wie es in Abb. 19 dargestellt ist.

Tab. 10 zeigt eine Möglichkeit zu einer geschlossenen Beobachtung.

Möglichkeiten zur Erhebung des Ist-Standes

Beobachtungsprotokoll	
Name, Vorname:	Klasse:
Schule:	
Tag:	Lehrer:
Fach:	
Beobachtungszeitdauer:	Beobachter:
Besonderheiten	
Beschreibung	

Abb. 19: Protokollvorlage für eine offene Beobachtung

Bei einer geschlossenen bzw. systematischen Beobachtung steht die zu beobachtende Verhaltensweise im Vorfeld fest (z. B. aus den Erkenntnissen der freien Beobachtung entwickelt). Oftmals werden hierbei Häufigkeit und Zeitpunkt des Auftretens erhoben.

Eine effektive Förderplanung kann nur gelingen, wenn Methoden der Ist-Stand-Erhebung eingesetzt werden, da die Förderplanung direkt auf einer Analyse des Ist-Standes aufbaut.

Tab. 10: Protokollvorlage für eine geschlossene Beobachtung

zu beobachtendes Verhalten	Minuten								
	0–5"	6–10"	11–15"	16–20"	21–25"	26–30"	31–35"	36–40"	41–45"
Verhalten 1 (des Schülers)									
Verhalten 2 (des Lehrers)									
Verhalten 3									

6.2.2 Das Screening für Verhaltensauffälligkeiten im Schulbereich (SVS)

Definition
Screeningverfahren sind diagnostische Verfahren, die einen groben Überblick zu Verhaltensweisen vermitteln (Myschker 2009, 187).

Ziele von Screenings

Entsprechend formuliert Hartmann (2004, 186) folgende Ziele eines Screenings:

- Erfassung möglichst vieler Faktoren, um auf dieser Basis Rückschlüsse für das weitere Vorgehen zu erzielen,
- Treffen von schnellen und abgesicherten Aussagen über das Verhalten.

SVS

In diesem Buch wird das Screening für Verhaltensauffälligkeiten im Schulbereich (SVS) von Mutzeck et al. (2003a) vorgestellt (Screening siehe Anhang). Die vorliegende Version ist eine revidierte Version des Screenings, das erstmals von Mutzeck (2000, 136ff) veröffentlicht sowie von Hartmann und Mutzeck (2010) detailliert beschrieben wurde und nun hier in veränderter Form und zusätzlich mit den entsprechenden Normentabellen abgedruckt wird. Es ist ein relativ kurzer Screeningbogen mit 42 Fragen, der schnell Aussagen zu den Bereichen Aggressivität/Sozialverhalten, Hyperaktivität, internalisierende Verhaltensweisen sowie Fähigkeiten und Ressourcen zulässt. Auf diese Weise können eine erste Tendenz, z. B. aus der Sicht der unterrichtenden Lehrkräfte, aufgezeigt und daraus weitere, die Aussagen konkretisierende Methoden der Diagnostik abgeleitet werden.

LKS

Ein weiteres Screening, das für die Förderplanung sehr gut geeignet ist, ist das Leipziger Kompetenzscreening (LKS) (Mutzeck et al. 2003b). Es legt den Schwerpunkt noch mehr auf die Kompetenzen der Schüler und kann durch die kompetenzorientierte Formulierung der einzelnen Items als Hilfe zur Zielformulierung genutzt werden. Dieses Screening soll 2011 ergänzt um eine umfangreiche Normierung neu erscheinen.

Weitere Erhebungsmöglichkeiten

Alle Informationen, die zur Erhebung des Ist-Standes dienen, können für die Förderplanung eingesetzt werden. Dies schließt Ergebnisse der pädagogischen Diagnostik wie auch Erkenntnisse des Verfahrens zur Erhebung des sonderpädagogischen Förderbedarfs mit ein. Die beiden genannten Screenings stellen Beispiele dar. Weitere Methoden der Diagnostik sind in der einschlägigen Literatur zu finden (z. B. bei Ingenkamp / Lissmann 2008).

Praxistransfer

- Suchen Sie sich einen Schüler aus Ihrer Klasse aus, der durch sein Verhalten besonders auffällt. Füllen Sie selbst für ihn ein SVS aus. Bitten Sie einen (häufig in der Klasse unterrichtenden) Kollegen, für den gleichen Schüler ein SVS auszufüllen und vergleichen Sie die Ergebnisse miteinander.
- Probieren Sie heimlich mit einem Kollegen (oder Ihrem Partner zuhause) die ersten drei Gesprächsführungselemente aus. Welche Veränderungen können Sie in der Kommunikation feststellen?
- Können Sie sich vorstellen, die Elemente der Gesprächsführung Ihren Schülern zu vermitteln? Wie würden Sie das angehen?

7 Förderkonzeption

> **Definition**
>
> Unter **Förderkonzeption** wird in diesem Band die einheitliche (Handlungs-)Konzeption einer Schule verstanden, nach der die Förderplanung und Förderung ausgerichtet ist.

Eine einheitliche Förderkonzeption ist bedeutsam, um eine ganzheitliche Förderung zu gewährleisten, aber auch die Kooperation der Beteiligten zu koordinieren. Damit können Sicherheit im Handeln und durch die vorgesehene Arbeitsteilung eine Erleichterung der beteiligten Lehrkräfte erreicht werden.

Fragen zur Förderkonzeption

Zum Erstellen einer neuen oder auch zur Überprüfung einer bestehenden Förderkonzeption können die nachfolgenden Fragen genutzt werden, die sich unter anderem an den Qualitätskriterien der Förderplanung orientieren (→ Kap. 2.3). Sie wurden in zahlreichen Fortbildungen eingesetzt und durch die Teilnehmer positiv und unterstützend bewertet.

1. Welche Rolle spielt die *Prävention* an der Schule? Mit welchen *Maßnahmen* (→ Kap. 5) können Sie diese verstärken?
2. *Für wen genau* (Zielgruppe) werden Förderpläne erstellt? (Integrationsschüler, vom Schulversagen bedrohte Schüler, Hochbegabte, alle?)
3. *Wer* ist für die Förderplanung *zuständig* bzw. *koordiniert* diese, wer übernimmt die Verantwortung im Einzelfall?
4. Wer nimmt an einem kooperativen *Förderplangespräch* teil, wenn dies geführt wird?
5. Wer beruft die *Klassenkonferenz* ein? Welche Aufgaben hat die Konferenz bzw. welche Rolle spielt sie in der Förderplanung?
6. Wer führt *welche Gespräche* und *mit wem*?
7. Wann, durch wen und wie erfolgt die grundlegende *Ist-Stand-Erhebung* (Beobachtung und Screening)?
8. Wie werden *Informationen* weitergegeben?
9. Wann und wie werden die *Eltern* und die *Schüler* einbezogen?

10. Welches *Förderplanschema* wird eingesetzt? Was soll der Schulförderplan beinhalten?
11. Wie wird die *Transparenz* gewährleistet? Wie erfahren andere Lehrkräfte den Inhalt der Förderpläne?
12. *Wann* wird die Förderplanung durchgeführt (Erstellung und Fortschreibung an vorgegebenen Terminen oder nicht)?
13. In welchem *zeitlichen Rahmen* findet die Förderung statt (unterrichtsimmanent, in Förderstunden zu festen Zeiten, an Fördertagen oder Förderhalbtagen; Kliemann 2008)?
14. Wie erfolgt die *Evaluation der Förderpläne*? Wie erfolgt die Evaluation der Förderung?
15. Welche *Evaluationsinstrumente* können Sie einsetzen oder entwickeln, um den Erfolg einer Fördermaßnahme zu überprüfen?
16. Welche Rolle übernimmt die *Schulleitung*?

Praxistransfer

- *Wenn Sie die Förderkonzeption Ihrer Schule anhand der genannten Fragen bewerten müssten, welche Schulnote würden Sie vergeben?*
- *Bei welchen Fragen haben Sie bislang in Ihrer Schule noch keinen Konsens gefunden?*
- *Unter welchen Aspekten sollte Ihrer Meinung nach die Förderkonzeption an Ihrer Schule überarbeitet werden?*

8 Fortbildung zur Förderplanung

Fortbildungen können als Verbindungsglied zwischen Theorie und Praxis angesehen werden: Sie sollten sich theoriegeleitet an der aktuellen wissenschaftlichen Diskussion orientieren und zugleich die praktische Umsetzung im schulischen Alltag unterstützen. Genau an dieser Stelle möchten wir mit dem vorliegenden Kapitel ansetzen:

Ziel des Kapitels ist es einerseits, entsprechend der beschriebenen theoretischen Grundlagen aufzuzeigen, welche Inhalte für eine gelingende Förderplanung notwendig sind. Anhand einer Checkliste kann jeder überprüfen, welche Kompetenzen er bereits besitzt und welche Themen aufgefrischt oder neu in den Fokus genommen werden sollten. Andererseits möchten wir aufzeigen, innerhalb welcher Organisationsformen welche Inhalte zur Förderplanung vermittelt werden können. Zudem kann das Kapitel eine Orientierung für Fortbildner bieten, um ihre eigene Fortbildungstätigkeit kritisch zu hinterfragen.

Den Beschreibungen dieses Kapitels liegen neben den persönlichen Erfahrungen der Autoren aus eigenen Fortbildungen Studien zugrunde, innerhalb derer Trainings zur Förderplanung evaluiert worden sind (Whithworth 1994; Mitchem et al. 2001; Scott et al. 2005; Van Acker et al. 2005; Crone et al. 2007; Browning Wright et al. 2007; Lee/Jamison 2002; Adler 1998 sowie Melzer 2009). Lediglich die zwei letztgenannten Studien sind in Deutschland durchgeführt worden, die anderen Ergebnisse sind Beispiele der zahlreichen Veröffentlichungen aus dem angloamerikanischen Sprachraum.

8.1 Checkliste: Inhalte von Fortbildungen zur Förderplanung

inhaltliche Themenschwerpunkte zur Förderplanung

Die Checkliste in Tab. 11 weist Inhalte auf, die in mindestens einer der oben aufgelisteten Trainingsstudien vermittelt wurden. Dabei werden zu jedem Inhalt kurze Erläuterungen gegeben.

Tab. 11: Fortbildungscheckliste

Thema der Förderplanung	Dazu habe ich schon eine Fortbildung besucht.	Dazu habe ich noch keine Fortbildung besucht.	
		Das interessiert mich.	Das interessiert mich nicht.
Grundlagen der Förderplanung			
Definition des Förderplans und seine Funktionen	▪	▪	▪
Gesetzliche Grundlagen der Förderplanung	▪	▪	▪
Förderplanarten	▪	▪	▪
Qualitätskriterien für eine gelingende Förderplanung	▪	▪	▪
Der Förderplan als Produkt: Inhalte und Schemata	▪	▪	▪
Möglichkeiten und Grenzen der Förderplanung (v.a. in Abgrenzung zur Therapie im Förderschwerpunkt emotionale und soziale Entwicklung)	▪	▪	▪
Diagnostik			
Methoden zur Erhebung des Ist-Stands (z.B. Beobachtung, Führen diagnostischer Gespräche, Screenings, Fragebogen)	▪	▪	▪
Methoden zur Evaluation der Fördermaßnahmen (z.B. Beobachtung, Lerntagebuch, Portfolio)	▪	▪	▪
Verwendung der erhobenen Daten innerhalb der Förderplanung	▪	▪	▪
Der Förderplan als Prozess			
Theoretische Grundlagen der Förderplanmethode	▪	▪	▪
Erstellung, Umsetzung und Fortschreibung des Förderplans	▪	▪	▪

Fortbildung zur Förderplanung

Thema der Förderplanung	Dazu habe ich schon eine Fortbildung besucht.	Dazu habe ich noch keine Fortbildung besucht.	
		Das interessiert mich.	Das interessiert mich nicht.
Anwendungsfelder der Förderplanmethode	▪	▪	▪
Förderung			
Entwicklung und Diskussion von Fördermöglichkeiten	▪	▪	▪
Erarbeitung eines Repertoires an Fördermöglichkeiten / Interventionen	▪	▪	▪
Anpassung von Fördermöglichkeiten zu individualisierten Fördermaßnahmen	▪	▪	▪
Förderplanarbeit als Schulkonzept			
Anpassung der Grundlagen zur Förderplanung an die eigene Schule (Entwicklung eines eigenen Förderplanschemas)	▪	▪	▪
Verankerung der Förderplanung innerhalb der gesamten Schule	▪	▪	▪
Einstellung zur Förderplanung im Kollegium (Einstellung und Unterstützung als Schlüsselfaktor für eine gelingende Förderplanung, Whitworth 1994)	▪	▪	▪
Unterstützende Handlungsweisen			
Kommunikations- und Gesprächsführungskompetenzen (zum Führen von Gesprächen mit Eltern, Schülern und Kollegen sowie zur Kooperativen Förderplanung)	▪	▪	▪
Methoden der Teamentwicklung zur Unterstützung der Kooperativen Förderplanung	▪	▪	▪

Diese Checkliste deckt unseres Wissens alle Themengebiete ab, die für eine gelingende Förderplanung notwendig sind. Um gewinnbringend alle Inhalte zu thematisieren, ist allerdings eine zeitlich sehr umfassende Fortbildung notwendig (Melzer 2009; Methner/Popp 2010). Da dies nicht immer der Fall ist, werden im Folgenden verschiedene Organisationsformen mit diesbezüglich möglichen Themen beschrieben.

8.2 Formen der Organisation und mögliche Methoden

Fortbildungen können prinzipiell schulintern, regional und überregional gestaltet werden (Hamann 2006, 42). Entsprechend der Ziele, mit denen sich jemand in der Förderplanung fortbilden möchte, sind unterschiedliche Organisationsformen schulintern oder schulübergreifend sinnvoll.

8.2.1 Schulinterne Lehrerfortbildungen

Schulinterne Lehrerfortbildungen sind eine wichtige Organisationsform der Weiterentwicklung und des Lernens von Lehrern, weil im Zuge ihrer Durchführung fördernde und unterstützende Strukturen in den jeweiligen Schulen aufgebaut werden können (Altrichter 2008).

Eine häufig angefragte schulinterne Lehrerfortbildung ist der *pädagogische Tag*, der zumeist sechs bis sieben Zeitstunden umfasst. Aufgrund der Kürze sind vor allem zwei Zielstellungen denkbar:

pädagogischer Tag

- Eine Schule möchte sich erstmalig mit den Thema Förderplanung beschäftigen.
- Eine Schule arbeitet schon seit längerem mit Förderplänen und möchte ihre Arbeit einer Evaluation unterziehen und ggf. die bestehende Förderplanarbeit verbessern.

Bei der Kürze des pädagogischen Tages kann die erstmalige Beschäftigung eines Schulkollegiums lediglich eine Einführung in die Thematik sein und für eine weitere Beschäftigung und zur Vertiefung anregen.

Beim Ziel der Verbesserung der Förderplanarbeit einer Schule ist hingegen ein pädagogischer Tag besonders gut geeignet. Mit Hilfe eines Moderators können beispielsweise die Fragen zur Förderplankonzeption in der Schule

(→ Kap. 7) bearbeitet werden. Weiterhin können fördernde und hemmende Bedingungen der Förderplanarbeit sowie Verbesserungswünsche herausgearbeitet werden (Mutzeck 2008b, 70f).

Blockveranstaltungen Eine weitere Möglichkeit der Gestaltung schulinterner Lehrerfortbildungen sind *kürzere Blockveranstaltungen*. Sie können an mehreren Tagen jeweils einige Stunden am Nachmittag nach dem Unterricht oder an mehreren Tagen (z. B. 2 x 1,5 Tage) organisiert sein. Zielstellungen für längere schulinterne Fortbildungen können sein:

- Erlernen einer bestimmten prozessorientierten Förderplanmethode, wie z. b. die Entwicklungsplanarbeit nach Zetterström oder die Kooperative Förderplanung (→ Kap. 3).
- Thematisieren der Grundlagen der Förderplanung, die über eine bloße Einführung hinausgehen.

Übung als wichtige Methode Für beide Zielstellungen sollten die Fortbildungen methodische Übungen zur Förderplanung enthalten. Die Methode „Übung" wird in der Mehrzahl der diesem Kapitel zugrunde liegenden Trainings eingesetzt. Sie sorgt einerseits für eine Verschränkung von Theorie (Informationen / Input zur Förderplanung) und Praxis (direkte Anwendung auf die eigene schulische Situation innerhalb der Übungen; Adler 1998, 184) und andererseits ist sie in Verbindung mit ihrer Reflexion eine anerkannte Methode zur Transfersicherung (Melzer 2009, 88f; Wahl 2007, 50). Übungen zur Förderplanung können sein:

- Formulierung von Förderzielen und Fördermaßnahmen in Kleingruppen sowie anschließende Reflexion in Bezug auf die Merkmale von Zielen (→ Kap. 2.4.1),
- Erprobung der Leitfäden zur „Kooperativen Erstellung und Fortschreibung individueller Förderpläne" (KEFF),
- Üben der Gesprächsführung,
- Übungen zur Teamentwicklung in Bezug zur Förderplanung.

Diese Übungen sollten immer an den aktuellen Fällen der Klassenstufenteams etc. arbeiten, um eine direkte Übertragbarkeit in den Schulalltag zu gewährleisten. So können die Ergebnisse der Fortbildung quasi am nächsten Tag im Unterricht genutzt werden.

Planung von Transferphasen Weiterhin ist es sinnvoll, diese Themen nicht alle innerhalb eines Treffens an aufeinander folgenden Tagen durchzuführen, sondern sogenannte Transferphasen einzubinden. Das heißt, zwischen den Treffen sollte einige Zeit liegen, damit die Lehrer der Schule ihre neu erworbenen Fertigkeiten anwenden und in einem nächsten Treffen gemeinsam reflektieren können (z. B. Haenisch 1994, 11; Lemke 1995, 20; Melzer 2009, 90).

8.2.2 Regionale und überregionale Fortbildungen

„Die Arbeit mit Förderplänen ist in ganz Deutschland ein noch relativ neues Arbeitsfeld. Die Aufstellung und Umsetzung von Förderplänen wird deshalb sehr unterschiedlich gehandhabt, es fehlt noch an Sicherheit und Routine sowie Erfahrungsaustausch zwischen den Schulen" (Popp 2005, 14).

In vielen unserer Fortbildungen wird gerade der Erfahrungsaustausch als ein wichtiges Element bezeichnet. Wenn dieser die Erkenntnisse verschiedener Schulen einbezieht, scheint er am fruchtbarsten zu sein.

Erfahrungsaustausch

Die zeitlichen Rahmenbedingungen können auch hier von einem Tag bis hin zu mehreren Blockveranstaltungen (in den zugrunde liegenden Studien bis zu zwölf Tagen) reichen. Wir sind allerdings auch hier der Meinung, dass eintägige Veranstaltungen – ähnlich wie im vorigen Kapitel der pädagogische Tag – als Ziel lediglich eine Einführung in die Thematik Förderplanung haben können. Das belegen auch die empirischen Ergebnisse der amerikanischen Studien: Alle Trainings, die eine Anwendung der gelernten Inhalte nach nur einem Fortbildungstag zum Ziel hatten, wurden als nicht erfolgreich eingeschätzt (Van Acker 2005; Scott et al. 2005).

die Länge bestimmt den Inhalt

Auch für diese Fortbildungen sind die Methode Übung und das Einplanen von Transferphasen förderliche Bedingungen zur Anwendung der Förderplanung im Schulalltag. Die Übungen können sowohl an aktuellen als auch an fiktiven Fällen stattfinden. Obwohl die aktuellen Fälle den Vorteil der direkten Anwendbarkeit haben (→ Kap. 8.2.1), können die fiktiven Fälle in einer größeren Gruppe besprochen und als Gesprächsgrundlage genutzt werden.

Weiterhin sollten an einer Fortbildung aus einer Schule mindestens zwei Kollegen teilnehmen, wenn diese die erlernten Inhalte nicht nur für sich nutzen, sondern für die gesamte Schule transportieren sollen. Multiplikatoren können dies im Team besser, da sie sich gegenseitig unterstützen (Wahl 2006, 37, 146; Melzer 2009, 86).

Fortbildungstandems

pädagogisches Training zur Förderplanung

Möchten Sie Kompetenzen langfristig erwerben, so sollten Sie an einem pädagogischen Training teilnehmen.

„Training bedeutet den zielgerichteten Erwerb einer spezifischen Qualifikation, die während des Trainings durch Verhaltenseinübung erworben wird und durch Transfer in das Arbeitsfeld eingebracht werden soll" (Pallasch et al. 2002, 10).

Das Lehrertraining ist also eine besondere Methode bzw. Form der Lehrerbildung, das sich durch die zwei Elemente „Transfer" und „Übung" (→ Kap. 8.2.1) auszeichnet. Als besonders effektiv – sowohl für den Erwerb von Förderplankompetenzen (Melzer 2009) als auch für den Erwerb

---

Orientierung

Zunächst erfolgt eine Zusammenfassung des Vorangegangenen, an dem angeknüpft werden soll sowie eine Heranführung der Teilnehmerinnen und Teilnehmer zu dem jeweiligen Inhalt.

⇩

Information

In diesem Schritt geht es um eine anschauliche und gut aufbereitete Vermittlung der angekündigten Inhalte.

⇩

Demonstration

Soweit es der Inhalt zulässt, wird der bisher mehr auditiv vermittelte Inhalt in dieser Phase durch eine Live-Demonstration veranschaulicht

⇩

Übung

Der dritte Zugangsweg zum Lerngegenstand liegt auf der Handlungsebene. Jeder Teilnehmer versucht, die auditiv und visuell vermittelten Inhalte in eigenes Handeln umzusetzen.

⇩

Reflexion

Das Erleben und Erkennen von Beziehungs- und Wirkungszusammenhängen wird durch die Rekonstruktion und Reflexion von Einzelsituationen vertieft. Auch können Ziele und Handungsschritte diskutiert und durch eigene Erfahrungen ergänzt werden.

Abb. 20: Methodische Abfolge des pädagogischen Trainings nach Mutzeck (OIDÜR)

von Beratungskompetenzen (Hartmann et al. 2010) – hat sich das pädagogische Training nach Mutzeck (2007d) herausgestellt. Es verbindet die in den Studien (→ Kap. 8.2.1) beschriebenen Methoden Demonstration, Übung und Reflexion mit der notwendigen Information (→ Abb. 20).

„Die Länge bestimmt den Inhalt". So lautet eine Marginalie am Anfang dieses Kapitels. Dies ist in Zeiten der Ressourcenbegrenzung, wie wir sie heute ständig gegenwärtig erleben, sicher realistisch. Wir haben die verschiedenen Organisationsformen, innerhalb derer wir Fortbildungen zur Förderplanung gestalten, entsprechend dieses Zeitfaktors beschrieben. Dennoch möchten wir darauf hinweisen, dass nicht das Zeitbudget eine Fortbildung bestimmen darf, sondern die Ziele, die erreicht werden sollen. Diese Ziele und Fortbildungsbedarfe muss sich entsprechend jede Schule und jede Lehrkraft selbst vergegenwärtigen und dann unter Abwägung der zur Verfügung stehenden Ressourcen realisieren oder einen Kompromiss finden.

Zielorientierung

Praxistransfer

- *Bearbeiten Sie für sich die Checkliste. Welchen Fortbildungsinhalt werden Sie persönlich in nächster Zeit bzw. als nächstes angehen? Schreiben Sie diesen auf einen Zettel und bringen Sie ihn gut sichtbar in Ihrer Wohnung oder an Ihrem Arbeitsplatz an, bis Sie ihn umsetzen konnten.*
- *Welche Form der schulinternen Lehrerfortbildung würden Sie für Ihr Kollegium wählen – mit welchem Ziel und weshalb?*

Fazit

Die Förderplanung ist kein selbständiges Tätigkeitsfeld sonderpädagogischer Handlungen, sondern nur im engen Zusammenhang zu anderen Handlungsfeldern zu verstehen. Daher wurden im vorliegenden Buch neben den Grundlagen der Förderplanung sowohl Aspekte der Diagnostik als auch der Förderung beschrieben. Wir hoffen, es ist uns gelungen zu zeigen, dass die Förderplanung keine spezielle, zusätzliche Aufgabe pädagogischen Handelns darstellt, sondern ein tägliches Hauptbetätigungsfeld von Lehrkräften, das Unterrichten und Fördern unterstützt. Die Förderplanung ist somit eine wichtige, man kann sagen notwendige Voraussetzung und Hilfe zur Professionalisierung eigenen Handelns.

Es ist noch nicht lange her, dass die Förderplanung als im Aufbau und noch in fachlicher Diskussion befindlich betrachtet wurde (Mutzeck et al. 2007, 13). Inzwischen sind eine Reihe von Komponenten gelingender Förderplanung unstrittig: z. B. die Begrenzung auf wenige Förderziele oder die regelmäßige Fortschreibung (zwei- bis dreimal im Jahr) u. a.

Dennoch wird in Fortbildungen noch immer von Problemen bei der Umsetzung des Förderplankonzepts im schulischen Alltag berichtet. Während an den Förderschulen die Förderplanung vermehrt Anerkennung erfährt und zunehmend als Unterstützung beruflichen Handelns verstanden wird, gleichzeitig die konzeptionelle Basis der Förderplanpraxis Konturen annimmt und nunmehr die Evaluation auf der Agenda steht (→ Kap. 7), sind viele Regelschulen im Zuge der Inklusionsbewegung noch auf dem Weg. Die Gestaltung entsprechender Fortbildungsveranstaltungen steht weiterhin an.

Neben notwendigen Fortbildungsangeboten für Lehrkräfte zeigen sich noch weitere Lücken und Probleme. Zunächst beklagen vor allem die Förderschullehrer mangelnde zeitliche, personelle und finanzielle Ressourcen (Melzer 2010, 219). Dies wird umso deutlicher, je größer die Anzahl der Schüler wird, für die ein Förderplan zu erstellen und fortzuschreiben ist. Wir haben mit der Entwicklungsplanung nach Zetterström (→ Kap. 3.1) und der Vorbereitung der Schüler auf die Förderplanung im Klassenverband

(→ Kap. 4.3.1) zwei Möglichkeiten aufgezeigt, diesen Problemen auf Schülerebene entgegenzutreten. Zusammenfassend lässt sich über die Förderplanung Folgendes aussagen:

- Sie ist ein wertvolles Unterstützungsinstrument für die schulische Praxis.
- Sie ist mittlerweile in der schulischen Praxis angekommen.
- Sie sollte zunehmend im Kontext der Schulentwicklung berücksichtigt werden.
- Sie sollte noch mehr im Hinblick auf die Entwicklungen der Schulen in Richtung Inklusion betrachtet werden: Die bereits bestehenden Methoden sollten weiterentwickelt werden und Förderplanung sollte somit den Weg in die allgemeine Schule finden.
- Offene Forschungsfragen, wie z.B. die noch immer nicht nachgewiesene Effektivität (Melzer 2010, 219) oder der Einfluss der Förderplanung auf das Gesamtgeschehen Unterricht, müssen von wissenschaftlicher Seite zunehmend aufgegriffen werden.

In diesem Sinne wünschen wir Ihnen, liebe Leserin und lieber Leser, dass Sie die Anregungen des Buches in Ihrem Schulalltag anwenden können und dass diese Ihnen für die Reflexion Ihres pädagogischen Handelns hilfreich sind. Weiterhin wünschen wir Ihnen und uns eine stetige Reflexion und Weiterentwicklung des Förderplankonzepts ganz allgemein, sodass das Arbeitsinstrument Förderplan noch stärker zu einer Unterstützung des Unterrichts und einer Professionalisierung des pädagogischen Handelns insgesamt beitragen kann.

Anhang

Screening für Verhaltensauffälligkeiten im Schulbereich (SVS)

Von Wolfgang Mutzeck, Michael Fingerle und Blanka Hartmann

Das Screening für Verhaltensauffälligkeiten im Schulbereich (SVS) dient der Erfassung von Verhaltensauffälligkeiten im Schulalltag. Es ist dafür gedacht, die täglichen Beobachtungen kurz und prägnant wiederzugeben, und stellt damit den ersten Schritt in einer förderdiagnostischen Begutachtung dar.

Auf den beiden nächsten Seiten finden Sie eine Liste von Schülermerkmalen, die jeweils fett gedruckt sind. Da es sich dabei um recht weitgefasste Begriffe handelt, die z.T. auch in der Fachliteratur uneinheitlich verwendet werden, ist jedes Merkmal noch einmal näher erläutert. In diesen Beschreibungen ist das Wort Schüler bzw. Schülerin durch den Buchstaben „S." abgekürzt. Bei den aufgeführten Verhaltensweisen handelt es sich um Beispiele. Orientieren Sie sich bitte bei Ihrem Urteil soweit wie möglich an diesen Erläuterungen und vermeiden Sie es bitte, die fettgedruckten Oberbegriffe in anderer Weise zu interpretieren, als dies durch die Beispiele illustriert wird.

Schätzen Sie auf der abgedruckten Skala ein, wie häufig dieses Verhalten im Verlauf der letzten vier Wochen (= 20 Anwesenheitstage) des Schülers bzw. der Schülerin ungefähr auftrat, bzw. wie stark das Merkmal in diesem Zeitraum Ihrer Meinung nach ausgeprägt war.

Die Stufen der Skalen bedeuten dabei im Einzelnen:

0 Das Verhalten kam gar nicht vor./Die Eigenschaft war gar nicht ausgeprägt.
1 Das Verhalten kam selten vor./Die Eigenschaft war schwach ausgeprägt.
2 Das Verhalten kam häufig vor./Die Eigenschaft war stark ausgeprägt.
3 Das Verhalten kam sehr häufig vor./Die Eigenschaft war sehr stark ausgeprägt.

Wenn ein Verhalten überhaupt nicht auftrat oder eine Eigenschaft sehr schwach ausgeprägt war, so kreuzen Sie bitte die „0" an. War das Verhalten dagegen sehr häufig, bzw. war die Eigenschaft sehr stark ausgeprägt, so kreuzen Sie bitte die „3" an. Schätzen Sie diese Merkmale bitte aus Ihrer Sicht ein.

Angaben zum Schüler/zur Schülerin			
Geschlecht:	▪ weibl. ▪ männl.	Alter: _____	Klasse: _____
Wiederholer:	▪ ja ▪ nein		
Schulleistungen in Deutsch:	▪ überdurchschnittlich	▪ durchschnittlich	▪ unterdurchschnittlich
Schulleistungen in Mathematik:	▪ überdurchschnittlich	▪ durchschnittlich	▪ unterdurchschnittlich

Bitte schätzen Sie nun die im Folgenden genannten Verhaltensweisen aus Ihrem eigenen Umgang mit dem Schüler bzw. der Schülerin ein. (Blättern Sie bitte um.)

Popp/Melzer/Methner, Förderpläne entwickeln und umsetzen © 2011 by Ernst Reinhardt, GmbH & Co KG, Verlag, München

0 kam gar nicht vor / war gar nicht ausgeprägt
1 kam selten vor / war schwach ausgeprägt

2 kam häufig vor / war stark ausgeprägt
3 kam sehr häufig vor / war sehr stark ausgeprägt

1. Verbale od. gestische Aggressionen gegen Mitschüler | 0 | 1 | 2 | 3
Bsp.: Beschimpfen, Beleidigen, Drohungen, bedrohliche Gesten, Mimik.

2. Körperliche Aggressionen gegen Mitschüler | 0 | 1 | 2 | 3
Bsp.: Prügeleien, andere an den Haaren ziehen, treten, beißen, quälen.

3. Verbale od. gestische Aggressionen gegen Lehrkräfte | 0 | 1 | 2 | 3
Bsp.: S. beschimpft, beleidigt, oder bedroht Lehrkraft, macht unangemessene oder obszöne Gesten oder Laute, sucht Streit, protestiert übermäßig.

4. Körperliche Aggressionen gegen die Lehrkraft | 0 | 1 | 2 | 3
Bsp.: S. schlägt oder stößt Lehrkraft, kratzt und beißt.

5. Gegen Sachen gerichtete Aggressionen | 0 | 1 | 2 | 3
Bsp.: Beschädigen und Zerstören von Mobiliar bzw. Schulutensilien; Bemalen, Wegnehmen oder Verstecken des Eigentums anderer.

6. Wutausbrüche | 0 | 1 | 2 | 3
Bsp.: S. schlägt wahllos um sich, hat ungerichtete Wutausbrüche, schreit, kreischt übermäßig, ist aufbrausend.

7. Autoaggressionen | 0 | 1 | 2 | 3
Unter Autoaggressionen versteht man aggressives Verhalten, das gegen die eigene Person gerichtet ist. Bsp.: sich selbst hart schlagen, sich sichtbar verletzen.

8. Unterrichtsverweigerung | 0 | 1 | 2 | 3
Bsp.: S. kommt absichtlich zu spät, verlässt den Unterricht zu früh, macht eine Stunde blau; kommt überhaupt nicht in die Schule.

9. Einzelgängertum | 0 | 1 | 2 | 3
Bsp.: S. lehnt soziale Kontakte von sich aus ab, hat wenige Kontakte zu anderen Schülern, bleibt in der Pause oft allein, sondert sich ab, will sich nicht in die Gemeinschaft integrieren.

10. Außenseiter | 0 | 1 | 2 | 3
Bsp.: S. wird von anderen ausgegrenzt, gehänselt, abgelehnt, findet keine Beachtung.

11. Freundschaften | 0 | 1 | 2 | 3
Bsp.: S. findet leicht Anschluss, hat viele Freunde, geht von sich aus auf andere zu.

12. Klassenclown | 0 | 1 | 2 | 3
Bsp.: S. ist albern, kaspert übermäßig, führt sich als Klassenclown auf, grimassiert stark, ruft rein, singt und findet damit Beachtung.

13. Lügen | 0 | 1 | 2 | 3
Bsp.: S. sagt bewusst nicht die Wahrheit, verdreht Fakten, erfindet Geschichten, Ausreden.

14. Delikte | 0 | 1 | 2 | 3
Bsp.: S. bricht ein, stiehlt, nimmt Schülern Gegenstände / Kleidung etc. weg, quält andere; vorsätzliche Körperverletzung, Erpressung, Nötigung, sexuelle Belästigung.

15. Suchtverhalten | 0 | 1 | 2 | 3
Bsp.: S. konsumiert übermäßig Süßigkeiten, zeigt übermäßiges Essverhalten, konsumiert übermäßig Zigaretten, Alkohol, nimmt Drogen (Haschisch, Heroin etc.), zeigt Anzeichen einer Spielsucht.

16. Unaufmerksamkeit | 0 | 1 | 2 | 3
Bsp.: S. ist leicht ablenkbar oder lenkt sich selbst ab, bleibt nicht lange bei der Sache, ist unkonzentriert.

17. Arbeitsverweigerung / Trotzverhalten | 0 | 1 | 2 | 3
Bsp.: S. sagt, wenn etwas von ihm / ihr verlangt wird, „das kann ich nicht", obwohl er / sie der Aufgabe durchaus gewachsen wäre, weigert sich offen, Aufgaben zu erledigen, ist meistens dagegen, sieht alles negativ, lehnt Vorschläge stets ab, ständiger „Nein-Sager", zeigt destruktives Verhalten, tut vorsätzlich etwas, was andere verärgert.

18. Regelverstöße | 0 | 1 | 2 | 3
Bsp.: S. hält sich nicht an Regeln und Ordnungen. Regeln und Vereinbarungen werden übertreten, missachtet, ignoriert.

19. Rücksichtslosigkeit | 0 | 1 | 2 | 3
Bsp.: S. ist nicht hilfsbereit, kümmert sich nicht um andere, hat keine Hemmschwelle, ist nur auf eigenen Vorteil bedacht.

20. Überanpassung | 0 | 1 | 2 | 3
Bsp.: S. will immer machen, was andere auch tun, hat keine eigene Meinung, hängt wie eine „Klette" an Mitschülern oder Lehrern, macht übereifrig, was man ihm / ihr sagt, ist übermäßig einschmeichelnd, ständiger „Ja-Sager", verpetzt andere.

21. Konfliktlösungskompetenzen | 0 | 1 | 2 | 3
Hiermit sind Fähigkeiten gemeint, mit deren Hilfe man Streitigkeiten vermeidet, bzw. Konflikte friedlich löst. Bsp.: S. löst Konflikte friedlich, lässt Streitigkeiten nicht eskalieren, ist kompromissbereit, probiert verschiedene Lösungswege, bemüht sich um Wiedergutmachung.

22. Selbstständigkeit | 0 | 1 | 2 | 3
Bsp.: S. ist in der Lage, selbstständig Aufgaben zu bearbeiten, Ordnung zu halten, sich Ziele zu setzen und zu erreichen, muss nicht dauernd kontrolliert werden, benutzt selbstständig Hilfsmittel.

23. Kreativität | 0 | 1 | 2 | 3
Bsp. S. ist einfallsreich, voller konstruktiver Ideen, macht Lösungsvorschläge für Aufgaben, die zum Unterrichtsstoff gehören.

24. Selbstsicherheit | 0 | 1 | 2 | 3
Bsp.: S. hat Vertrauen in die eigenen Fähigkeiten; ist von eigenen Entscheidungen und Meinungen überzeugt, ist vom Erfolg eigener Bemühungen und vom Erreichen eigener Ziele überzeugt.

25. Selbstwertgefühl | 0 | 1 | 2 | 3
Bsp.: S. ist sich selbst gegenüber emotional positiv eingestellt, S. ist mit sich zufrieden, ist sich sicher, positive und wertvolle Eigenschaften zu besitzen, ist stolz auf sich, hat viel Selbstvertrauen, fühlt sich nicht minderwertig.

26. Selbstkontrolle | 0 | 1 | 2 | 3
Bsp.: S. ist fähig, seine / ihre Gefühle und Affekte unter Kontrolle zu halten; kann seinen / ihren Ärger beherrschen, denkt nach, bevor er / sie handelt, platzt nicht mit irgendetwas heraus, wartet, bis er / sie drangenommen wird, drängelt nicht.

0 kam gar nicht vor / war gar nicht ausgeprägt
1 kam selten vor / war schwach ausgeprägt

2 kam häufig vor / war stark ausgeprägt
3 kam sehr häufig vor / war sehr stark ausgeprägt

27. Soziale Fähigkeiten `0 1 2 3`
Hierunter fallen Fähigkeiten, die den Umgang mit anderen Menschen erleichtern. Bsp.: S. ist hilfsbereit, freundlich, lässt andere mitspielen, verleiht Spielzeug od. Arbeitsmaterialien, kann gut mit anderen zusammenarbeiten.

28. Allgemeine Ängstlichkeit `0 1 2 3`
Bsp.: S. macht einen ängstlichen Eindruck, hat Angst, sich zu verletzen, Angst vor dem Alleinsein, vor Neuem und Ungewissem, ist schreckhaft.

29. Schulangst `0 1 2 3`
Bsp.: S. hat Angst, an die Tafel zu gehen, hat Angst, in die Klasse zu kommen, vor anderen zu sprechen, hat Angst vor der Schule.

30. Emotionale Labilität `0 1 2 3`
Bsp.: S. hat plötzliche Stimmungsumschwünge, ist launisch, seine / ihre Stimmung ist unberechenbar, wechselt schnell und häufig.

31. Zuwendungsbedürfnis `0 1 2 3`
Bsp.: S. sucht intensive Zuwendung durch Körpernähe.

32. Mangelnde Ausdauer `0 1 2 3`
Bsp.: S. ist schnell von etwas begeistert, hält aber nicht lange durch; fängt vieles an, führt aber nichts zu Ende; verliert schnell das Interesse; braucht immer wieder Pausen, um den Stoff folgen zu können; baut schnell ab.

33. Impulsivität `0 1 2 3`
Bsp.: S. ruft dazwischen; platzt mit der Antwort heraus, bevor eine Frage beendet ist; handelt, ohne sich Gedanken über die Konsequenzen zu machen; kann nicht abwarten, bis er / sie an die Reihe kommt; zeigt Mangel an Vorsicht und Zurückhaltung; gibt sofortige, aber fehlerhafte Antwort.

34. Frustrationsintoleranz `0 1 2 3`
Bsp.: S. will seine / ihre Bedürfnisse sofort erfüllt bekommen; wird wütend, wenn etwas nicht so läuft, wie es soll, oder Wünsche nicht sofort erfüllt werden; zieht sich bei Enttäuschungen für längere Zeit zurück; kann Enttäuschungen nur schwer verwinden; kann Misserfolge nicht ertragen.

35. Motorische Hyperaktivität `0 1 2 3`
Bsp.: S. verlässt seinen / ihren Platz im Klassenraum und läuft umher, hat gerne etwas in der Hand, um damit zu spielen, zappelt häufig mit Händen und Füßen, kann nur schwer still sitzen bleiben, ist häufig unnötig laut beim Spielen, redet häufig übermäßig viel.

36. Desinteresse `0 1 2 3`
Bsp.: S. ist antriebslos, desinteressiert, gleichgültig, abgestumpft, macht den Eindruck, dass sie / ihn alles langweile; ist schwer für irgendetwas zu begeistern; findet alles öde; scheint sich für nichts zu interessieren.

37. Depressivität `0 1 2 3`
Bsp.: S. ist niedergeschlagen, traurig, weint ohne erkennbaren Anlass.

38. Soziale Willensschwäche `0 1 2 3`
Bsp.: S. ist gegenüber anderen willensschwach, hat geringe Durchsetzungsfähigkeit, kann nicht „Nein" sagen.

39. Motivation `0 1 2 3`
Bsp.: S. ist motivierbar, lässt sich zum Mitmachen anregen, geht auf Anregungen ein, erbringt von sich aus Leistungen; ist bereit, sich etwas zu erarbeiten, arbeitet im Unterricht rege mit.

40. Körperliche Beschwerden `0 1 2 3`
Hierunter fallen Beschwerden, die in keinem Zusammenhang mit einer bestimmten Erkrankung zu stehen scheinen. Bsp.: Kopfschmerzen, Bauchschmerzen, Übelkeit, Erbrechen, Hautprobleme, Schwindelgefühle.

41. Arbeitsstil `0 1 2 3`
Bsp.: S. arbeitet nur oberflächlich und nachlässig, bearbeitet Aufgaben unvollständig, arbeitet ungenau, arbeitet schnell, aber fehlerhaft.

42. Rückzug `0 1 2 3`
Bsp.: S. macht einen in sich gekehrten Eindruck, ist scheu, zurückhaltend, zieht sich in sich zurück, antwortet, wenn man ihn / sie anspricht, verzögert oder gar nicht.

43. Sexuelle Auffälligkeiten `0 1 2 3`
Bsp.: S. macht anderen eindeutige sexuelle Angebote, zeigt seine / ihre Geschlechtsorgane, masturbiert öffentlich.

44. Angst vor Körperkontakt `0 1 2 3`
Bsp.: S. hat Angst vor Berührungen; schreckt zurück, wenn man sie / ihn berührt; hat deutlichen Widerwillen gegenüber Berührungen.

45. Absenz `0 1 2 3`
Bsp.: S. ist verträumt, geistig abwesend, in Phantasien versunken.

46. Minderwertigkeitsgefühle `0 1 2 3`
Bsp.: S. hält sich für wertlos; für eine(n) Versager(in), traut sich nichts zu, hält sich für unfähig, hält sich für unbeliebt.

47. Negative Reaktion auf Kritik `0 1 2 3`
Bsp.: S. ist nach schlechten Leistungen oder Kritik in sich verschlossen und nicht ansprechbar.

48. Emotionalität `0 1 2 3`
Bsp.: S. kann seine / ihre Empfindungen zeigen, zeigt sich beim Hören einer berührenden Geschichte oder eines gefühlvollen Musikstücks emotional berührt, zeigt Mitgefühl.

49. Weitere Stärken und / oder Auffälligkeiten
Sollten bei dem Schüler / der Schülerin in den letzten vier Wochen (20 Anwesenheitstage) Stärken und / oder Auffälligkeiten zu beobachten gewesen sein, die bisher nicht erwähnt wurden, so beschreiben Sie diese bitte:
✎ _____
_____
_____
_____
_____
_____

SVS-Auswertung

Das SVS dient zunächst dazu, einen Überblick über die bei einem Schüler oder einer Schülerin vorliegenden Probleme, aber auch über allgemeine Stärken zu geben. Auf der Grundlage dieser Antworten können z. B. leicht Schwerpunkte für ein weiterführendes Gespräch (Interview, Anamnese) gesetzt werden. Das SVS bietet aber darüber hinaus noch die Möglichkeit, einzelne Fragen auch in eine statistische Auswertung einfließen zu lassen. Dazu müssen als erstes mit Hilfe der abgedruckten Tabelle vier Skalenwerte gebildet werden, indem die bei den entsprechenden Items angekreuzten Zahlen in den jeweiligen Kästchen eingetragen und am Ende die Werte pro Spalte aufsummiert werden. Anschließend werden aus einigen der so berechneten Skalenwerte zwei weitere Skalenwerte berechnet (durch nochmaliges Addieren).

Skala AS Aggressivität/Sozialverhalten		Skala HY Hyperaktivität		Skala IS Internalisierende Störungen		Skala FR Fähigkeiten und Ressourcen	
Frage Nr.	Wert	Frage Nr.	Wert	Frage Nr.	Wert	Frage Nr.	Wert
1		12		9		11	
2		16		28		21	
3		18		29		22	
5		19		36		23	
10		32		37		24	
13		33		40		25	
17		35		42		26	
30		6				27	
34		41				39	
Summe:		Summe:		Summe:		Summe:	
	= AS-Skalenwert		= HY-Skalenwert		= IS-Skalenwert		= FR-Skalenwert

Skala EX (Externalisierende Störungen) = Summe AS + Summe HY:

Skala GS (Gesamtauffälligkeit) = Summe EX + Summe IS:

Die Skala AS misst die Schwere aggressiven Verhaltens und die Beeinträchtigung des Sozialverhaltens, die Skala HY die Ausprägung der sog. Hyperaktivität (Unruhe, Zappeligkeit, Konzentrationsprobleme). Beide Merkmalsbereiche werden in der Literatur häufig zusammenfassend als so genannte externalisierende Störungen bezeichnet. Ihnen gegenüber stehen die sog. internalisierenden Störungen (Skala IS). Die Einteilung beruht auf der Beobachtung, dass sich beide Verhaltensformen oft gegenseitig ausschließen. Aus diesem Grund werden die Werte der AS- und der HY-Skala zu einem Gesamtwert für externalisierende Störungen (Skala EX) addiert. Da einzelne internalisierende Merkmale (z. B. „Rückzug") jedoch beispielsweise auch bei eher aggressiven Kindern beobachtbar sind, macht es Sinn, auch einen Gesamtwert der Auffälligkeiten zu berechnen, die GS-Skala.

Unter der Skala FR (Fähigkeiten und Ressourcen) sind schließlich einige Merkmale und Verhaltensweisen zusammengefasst, die für die Entwicklung der Persönlichkeit und der sozialen Fähigkeiten von größter Bedeutung sind. Für die Entscheidung, sie ebenfalls zu erfassen, sprechen zwei Gründe. Zum einen ist es für die Erziehungsplanung wichtig, zu wissen, wo ein Kind in diesem Bereich ungefähr steht, wie stark also entscheidende Fähigkeiten bereits ausgebildet sind. Zum anderen steht hinter dieser Skala die Absicht, das Augenmerk des Diagnostikers nicht nur einseitig auf die „Störungen" zu lenken. Die wenigen verfügbaren Forschungsergebnisse zeigen, dass auch auffällige Kinder und Jugendliche über positive Persönlichkeitsmerkmale verfügen können.

Die sechs berechneten Skalenwerte lassen sich mit sog. Normwerten vergleichen, die anhand einer repräsentativen Zufallsstichprobe von 940 Grundschülern berechnet wurden. Sie bildet eine Grundlage für die Entscheidung der Frage, wie schwerwiegend die Auffälligkeiten eines Schülers oder einer Schülerin im Vergleich mit anderen Schülern sind. Erst wenn überdurchschnittliche Werte vorliegen, sollte man im engeren Sinne von Verhaltensauffälligkeiten sprechen. Die entsprechenden Wertebereiche finden Sie in der SVS-Normentabelle.

SVS-Normentabelle

Auf dieser Seite können Sie die Rohwerte der SVS-Auswertung mit geschlechtsspezifischen Normen vergleichen. Die den Normen zugrunde liegenden Daten stammen aus einer Stichprobe von 940 6- bis 12-jährigen Grundschülern (für ältere Kinder liegen keine Vergleichsdaten vor).

Für jeden Rohwert sind zwei Wertebereiche angegeben. Der erste Bereich stellt einen Übergangsbereich dar, dessen Werte sowohl bei unauffälligen als auch bei auffälligen Schülern vorkommen können, d. h., man kann hier nur von einem Verdacht auf Verhaltensauffälligkeit sprechen. Es ist durchaus möglich, dass in diesen Fällen trotz der zunächst überdurchschnittlichen Werte kein Förderbedarf besteht. Schüler, deren Werte im zweiten Bereich liegen, zeigen dagegen eindeutig ein überdurchschnittliches Maß an Verhaltensauffälligkeiten.

Jungen (6–12 Jahre)	Übergangsbereich	auffälliger Bereich
Skala Allgemeine Auffälligkeit	28–44	45–76
Skala Externalisierendes Verhalten	14–23	24–54
Skala Aggressivität / Sozialverhalten	8–11	12–27
Skala Hyperaktivität	8–11	12–27
Skala Internalisierendes Verhalten	3–10	11–21
Mädchen (6–12 Jahre)	**Übergangsbereich**	**auffälliger Bereich**
Skala Allgemeine Auffälligkeit	19–32	33–76
Skala Externalisierendes Verhalten	8–14	15–54
Skala Aggressivität / Sozialverhalten	5–7	8–27
Skala Hyperaktivität	5–7	8–27
Skala Internalisierendes Verhalten	3–9	10–21

In die Berechnung dieser Wertebereiche gingen nicht alle Fragen ein, sondern nur diejenigen, die in der Stichprobe statistisch von Bedeutung waren. Einige Merkmale sind jedoch für sich genommen schon wichtig genug, um bei ihrem Auftreten weitere diagnostische Schritte zu rechtfertigen. Dabei handelt es sich um die Merkmale „Sexuelle Auffälligkeiten" und „Autoaggressionen".

Auch für die Werte der Skala „Fähigkeiten und Ressourcen" lassen sich bedeutsame Bereiche angeben. In diesem Fall geht es jedoch um die Frage, ab welchen Werten man im statistischen Sinne von unterdurchschnittlicher Ausprägung sprechen kann. Liegen die Werte in diesem Bereich, so wäre z. B. an die Einleitung besonderer Trainingsmaßnahmen zu denken. Andererseits können jedoch auch Kinder, die in den Symptomskalen auffällige Werte zeigen, in der Skala Fähigkeiten und Ressourcen relativ hohe Werte erreichen. Es liegen hierzu zurzeit zwar noch keine gesicherten Befunde vor, doch dürfte in diesen Fällen insgesamt mit einer günstigeren Entwicklung des Kindes zu rechnen sein. Sind die Fähigkeiten insgesamt durchschnittlich oder sogar überdurchschnittlich, oder sind einzelne Fähigkeiten (z. B. Kreativität) stark ausgeprägt, kann dies auch für den Unterricht von Bedeutung sein.

Jungen (6–12 Jahre)	unterdurchschnittlicher Bereich	Übergangsbereich
Skala Fähigkeiten und Ressourcen	0–5	6–14
Mädchen (6–12 Jahre)	**unterdurchschnittlicher Bereich**	**Übergangsbereich**
Skala Fähigkeiten und Ressourcen	0–7	8–16

Die Antworten auf die Fragen nach den Auslösern etc. des auffälligen Verhaltens (letzte Seite des Fragebogens) können wichtige Informationen zum Verständnis des kindlichen Verhaltens liefern, für die sich jedoch kein einfaches Auswertungsschema angeben lässt. Letztlich dienen sie ebenfalls dazu, das diagnostische Interview mit den Betroffenen bereits im Voraus zu strukturieren und dem Diagnostiker Hilfe bei der Ursachenforschung zu geben.

Das Screening für Verhaltensauffälligkeiten im Schulbereich (SVS) im Anhang wurde in einer Vorfassung erstmals veröffentlicht in: Mutzeck, W. (2000): Verhaltensgestörtenpädagogik und Erziehungshilfe. Klinkhardt, Bad Heilbrunn.

Literatur

Adler, H. (1998): Fallanalyse beim Hilfeplan nach § 36 KJHG. Peter Lang, Frankfurt/M.
Altrichter, H. (2008): Konzepte der Lehrerbildung im Kontext von Veränderungen im Schulwesen. Vortrag auf der Tagung „Lehrerinnen und Lehrer lernen" vom 15.–17.09.2008 in Klagenfurt
Arndt, S. A., Konrad, M., Test, D. W. (2006): Effects of the Self-Directed IEP on Student Partcipation in Planning Meetings. Remedial and Special Education 4, 194–207
Arnold, K.-H. (2008): Vorbemerkung. In: Arnold, K.-H., Graumann, O., Rakhkochkine, A. (Hrsg.), 14–15
– (2007): Sonderpädagogische Begutachtung und Förderungsplanung. Ein Strukturschema. In: Mutzeck, W. (Hrsg.), 33–43
–, Graumann, O., Rakhkochkine, A. (Hrsg.) (2008): Handbuch Förderung. Grundlagen, Bereiche und Methoden der individuellen Förderung von Schülern. Beltz, Weinheim/Basel
–, Kretschmann, R. (2005): Förderpläne, Konflikte und professionelle Kooperation. Zeitschrift für Heilpädagogik 1, 2–13
–, – (2002): Förderdiagnostik, Förderplan und Forderkontrakt: Von der Eingangsdiagnose zu Förderungs- und Fortschreibungsdiagnosen. Zeitschrift für Heilpädagogik 7, 266–271
–, Richert, P. (2008): Unterricht und Förderung: Die Perspektive der Didaktik. In: Arnold, K.-H., Graumann, O., Rakhochkine, A. (Hrsg.), 16–25
Aster, S. von (2005): Spieltherapie. In: Remschmidt, H. (Hrsg.), 385–393

Bachmann, M. (2005): Hochbegabt oder ADHS? Die Phänomenologie der Symptome bei Verhaltensauffälligkeiten ist oft identisch mit denen von Aufmerksamkeitsstörungen und Unterforderung. Labyrinth 85, 22–23
Baer, U. (o. J.): Remscheider Spielkartei. 24 thematische Spielketten mit über 200 Spielen zum sozialen Lernen. Ökotopia, Münster
Bartl, A. (1992): Spaß mit Konzentrationsspielen für Grund- und Hauptschulen. Oldenbourg, München
Bastian, J., Combe, A., Langer, R. (2007): Feedback-Methoden. Erprobte Konzepte, evaluierte Erfahrung. Beltz, Weinheim/Basel

Becker, G. E. (2006): Lehrer lösen Konflikte. Handlungshilfen für den Schulalltag. 11. Aufl. Beltz, Weinheim / Basel
Behrens, U. (2008): Förderung: Die Perspektive der Anthropologie. In: Arnold, K.-H., Graumann, O., Rakhkochkine, A. (Hrsg.), 45–53
Bell, B. (2007): Der individuelle Entwicklungsplan. Klein & groß 1, 25–29
Benkmann, R. (2007): Das interaktionstheoretische Paradigma. In: Walter, J., Wember, F. B. (Hrsg.), 81–90
Benner, D. (Hrsg.) (2007): Bildungsstandards. Chancen und Grenzen, Beispiele und Perspektiven. Schöningh, Paderborn
Bergsson, M., Luckfiel, H. (1998): Umgang mit „schwierigen" Kindern. Auffälliges Verhalten, Förderpläne, Handlungskonzepte. Cornelsen Scriptor, Berlin
Bethge, A. (2010): Förderplanung – offene Fragen und ein Erfahrungsbericht. In: Verband Sonderpädagogik e. V. (vds) (Hrsg.): Sonderpädagogischer Kongress 2010 – Inklusion braucht Professionalität. Bearbeitet von B. Seebach (CD-ROM). vds, Dresden, 7–11
Bölte, S., Uhlig, N., Poustka, F. (2002): Das Savant-Syndrom: Eine Übersicht. Zeitschrift für Klinische Psychologie und Psychotherapie 4, 291–297
Braun, D., Schmischke, J. (2008): Kinder individuell fördern. Cornelson Scriptor, Berlin
Browning Wright, D., Mayer, G. R., Cook, C. R., Crews, S. D., Rawlings Kraemer, B., Gale, B. (2007): A Preliminary Study on the Effects of Training using Behavior Support Plan Quality Evaluation Guide (BSP-QE) to Improve Positive Behavioral Support Plans. Education and Treatment of Children 3, 89–106
Bründel, H., Simon, E. (2007): Die Trainingsraum-Methode. Unterrichtsstörung. Klare Regeln, klare Konsequenzen. Beltz, Weinheim / Basel
Budnik, I., Fingerle, M. (2007): Der diagnosegeleitete Erziehungsplan: Angebote zur Erstellung und Probleme der Nutzung. In: Mutzeck, W. (Hrsg.), 145–158
Buholzer, A. (2003): Förderdiagnostisches Sehen, Denken und Handeln. Grundlagen, Erfassungsmodell und Hilfsmittel. Bildung Sauerländer, Aarau
Bundesministerium für Bildung und Forschung (BMBF) (2009): Begabte Kinder finden und fördern. Ein Ratgeber für Eltern, Erzieherinnen und Erzieher, Lehrerinnen und Lehrer. Bonn / Berlin
Bundesministerium für Familie, Senioren, Frauen und Jugend

(BMFSFJ) (2005): Kinder- und Jugendhilfe (Band VIII Sozialgesetzbuch). Berlin/Bonn

Bundschuh, K. (2007): Kompetenzorientierte Diagnostik in der Sonder- und Heilpädagogik. Eine Analyse unter Berücksichtigung sozialer und emotionaler Störung. In: Mutzeck, W., Popp, K. (Hrsg.), 333–351

Buschkühle, C.-P., Duncker, L., Oswalt, V. (Hrsg.) (2004): Bildung zwischen Standardisierung und Heterogenität – ein interdisziplinärer Diskurs. VS, Wiesbaden

Cloerkes, G. (2001): Soziologie der Behinderung. Eine Einführung. Winter, Heidelberg

Cohn, R. (1997): Von der Psychoanalyse zur themenzentrierten Interaktion: von der Behandlung einzelner zu einer Pädagogik für alle. Klett-Cotta, Stuttgart

Council for Exceptional Children (CEC) (2006): Understanding IDEA 2004 Regulations. CEC's Side-by-Side. Comparison and Analysis. Arlington

Crone, D. A., Hawken, L. S., Bergstrom, M. K. (2007): A Demonstration of Training Implementing, and Using Functional Behavioral Assessment in 10 Elementary an Middle School Settings. Journal of Positive Behavior Interventions 1, 15–29

Deutscher Bildungsrat (1973): Empfehlungen der Bildungskommission/Deutscher Bildungsrat. Stuttgart

Deutscher Bundestag (2008): Gesetz zu dem Übereinkommen der Vereinten Nationen vom 13. Dezember 2006 über die Rechte des Menschen mit Behinderungen sowie zu dem Fakultativprotokoll vom 13. Dezember 2006 zum Übereinkommen der Vereinten Nationen über die Rechte von Menschen mit Behinderungen. Vom 21. Dezember 2008. In: www.un.org/Depts/german/uebereinkommen/ar61106-dbgbl.pdf, 09.01.2011

Drave, W., Rumpler, F., Wachtel, P. (Hrsg.) (2000): Empfehlungen zur sonderpädagogischen Förderung. Allgemeine Grundlagen und Förderschwerpunkte (KMK). Ed. Bentheim, Würzburg

Drinck, B. (2008): Konzepte erzieherischen Handelns. In: Hörner, W., Drinck, B., Jobst, S. (Hrsg.): Bildung, Erziehung, Sozialisation. Barbara Budrich, Opladen, 114–134

Eberwein, H., Knauer, S. (Hrsg.) (1998): Handbuch Lernprozesse verstehen. Beltz, Weinheim/Basel

Eggert, D. (2007): Von den Stärken ausgehen...: Individuelle Entwicklungspläne (IEP) in der Lernförderungsdiagnostik.

Ein Plädoyer für andere Denkgewohnheiten und eine veränderte Praxis. 5. Aufl. Borgmann, Dortmund

Eisenhofer, M. (2003): Konzeption eines Lehrertrainings zur Förderung der verbalen und nonverbalen Kommunikationsfähigkeit bei der Präsentation von Lerninhalten. Der Andere Verlag, Osnabrück

Ellinger, S., Wittrock, M. (Hrsg.) (2005): Sonderpädagogik in der Regelschule. Konzepte – Forschung – Praxis. Kohlhammer, Stuttgart

Etscheidt, S. K. (2006): Progress Monitoring: Legal Issues and Recommendations for IEP Teams. Exceptional Children 3, 56–60

Feldmann, K. (2002): Schüler helfen Schülern – Schüler unterrichten Schüler – Schüler als Tutoren – Schüler als Lehrer. In: http://klaus.feldmann.phil.uni-hannover.de/imperia/md/content/de/uni-hannover/phil/klaus_feldmann/schueler_helfen_schuelern.pdf, 08.07.2009

–, Wendebourg, E. (2009): Schülerinnen und Schüler als Tutoren. In: Kunze, I., Solzbacher, C. (Hrsg.), 111–117

Feuser, M. (o. J.): Empfehlungen zum individuellen Fördern in der Schule von Matthias Feuser, SfBW Bremen. In: www.lis.bremen.de/sixcms/media.php/13/Leitfaden%202010%20v04.pdf, 09.01.2011

Fiegert, M. (2009): Verträge mit Schülerinnen und Schülern in der Schule. In: Kunze, I., Solzbacher, C. (Hrsg.), 101–110

Fingerle, M., Ellinger, S. (Hrsg.) (2008): Sonderpädagogische Förderprogramme im Vergleich. Orientierungshilfen für die Praxis. Kohlhammer, Stuttgart

Fisseni, H.-J. (1997): Lehrbuch der psychologischen Diagnostik. 2. Aufl. Hogrefe, Göttingen

Fröhlich, A. (2007): Die Arbeit mit Förderplänen an der Schule für Geistigbehinderte – ein Praxisbeispiel. In: Mutzeck, W. (Hrsg.), 55–61

Gallhoff, M. (2007): Hilfeplanung in der Erziehungshilfe. In: Mutzeck, W. (Hrsg.), 62–72

Gasteiger-Klicpera, B., Julius, H., Klicpera, C. (Hrsg.) (2008): Sonderpädagogik der sozialen und emotionalen Entwicklung. Hogrefe, Göttingen

Graumann, O. (2008): Förderung und Heterogenität: Die Perspektive der Schulpädagogik. In: Arnold, K.-H., Graumann, O., Rakhkochkine, A. (Hrsg.), 16–25

Grawe, K., Grawe-Gerber, M., Heiniger, B., Ambühl, H., Caspar, F. (1996): Schematheoretische Fallkonzeption und The-

rapieplanung. In: Caspar, F. (Hrsg.): Psychotherapeutische Problemanalyse. dgvt, Tübingen, 189–268
Grünke, M. (2008): Evaluation der Förderung. In: Arnold, K.-H., Graumann, O., Rakhkochkine, A. (Hrsg.), 170–171

Haenisch, H. (1994): Wie Lehrerfortbildung Schule und Unterricht verändern kann. Eine empirische Untersuchung zu den Bedingungen der Übertragbarkeit von Fortbildungserfahrungen in die Praxis. Landesinstitut für Schule und Weiterbildung, Soest
Hamann, B. (2006): Bildungssystem und Lehrerbildung im Fokus aktueller Diskussionen. Peter Lang, Frankfurt/M.
Hartke, B. (2005): Schulische Prävention – welche Maßnahmen haben sich bewährt? In: Ellinger, S., Wittrock, M. (Hrsg.), 11–37
Hartmann, B. (2004): Entwicklung von Screeningverfahren zur Erfassung sozialer Kompetenzen von Schülerinnen und Schülern. In: Mutzeck, W., Jogschies, P. (Hrsg.), 186–193
–, Mutzeck, W. (2010): SVS Screening für Verhaltensauffälligkeiten im Schulbereich. In: Barkmann, C., Schulte-Markwort, M., Brähler, E. (Hrsg.): Klinisch-psychiatrische Ratingskalen für das Kindes- und Jugendalter. Hogrefe, Göttingen, 453–457
–, Pasewark, W., Melzer, C. (2010): Die Kooperative Beratung – Evaluation der Fortbildung, des Praxistransfers sowie der Effekte. Zeitschrift für Heilpädagogik 1, 20–30
Hauer, K., Feyerer, E. (2006): Individuelle Förderpläne für Schüler/innen mit ASO Lehrplan. Eine Bestandsaufnahme der Situation in Österreich (2005/2006) und internationale Aspekte. Teilstudie im Rahmen des Projekts „Entwicklung nachhaltiger Strategien zur Qualitätssicherung und Qualitätsentwicklung im sonderpädagogischen Bereich". In: www.cisonline.at/fileadmin/kategorien/Endbericht_IFP-Studie_8.11.2006.doc, 11.06.2009
Heidenreich, R. (2004): Entwicklung von Förderplankonzepten für Schülerinnen und Schüler mit sonderpädagogischem Förderbedarf aus Sicht der Schulaufsicht (Erwartungen und Beratung). In: Verband Sonderpädagogik Nordrhein-Westfalen e. V. (vds-NRW) (Hrsg.): Förderplanung in der sonderpädagogischen Arbeit. Gladbeck, 10–12
Henze, G., Zumhasch, C. (2008): Förderung von hochbegabten Schülern. In: Arnold, K.-H., Graumann, O., Rakhokochkine, A. (Hrsg.), 367–376
Hesselberger, D. (2003): Das Grundgesetz. Kommentar für die politische Bildung. Luchterhand, Neuwied

Hillenbrand, C. (2003): Schülerinnen und Schüler mit besonderem Förderbedarf im schulischen Kontext. In: Landschaftsverband Westfalen-Lippe (Hrsg.): Förderung als gemeinsame Aufgabe von Schule und Jugendhilfe. Tagungsdokumentation. Landesverband Westfalen-Lippe, Münster, 15–27

–, Hennemann, T., Pütz, K. (2006): Förderplanung in Schulen mit dem Förderschwerpunkt emotionale-soziale Entwicklung in NRW. Eine empirische Untersuchung. Zeitschrift für Heilpädagogik 10, 371–379

Höhmann, K. (2006): Lernverträge und Förderpläne. Instrumente für die Individualisierung von Förderprozessen. Pädagogik 1, 20–25

– (2003): Stärken sehen, Förderung planen. Förderpläne als Bausteine einer sinnvollen Begabtenförderung. Pädagogik 4, 26–29

Hollenweger, J., Lienhard, P. (2007): Schulische Standortgespräche. Ein Verfahren zur Förderplanung und Zuweisung von sonderpädagogischen Massnahmen. Lehrmittelverlag des Kantons Zürich, Zürich

Ingenkamp, K., Lissmann, U. (2008): Lehrbuch der Pädagogischen Diagnostik. 6. Aufl. Beltz, Weinheim

Jerusalem, M. (2005): Selbstwirksamkeit fördern durch Vermittlung von Erfolgserlebnissen. In: www.iaw.uni-bremen.de/netzwerk-lebenslanges-lernen/download_log.php?dl=selbstwirksamkeit_arbeitsmaterial1.pdf, 08.07.2009

Kliemann, S. (Hrsg.) (2008): Diagnostizieren und Fördern. In der Sekundarstufe I. Praxisbuch. Cornelson Scriptor, Berlin

Klieme, E. (2007): Zur Entwicklung nationaler Bildungsstandards. Bildungsforschung Band 1. Expertise. Bundesministerium für Bildung und Forschung (BMBF), Bonn/Berlin

– (2004): Begründung, Implementation und Wirkung von Bildungsstandards: Aktuelle Diskussionslinien und empirische Befunde. Einführung in den Thementeil. Zeitschrift für Pädagogik 5, 625–634

Kornmann, R., Meister, H., Schlee, J. (Hrsg.) (1994): Förderungsdiagnostik. Konzept und Realisierungsmöglichkeiten. 3. Aufl. Ed. Schindele, Heidelberg

Krapp, A., Weidemann, B. (Hrsg.) (2001): Pädagogische Psychologie. Ein Lehrbuch. 4. Aufl. Beltz, Weinheim/Basel

Kretschmann, R., Arnold, K.-H. (1999): Leitfaden für Förder- und Entwicklungspläne. Zeitschrift für Heilpädagogik 9, 410–420

Krumm, V. (2006): Erziehungspartnerschaft Gute Schule durch Vereinbarungen zwischen Schule und Elternhaus. In: www.elternkammer-hamburg.de/uploads/media/c_vortrag_Krumm.pdf , 08.07.2009

Kunze, I. (2009): Einleitung: Individuelle Förderung in der Schule – Eine empirische Untersuchung zu Positionen von Lehrerinnen und Lehrern zur individuellen Förderung in der Sekundarstufe I. In: Kunze, I., Solzbacher, C. (Hrsg.), 11–25

–, Solzbacher, C. (Hrsg.) (2009): Individuelle Förderung in der Sekundarstufe I und II. Schneider Hohengehren, Baltmannsweiler

Kupper, L., McGahee-Kovac, M. (2002): Helping Students Developing their IEPs. Technical Assistance Guide. 2nd Edition. National Information Center for Children and Youth with Disabilities, Washington

Landesinstitut Schleswig-Holstein für Praxis und Theorie der Schule (IPTS) (2002): Individueller sonderpädagogischer Förderplan. Arbeitspapiere zur Unterrichtsfachberatung. Kronshagen

Lanig, J. (2008): Bessere Chancen für alle durch individuelle Förderung. Die besten Methoden. Verlag an der Ruhr, Mülheim

– (2004): Gegen Chaos und Disziplinschwierigkeiten. Eigenverantwortung in der Klasse fördern. Verlag an der Ruhr, Mülheim

Lee, S.W., Jamison, T.R. (2002): Working toward Improvements in the Student Assistance Team (SAT) Process: A Preliminary Investigation Incorporating Functional Behavior Assessment (FBA) into a Structured Team. University of Kansas

Lehmann, I. (2007): Handreichung zur „Förderrichtlinie zum Ausbau von Ganztagsangeboten" (FRL GTA) vom 22. Mai 2007. In: www.sachsen-macht-schule.de/schule/download/download_smk/hr_gta.pdf, 09.01.2011

Lehmann, W., Jüling, I. (2004): Fördermöglichkeiten für besonders begabte Kinder und Jugendliche. In: Reichel, B. (Hrsg.), 34–58

Lemke, S.G. (1995): Transfermanagement. Hogrefe, Göttingen

Lemke, W. (2007): Die Kind-Umfeld-Analyse. In: Walter, J., Wember, F.B. (Hrsg.), 175–182

Martin, N.R.M. (2005): A Guide to Collaboration for IEP Teams. Brookes Publishing Company, Baltimore

Martin, J.E., Van Dycke, J.L., Christensen, R.W., Greene,

B. A., Gardner, J. E., Lovett, D. L. (2006): Increasing Student Participation in IEP Meetings. Establishing the Self-Directed IEP as an Evidenced-Based Practice. Council for Exceptional Children 3, 299–316

Maslow, A. (2005): Motivation und Persönlichkeit. Rowohlt, Reinbek

Melzer, C. (2010a): Wie können Förderpläne effektiv sein und eine professionelle Förderung unterstützen? Zeitschrift für Heilpädagogik 6, 212–220

– (2010b): Der Förderplan als Möglichkeit professionalisierter Förderung. In: Verband Sonderpädagogik e. V. (vds) (Hrsg.): Sonderpädagogischer Kongress 2010 – Inklusion braucht Professionalität. Bearbeitet von B. Seebach (CD-ROM). vds, Dresden, 18–23

– (2009): Die Kooperative Erstellung und Fortschreibung individueller Förderpläne – Entwicklung und Evaluation einer Trainingskonzeption. Unveröffentlichte Dissertation. Universität Leipzig

– (2008): Was ist ein guter Förderplan? Der qualitativ hochwertige Förderplan als Wegweiser für die pädagogische Arbeit. Spuren 3, 6–15

–, Methner, A., Popp, K. (2009): Förderplanung. Pädagogische Kompetenzen zur kooperativen Förderplanung und Förderung. Eine Handreichung. Universität Leipzig

–, Pasewark, W., Stützel, P. (2007): Der handlungstheoretische Ansatz als förderpädagogische Arbeitsgrundlage für Beratung, Diagnostik und Unterricht. In: Mutzeck, W., Popp, K. (Hrsg.), 364–385

Methner, A., Popp, K. (2010): Forschungsbericht Sicherung und Implementierung erarbeiteter Kompetenzen zur „Kooperativen Erstellung und Fortschreibung individueller Förderpläne (KEFF)". Universität Leipzig

Methner, F. (2009): Die Beteiligung von Eltern und Schülern bei der Erstellung und Fortschreibung von Förderplänen aus Sicht der Lehrkräfte. Wissenschaftliche Arbeit im Rahmen des ersten Staatsexamens für das Lehramt an Förderschulen. Universität Leipzig

Meyer, H. (2004): Was ist guter Unterricht? Cornelsen Scriptor, Berlin

Mitchem, K., Richards, A., Wells, D. (2001): Implementing and Evaluating Effective Professional Development in Functional Behavioral Assessment in Rural Schools. Vortrag auf der Konferenz "Growing Partnership for Rural Special Education" vom 29.–31.03.2001 in San Diego. In: www.eric.ed.gov/PDFS/ED453034.pdf, 09.01.2011

Mosley, J., Sonnet, H. (2006): 101 Spiele zur Förderung von Sozialkompetenzen und Lernverhalten in der Grundschule. Persen, Horneburg

Musenberg, O., Riegert, J., Dworschak, W., Ratz, C., Terfloth, K., Wagner, M. (2008): In Zukunft Standard-Bildung? Fragen in Hinblick auf den Förderschwerpunkt „geistige Entwicklung". Sonderpädagogische Förderung heute 3, 306–316

Mutzeck, W. (2008a): Kooperative Beratung. Grundlagen, Methoden, Training, Effektivität. 6. Aufl. Beltz, Weinheim/Basel

– (2008b): Methodenbuch Kooperative Beratung. Supervision, Teamberatung, Coaching, Mediation, Unterrichtsberatung, Klassenrat. Beltz, Weinheim/Basel

– (2007a): Förderplanung. In: Bundschuh, K. Heimlich, U., Krawitz, R. (Hrsg.): Wörterbuch Heilpädagogik. Klinkhardt, Bad Heilbrunn, 79–84

– (2007b): Förderplanschemata und abschließende Bemerkungen. In: Mutzeck, W. (Hrsg.), 251–259

– (Hrsg.) (2007c): Förderplanung. Grundlagen – Methoden – Alternativen. 3. Aufl. Beltz, Weinheim/Basel

– (2007d): Pädagogisches Training als Möglichkeit der Vermittlung von Handlungskompetenzen. Darstellung am Beispiel des Studiengebietes Beratung. In: Mutzeck, W., Popp, K. (Hrsg.), 405–419

– (2003): Kooperative Förderplanung. In: Mutzeck, W. (Hrsg.), Förderplanung. Grundlagen – Methoden – Alternativen. 2. Aufl. Beltz, Weinheim/Basel, 199–226

– (2000): Verhaltensgestörtenpädagogik und Erziehungshilfe. Klinkhardt, Bad Heilbrunn

– (Hrsg.) (1998): Förderdiagnostik. Konzepte und Methoden. Beltz, Weinheim/Basel

– (1988): Von der Absicht zum Handeln. Beltz, Weinheim/Basel

–, Hartmann, B., Fingerle, M. (2003a): Screening für Verhaltensauffälligkeiten im Schulbereich (SVS). Universität Leipzig

–, –, – (2003b): Das Leipziger Kompetenzscreening. Universität Leipzig

–, –, Melzer, C. (2007): Abschlussbericht zum Forschungsprojekt Evaluation der Kooperation des Förderzentrums für Erziehungshilfe mit dem Allgemeinen Sozialen Dienst, dem Betreuungsangebot und Regelschulen der Stadt Leipzig. I. Entwicklung eines Kooperationsvertrages. II. Wissenschaftliche Analyse von Team- und Fallbesprechungen. III. Erhebung der Integrations- und Reintegrationspraxis. Universität Leipzig

–, Jogschies, P. (Hrsg.) (2004): Neue Entwicklungen in der Förderdiagnostik. Grundlagen und praktische Umsetzungen. Beltz, Weinheim

–, Melzer, C. (2007): Kooperative Förderplanung – Erstellung und Fortschreibung individueller Förderpläne. In: Mutzeck, W. (Hrsg.), 199–239

–, –, Jogschies, P. (2007): Einleitung. In: Mutzeck, W. (Hrsg.), 11–13

–, Popp, K. (Hrsg.) (2007): Professionalisierung von Sonderpädagogen. Standards, Kompetenzen und Methoden. Beltz, Weinheim / Basel

Myschker, N. (2009): Verhaltensstörungen bei Kindern und Jugendlichen : Erscheinungsformen – Ursachen – hilfreiche Maßnahmen. 6. Aufl. Kohlhammer, Stuttgart

Olweus, D. (2006): Gewalt in der Schule: was Eltern und Lehrer wissen sollten – und tun können. Huber, Bern

Pallasch, W., Mutzeck, W., Reimers, H. (Hrsg.) (2002): Beratung – Training – Supervision. Eine Bestandaufnahme über Konzepte zum Erwerb von Handlungskompetenz in pädagogischen Arbeitsfeldern. Juventa, Weinheim / München

Paradies, L., Linser, H.-J., Greving, J. (2007): Diagnostizieren, Fordern und Fördern. Cornelsen Scriptor, Berlin

Philipp, E. (1996): Teamentwicklung in der Schule. Konzepte und Methoden. Beltz, Weinheim / Basel

Pluhar, C. (2003): Sonderpädagogischer Förderbedarf aus der Sicht eines Mitglieds der KMK-Arbeitsgruppe. In: Ricken, G. (Hrsg.), 68–82

Popp, K. (2007): Elternarbeit – Arbeit mit den Eltern. Ein unterschätztes Thema in der sonderpädagogischen Arbeit und in der Ausbildung von Sonderpädagogen. In: Mutzeck, W., Popp, K. (Hrsg.), 420–430

– (2005): Der Förderplan der Schule für Lernförderung und Erziehungshilfe. Analyse der Förderplanung anhand von Fragebögen. Universität Leipzig

Portmann, R. (1996): Spiele zum Umgang mit Aggressionen. 2. Aufl. Don Bosco, München

Rebhorn, T. (2002): A Parent's Guide. Developing Your Child's IEP. National Information Center for Children and Youth with Disabilities, Washington

Reichel, B. (Hrsg.) (2004): Hochbegabte Kinder. Erkennen, fördern, problematische Entwicklung verhindern. Beltz, Weinheim / Basel

Renkle, A. (2006): Lernen durch Lehren. In: Rost, D. H. (Hrsg.): Handwörterbuch Pädagogische Psychologie. 3.Aufl. Beltz, Weinheim, 416–420

Renzulli, J. S. (2000): Das schulische Enrichment Modell. SEM. Sauerländer, Aarau
–, Reis, S. M., Stedtnitz, U. (2001): Schulisches Enrichment Modell SEM. Begabungsförderung ohne Elitebildung. Sauerländer, Aarau
Remschmidt, H. (Hrsg.) (2005): Kinder- und Jugendpsychiatrie: Eine praktische Einführung. 5. Aufl. Thieme, Stuttgart
Ricken, G. (2008): Förderung aus sonderpädagogischer Sicht. In: Arnold, K.-H., Graumann, O., Rakhkochkine, A. (Hrsg.), 74–83
– (Hrsg.) (2003): Diagnose: Sonderpädagogischer Förderbedarf. Pabst, Lengerich
Rogers, C. R. (1995): Die nicht-direktive Beratung. Fischer, Frankfurt/M.

Sächsisches Staatsministerium für Kultus (SMK) (2008): Sonderpädagogische Förderung Handlungsleitfaden schulischer Integration. Empfehlung zur Förderung von Schülern mit Behinderungen Eine Handreichung für Lehrerinnen und Lehrern aller Schularten. Dresden
– (2005): Handbuch zur Förderdiagnostik in Sachsen. Handlungs- und Arbeitsgrundlage zum Verfahren zur Feststellung des Sonderpädagogischen Förderbedarfs, Handreichung für Lehrerinnen und Lehrer an den allgemein bildenden Förderschulen, Grund- und Mittelschulen sowie Gymnasien und berufsbildenden Schulen. Dresden
– (2004a): Verordnung des sächsischen Staatsministeriums für Kultus über Förderschulen im Freistaat Sachsen. Schulordnung Förderschule (SOFS). Dresden
– (2004b): Schulgesetz für den Freistaat Sachsen. Dresden
Sander, A. (2007): Zur Theorie und Praxis individueller Förderpläne für Kinder mit sonderpädagogischem Förderbedarf. In: Mutzeck, W. (Hrsg.), 14–32
– (1998): Kind-Umfeld-Analyse. Diagnostik bei Schülern und Schülerinnen mit besonderem Förderbedarf. In: Mutzeck, W. (Hrsg.), 12–21
Schlee, J. (2008): 30 Jahre „Förderdiagnostik" – eine kritische Bilanz. Zeitschrift für Heilpädagogik 4, 122–131
– (2007): Fördern als planvolle Veränderung Subjektiver Theorien. In: Mutzeck, W. (Hrsg.), 178–198
– (1998): Diagnostik von Lernprozessen durch Rekonstruktion Subjektiver Theorien. In: Eberwein, H., Knauer, S. (Hrsg.), 66–80
– (1994): Illusionen sogenannter Förderdiagnostik. In: Kornmann, R., Meister, H., Schlee, J. (Hrsg.), 48–57

– (1985): Kann Diagnostik beim Fördern helfen? Anmerkungen zu den Ansprüchen der Förderdiagnostik. Zeitschrift für Heilpädagogik 3, 153–165

Schnadt, P., Vock, R., Bölke, C., Kaiser, A., Müller, S., Oschem, S. (2000a): Individuelle Förderplanung in der Benachteiligtenförderung. Verfahren und institutionelle Bedingungen der Förderplanung. Band 1. Hiba, Darmstadt

–, Vock, R., Bölke, C., Kaiser, A., Müller, S., Oschem, S. (2000b): Individuelle Förderplanung in der Benachteiligtenförderung. Instrument und Dokumentation der Förderplanung. Band 2. Hiba, Darmstadt

Schuck, K. D. (2004): Lernprozessdiagnostik und individuelle Förderplanung. In: Verband Sonderpädagogik Nordrhein-Westfalen e. V. (vds-NRW) (Hrsg.), 124–139

Schumacher, J. (2004): Planen mit Gewinn – Wem nützen individuelle Förderpläne? In: Verband Sonderpädagogik Nordrhein-Westfalen e. V. (vds-NRW) (Hrsg.), 13–24

Scott, T. M., Liaupsin, C., Nelson, C. M., McIntyre, J. (2005): Team-Based Functional Behavior Assessment as a Proactive Public School Process: A Descriptive Analysis of Current Barriers. Journal of Behavioral Education 1, 57–71

Sekretariat der Ständigen Konferenz der Kultusminister der Länder in der Bundesrepublik Deutschland (KMK) (2010): Pädagogische und rechtliche Aspekte der Umsetzung des Übereinkommens der Vereinten Nationen vom 13. Dezember 2006 über die Rechte von Menschen mit Behinderungen (Behindertenrechtskonvention - VN-BRK) in der schulischen Bildung (Stand: 29.04.2010). Diskussionspapier der Kultusministerkonferenz für die Fachtagung der Kultusministerkonferenz am 21./22.06.2010, Bremen

– (2006): Fördern und Fordern – Eine Herausforderung für Bildungspolitik, Eltern, Schule und Lehrkräfte. Gemeinsame Erklärung der Bildungs- und Lehrergewerkschaften und der Kultusministerkonferenz. Presseerklärung vom 19.10.2006, Berlin

Solzbacher, C. (2009): Position von Lehrinnen und Lehrern zur individuellen Förderung in der Sekundarstufe I – Ergebnisse einer empirischen Untersuchung. In: Kunze, I., Solzbacher, C. (Hrsg.), 27–42

Sontag, C., Schäfer, J. (2009): Fördermöglichkeiten für Hochbegabte. Heilpädagogik online 02, 113–137. In: www.heilpaedagogik-online.com/2009/heilpaedagogik_online_0209.pdf, 20.09.2010

Soriano, V. (2006): Individuelle Förderpläne für den Übergang von der Schule in den Beruf. European Agency for Development in Special Needs Education, Middelfart

Speck, O. (1997): Chaos und Autonomie in der Erziehung. Ernst Reinhardt, München

Sponagl, P. (2002): Das Hilfeplangespräch in der Heimerziehung. DV, Frankfurt/M.

Straggilos, V., Xanthacou, Y. (2006): Collaborative IEPs for the Education of Pupils with Profound and Multiple Learning Difficulties. European Journal of Special Needs Education 3, 339–349

Stumberger, M. (2006): Schüler helfen Schülern – Entwicklung einer Schulung für den Einsatz als Lernlotse in der Öffentlichen Bibliothek. Diplomarbeit an der Hochschule der Medien Stuttgart. In: http://stadtbibliothek.stadt-heilbronn.de/info/Veroeffentlichungen/_files/Diplomarbeit%20Marion%20Stumberger%20BMD%202006.pdf, 09.01.2011

Test, D. W., Neale, M. (2004): Using des Self Advocacy Strategy to Increase Middle Graders' IEP Participation. Journal of Behavioral Education 2, 135–145

Trautmann, H., Trautmann, T. (2004): 50 Unterrichtsspiele für die Kommunikationsförderung. Lerninhalte festigen durch Bewegung, Sprache und Darstellung. Auer, Donauwörth

Urban, K. K. (2008): Hochbegabung und Störungen der sozialen und emotionalen Entwicklung. In: Gasteiger-Klicpera, B., Julius, H., Klicpera, C. (Hrsg.), 378–396

Van Acker, R., Boreson, L., Gable, R. A., Potterton T. (2005): Are We on the Right Course? Lessons Learned about Current FBA/BIP Practices in Schools. Journal of Behavioral Education 1, 35–56

Verband Sonderpädagogik e. V. (vds) (2008): Standards der sonderpädagogischen Förderung. Verabschiedet auf der Hauptversammlung 2007 in Potsdam. Zeitschrift für Heilpädagogik 2, 42–64

Verband Sonderpädagogik Nordrhein-Westfalen e. V. (vds-NRW) (Hrsg.) (2005): Fördern planen. Förderzielorientierter Unterricht auf der Basis von Förderplänen. Gladbeck

– (2004): Förderplanung in der sonderpädagogischen Arbeit. Gladbeck

Vernooij, M. A. (2006): Zum niedrigen Stellenwert der Bildung in der Sonderpädagogik. In: Stechow, E. von, Hofmann, C. (Hrsg.): Sonderpädagogik und Pisa. Kritisch-konstruktive Beiträge. Klinkhardt, Bad Heilbrunn, 65–84

Wahl, D. (2007): Kompetentes Handeln in Gang bringen! Ein erfolgreicher Weg vom Wissen zum sonderpädagogischen Handeln. In: Mutzeck, W., Popp, K. (Hrsg.), 49–70
– (2006): Lernumgebungen erfolgreich gestalten. Vom trägen Wissen zum kompetenten Handeln. 2. Aufl. Klinkhardt, Bad Heilbrunn
Wallenwein, G. F. (2003): Spiele: Der Punkt auf dem i. Kreative Übungen zum Lernen mit Spaß. 5. Aufl. Beltz, Weinheim/Basel
Walter, J., Wember, F. B. (Hrsg.) (2007): Handbuch Sonderpädagogik, Band 2: Sonderpädagogik des Lernens. Hogrefe, Göttingen
Whitworth, J. E. (1994): Training in Developing Effective IEP's: The Illinois Experience. Freed-Hardeman University, Henderson
Widlak, C., Witt, H. (2005): Teil II. Förderplan(ung). In: vds-NRW (Hrsg.), 67–90
Wild, E., Hofer, M., Pekrun, R. (2001): Psychologie des Lernens. In: Krapp, A., Weidemann, B. (Hrsg.), 207–241
Zetterström, A. (2006): Individuelle Entwicklungspläne. Schüler optimal begleiten und fördern. Das schwedische Modell. Verlag an der Ruhr, Mülheim
Ziegler, A. (2009): „Ganzheitliche Förderung" umfasst mehr als nur die Person: Aktiotop und Soziotopförderung. Heilpädagogik online 02, 5–34. In: www.heilpaedagogik-online.com/2009/heilpaedagogik_online_0209.pdf, 20.09.2010

Sachregister

Aktualisierung 61
Analyse der Umsetzung 59, 61–64
Angaben zum Schüler 28, 30, 39
Arten von Förderplänen 23–25
Autonomie 46, 56

Bedürfnisse 46, 74f, 88, 96, 99–102
Behindertenrechtskonvention 9
Benachteiligtenförderung 15, 44
Beobachtung 142–145
Beratung 44, 136f, 140f
Berufsbild des Lehrers 9
Bildungsstandards 15, 37, 41
Brainstorming 55–57, 65, 70

Checkliste 116, 150–153
Cluster 53–55, 70
Computer 54, 60

Datenschutz 39, 59, 143
Diagnostik 10, 16–19, 44, 73, 79, 93, 141–147, 158
Dialogkonsens 133, 140f
Dokumentation 23, 25f, 39f, 42
Drei-Ringe-Prinzip 32, 34

Emotionalität, Emotionen 46, 74, 141–142
Enrichment, Enrichmentprojekt 34f
Entwicklungsgespräch 38–42
Entwicklungsplan, IEP 10f, 22, 25, 36–42, 68
Erfahrungsaustausch 155
Erstellung des Förderplans 31, 36, 44, 48f, 51–59
Evaluation 16–19, 21, 24, 26, 29, 49, 57–59, 61, 69f, 98, 153, 158
Expertentum, Experte 48, 79, 83, 89f, 125

Feedback 109–111, 115f, 120f
Förderbereich 25f, 28, 53–55, 57, 63, 65
Förderkontrakt 26, 29, 59
Förderkonzeption 12, 148f, 153
Fördermaßnahmen 11, 18f, 27, 29, 34, 56–58, 61–66, 92–100, 103f
Förderplankommission 74
Förderplanschema, Schema 27-30, 57f, 65
Förderprogramm 92, 103
Förderprozess 11, 17, 19, 36f, 40, 42, 49, 52, 69, 72–74, 76, 80, 83–85, 91
Förderschwerpunkt 22, 54, 103
– emotionale und soziale Entwicklung 22, 76, 119, 151
Förderziel 11, 18f, 26, 28, 34, 55, 57f, 61, 63f, 80, 92–94, 97
Fortbildung 12, 66, 68, 150–158
Fortschreibung des Förderplans 11, 19, 27, 29, 31, 36, 44, 48f, 51, 59–66
Fortschreibungstermin 29, 31
Freiwilligkeit 82
Funktionen von Förderplänen 23–25
–, Dokumentationsfunktion 23, 25, 68, 77
–, Evaluationsfunktion 24
–, Koordinierende Funktion 24f
–, Legitimierende Funktion 23
–, Orientierungsfunktion 24
–, Strukturierende Funktion 23, 141
–, Transparenzfunktion 23
–, zielführende Funktion 23

Gesprächsführung 45, 50, 87, 89, 132, 136, 138–142
Gesprächsregeln 50, 52f, 60, 87, 90
Gleichwertigkeit 48, 52
Gruppenbildung 107

Handlungskompetenz 46
Handlungsmodell 46f
Heterogenität 15
Hilfeplan 22, 75f, 79
Höchstbegabtenförderung 32

Inklusion 158f
Inselbegabung 33
Integration 15, 23f, 44, 72
Intervention 92, 115-117
I-PLAN 85, 87
Ist-Stand 12, 15, 17, 27f, 30, 34, 40, 48, 53, 61, 87, 92, 104, 136, 141–148, 151

Jugendhilfe 43, 79
Jugendhilfegesetz 79

Kompetenzbereiche 93–95
Kompetenzstufen 38–41
Kooperation 29, 43, 73, 75, 81, 96, 98
Kooperationspartner 29, 43, 51, 67

Menschenbildannahmen 44, 46, 89, 93, 139, 141
Moderator/Gesprächsleiter 51f, 90, 122, 153
Modifikation 59, 63f
Motivation 32–34, 67, 74

Periodizität 31
Perspektivenwechsel 54
Prävention 15, 25, 148
Protokoll 57, 65, 116, 119f, 144f

Qualitätskriterien 13, 16, 25–29, 37
Qualitätskriterium
– Begrenztheit 26–28
– Fachliche und sachliche Richtigkeit 25, 97

– Flexibilität 25
– Individuelle Abstimmung 13, 26
– Kommunizierbarkeit 26f
– Ökonomie 26
– Unterrichtsrelevanz 26
– Verbindlichkeit 26, 29, 36
– Vielseitigkeit 25

Rahmenbedingungen 45, 50–52, 67, 80, 88, 136f, 142, 155
Reflexion 61, 69, 120, 128, 154, 157
Reintegration 24

Schulkonzept 14, 70, 152
Schulprogramm 68
Schweigepflicht 24, 50, 60, 138
Screening 146f, 160-164
Self Advocacy Strategy 75, 85
Setting 22, 49, 75
Sonderpädagogischer Förderbedarf 14, 19, 22, 24f

Team 23, 42, 69–71, 93–96, 132–134, 155
Teamarbeit 23, 43, 68–71, 152
Teilnehmer 50, 52
Termin (-vereinbarungen) 29, 31, 36, 82
Training 85, 92, 98, 136, 141, 156f
Transfer 18, 154–156

Verhaltensauffälligkeiten 43, 78, 99, 146, 160–164
Vertrauen 89, 100, 136–141
Visualisierung 51, 60, 127

Zielgruppe 38, 43f, 148
Zieltransparenz 39
Zielvereinbarung 22f, 26, 36, 72
Zirkulärer Prozess 19, 49, 52, 66

Leseprobe aus

Brita Schirmer:
Schulratgeber Autismus-Spektrum-Störungen
Ein Leitfaden für LehrerInnen

Vorwort

Es gibt, je nachdem wie eng die Diagnosekriterien gefasst werden, unterschiedliche Angaben zur Häufigkeit von Autismus-Spektrum-Störungen. Sie sind in den letzten Jahren deutlich gestiegen und betreffen derzeit bis zu 0,9 % der Bevölkerung (Dodd 2007, 10). Legt man eine durchschnittliche Klassenstärke von 25 Kindern zugrunde, taucht ungefähr in jeder vierten Klasse ein Kind mit Autismus-Spektrum-Störung auf. Auch wenn diese Zahlen im Vergleich zu anderen Untersuchungen sehr hoch erscheinen, so ist doch die Wahrscheinlichkeit, als Lehrer im Laufe des Berufslebens einmal ein Kind mit Autismus-Spektrum-Störung zu unterrichten, relativ hoch.

Dennoch sind die meisten Pädagogen auf diese Aufgabe viel zu wenig vorbereitet. Sie beginnen, sich mit dem Phänomen *Autismus* erst dann auseinanderzusetzen, wenn ein Schüler mit Autismus-Spektrum-Störung in ihrer Klasse auftaucht. Zunächst fallen ihnen bei diesem Schüler eine Reihe ungewöhnlicher Verhaltensweisen auf.

Ohne weitere Kenntnisse über die Autismus-Spektrum-Störung empfinden sie das Kind oft als unerzogen. „Bockig" oder „ungehorsam" sind Beschreibungen, die tatsächlich einige Pädagogen von ihren Schülern mit Autismus-Spektrum-Störungen geben.

www.reinhardt-verlag.de

Versuchen sie aber, die Welt mit den Augen ihrer Schüler zu sehen und so auch zu verstehen, worin deren Schwierigkeiten, aber auch die besonderen Stärken liegen, können sie erkennen, dass diese keinesfalls „bockiger" sind als andere Schüler. Um diesen Perspektivwechsel leichter zu vollziehen, werden im Folgenden viele Berichte von Menschen mit Autismus-Spektrum-Störung präsentiert.

Es fehlt den Lehrern allerdings meist auch ein Repertoire von verschiedenen Methoden und Techniken der Unterrichtung und Förderung von Schülern mit Autismus-Spektrum-Störung, aus dem sie auswählen können. Dazu gehört bspw. das Arbeiten mit *PECS* (Kap. 3.2) oder in Anlehnung an das *TEACCH-Programm* (Kap 3.7). Dieses „pädagogische Handwerkzeug" soll in dem vorliegenden Buch vorgestellt werden.

Dieses Praxisbuch ist auf der Grundlage jahrelanger intensiver theoretischer Auseinandersetzung und zugleich praktischer Erfahrung in der pädagogischen Arbeit mit Menschen mit Autismus-Spektrum-Störungen, sowie engen Kontakten zu Pädagogen und Eltern entstanden.

Angesichts der derzeitigen Bemühungen um die Inklusion in allen gesellschaftlichen Bereichen und insbesondere der Schule kann man sich die Frage stellen, inwiefern das vorliegende Buch seine Berechtigung hat. Inklusion bedeutet ja, die Dichotomie in der Beschreibung und Unterrichtung von Schülern aufzuheben. Es werden also nicht mehr Schüler mit Autismus-Spektrum-Störung denen ohne Autismus-Spektrum-Störung gegenüber gestellt, sondern vielmehr die individuellen Lernbarrieren und Möglichkeiten zu deren Überwindung gesucht. Dazu wird die Pädagogik sich zukünftig in einem Spannungsfeld von systemischer und individuumszentrierter Betrachtung von Lern- und Lehrprozessen bewegen müssen. Verschiedene Unterstützungssysteme und ein Mehr-Pädagogensystem werden notwendig werden (Hinz 2009). Dies ist noch pädagogische Zukunftsmusik im deutschsprachigen Raum. In der derzeitigen Diskussion gibt es zudem die Auffassung, dass eine Inklusion den Bedürfnissen aller Schüler mit Autismus-Spektrum-Störung nicht gerecht werden kann.

reinhardt
www.reinhardt-verlag.de

Ungeachtet des Ausgangs der derzeitigen und zukünftigen theoretischen Diskussionen in der Pädagogik und ihrer Umsetzungen bleibt zumindest anteilig die Notwendigkeit einer individuumszentrierten Pädagogik bestehen, denn spezifische Probleme der Autismus-Spektrum-Störung sind unabhängig von ihrer Beschreibung Sachverhalte, die im pädagogischen Alltag berücksichtigt werden müssen. Darüber hinaus benötigt man Spezialisten für spezifische Aspekte des Lernens von Menschen mit Autismus-Spektrum-Störung, wie den Schriftspracherwerb, sowie die Bewältigung sozialer Probleme, wie Mobbing oder Gewalt (Hinz 2009, 176). Sie können von den folgenden Darstellungen profitieren, weil diese aufzeigen, welche Barrieren grundsätzlich bestehen können und wie man sie abbauen kann. So lange die schulische Inklusion noch eine Vision ist und weiterhin mit den Begriffen des sonderpädagogischen Förderbedarfs operiert wird, füllt der vorliegende Schulratgeber zweifellos eine Leerstelle in der Fachliteratur.

1 Was ist Autismus?

Man nimmt derzeit an, dass das Asperger-Syndrom, der Atypische und der Frühkindliche Autismus ein Spektrum von unterschiedlichen Schweregraden gemeinsamer Beeinträchtigungen darstellen. Man spricht deshalb von Autismus-Spektrum-Störungen (ASS).

Alle Autismus-Spektrum-Störungen sind tiefgreifende, genetisch verursachte Entwicklungsstörungen. Das Spektrum reicht von schwerster Behinderung, die oft auch einhergeht mit hohem Pflegebedarf, bis hin zur nicht genau festzulegenden Grenze zur „Normalität". In letztgenanntem Bereich verortet man das Asperger-Syndrom und den Highfunctioning-Autismus. Störungen aus dem autistischen Spektrum führen immer zu Auffälligkeiten in drei Bereichen der Persönlichkeitsentwicklung:

www.reinhardt-verlag.de

- der Kommunikationsfähigkeit,
- dem Sozial- und Kontaktverhalten und
- dem eingeschränkten Spektrum an Handlungen und Interessen.

Die Besonderheiten in der Kommunikation reichen vom Ausbleiben der verbalen Sprachentwicklung über die sogenannte Echolalie bis hin zu Schwierigkeiten, körpersprachliche Zeichen zu verstehen.

Auch die Auffälligkeiten im Sozial- und Kontaktverhalten können unterschiedlich schwer ausgeprägt sein. Sie reichen von der Unfähigkeit, auf den eigenen Namen zu reagieren, bis hin zu Problemen, Freundschaften aufzubauen und zu pflegen. Es gibt Kinder, die jeden sozialen Kontakt abzulehnen und am liebsten allein zu sein scheinen. Dann gibt es solche, die soziale Annäherung zulassen, aber nicht von sich aus initiieren. Und schließlich gibt es eine Gruppe von Kindern und Jugendlichen mit Autismus- Spektrum-Störung, die zwar aktiv Kontakte aufnehmen wollen, aber dies in ungeeigneter Art und Weise versuchen (Dodd 2007, 98).

Das eingeschränkte Spektrum an Handlungen und Interessen kann sich darin zeigen, dass Schüler Stereotypien oder Spezialinteressen haben, mit denen sie sich sehr intensiv beschäftigen. Für Aktivitäten aus anderen Lebensbereichen hingegen sind sie kaum zu begeistern.

In jedem dieser drei Bereiche gibt es einen Symptomkatalog, aus dem eine genau definierte Anzahl von Einzelsymptomen zutreffen muss, wenn eine Störung aus dem autistischen Spektrum diagnostiziert werden soll. Es ist unmöglich, dass alle Symptome bei einer Person gemeinsam auftreten, da sie sich zum Teil gegenseitig ausschließen. Man kann z. B. entweder ohne verbale Sprache sein oder einen stereotypen Sprachgebrauch haben. Beides sind Symptome aus dem Bereich der qualitativen Auffälligkeiten der Kommunikation.

Die drei Bereiche, in denen Symptome autistischen Verhaltens diagnostiziert werden, stehen in engem Bezug. So beeinflusst die Sprache zum Beispiel das soziale Verhalten eines Menschen.

www.reinhardt-verlag.de

Welche Symptome aus den drei Bereichen sich kombinieren, ist individuell verschieden. Es handelt sich bei der Diagnose einer Störung aus dem autistischen Spektrum stets um eine Summationsdiagnose. Dabei ist die Summe der Symptome letztlich entscheidend für die Diagnose. Ein einzelnes Symptom, wie der auffällige Blickkontakt, ist für den Autismus so unspezifisch wie Fieber für eine Erkältung. Er ist oft, aber nicht zwangsläufig zu beobachten und tritt auch bei Kindern ohne Autismus-Spektrum-Störung auf.

Jede Störung aus dem autistischen Spektrum muss von einem Kinder und Jugendpsychiater oder Klinischen Psychologen festgestellt werden. Es handelt sich um keine pädagogische Diagnose! Innerhalb des autistischen Spektrums unterscheidet man verschiedene Formen autistischer Störungen: den Frühkindlichen Autismus, das Asperger-Syndrom und den Atypischen Autismus (Saß et al. 2003).

1.1 Frühkindlicher Autismus

Beim Frühkindlichen Autismus handelt es sich um eine schwere Beeinträchtigung. Hier müssen die Symptome innerhalb der ersten drei Lebensjahre auftreten.

Synonym zur Bezeichnung Frühkindlicher Autismus können in den Schülerunterlagen auch die Diagnosen Kanner-Syndrom oder Kanner-Autismus, infantiler Autismus oder auch autistische Störung auftreten. Die Bezeichnungen frühkindlich und infantil beziehen sich auf das frühe Auftreten der Symptomatik, nicht etwa auf eine zeitliche Begrenzung ihres Vorhandenseins. Der Frühkindliche Autismus ist eine lebenslang bestehende schwere Entwicklungsstörung und kann selbstverständlich auch bei älteren Schülern vorliegen. Leo Kanner hat diese autistische Störung 1943 erstmals beschrieben, manchmal wird die Störung deshalb auch nach ihm benannt.

www.reinhardt-verlag.de

Leseprobe (S. 9–13) aus:

Brita Schirmer
Schulratgeber Autismus-Spektrum-Störungen
Ein Leitfaden für LehrerInnen
2. Aufl. ca. Sept. 2011. ca. 172 Seiten. 19 Abb.
(978-3-497-02255-7) kt

ℝ/ reinhardt
www.reinhardt-verlag.de

Über 50 konkrete Praxisanregungen

Staatsinst. für Schulqualität u. Bildungsforschung (Hg.)
Unterricht und Förderung von Schülern mit schwerer und mehrfacher Behinderung
Mit CD-ROM mit 54 Unterrichtseinheiten und Praxisprojekten
2010. 192 Seiten. 39 Abb. 7 Tab.
(978-3-497-02168-0) kt

Dieses Buch bietet vielfältige Anregungen für die tägliche Arbeit mit schwer und mehrfach behinderten Kindern und Jugendlichen an Förder- und Regelschulen sowie in außerschulischen Einrichtungen. Die praktischen Hinweise zur Zusammenarbeit im Team und mit Eltern, zur Vernetzung von Unterricht, Förderung und Pflege, zum schülerorientierten Unterricht, zur Kommunikationsförderung und Diagnostik werden durch konkrete Fallbeispiele veranschaulicht.

www.reinhardt-verlag.de

Alle inklusive!

Otto Speck
Schulische Inklusion aus heilpädagogischer Sicht
Rhetorik und Realität
2., durchges. Aufl. 2011. 151 Seiten. 3 Abb. 9 Tab.
(978-3-497-02229-8) kt

Gemeinsames Lernen von Kindern und Jugendlichen mit und ohne Behinderung wird schon seit Jahrzehnten diskutiert und erprobt. Nun richten sich neue Hoffnungen auf den aktuellen Begriff der Inklusion. Fortschritte sind – so konstatiert Speck – allerdings bisher eher in der Rhetorik als in der Praxis zu verzeichnen. Jenseits ideologischer Überzeichnungen versucht er, dem Prinzip des gemeinsamen Lernens durch praktikable Lösungen näher zu kommen, ohne dass die Bedürfnisse von Kindern mit Behinderung zu kurz kommen.

www.reinhardt-verlag.de

Neue Wege in der Beratung

Sabine Rohrmann / Tim Rohrmann
Hochbegabte Kinder und Jugendliche
Diagnostik – Förderung – Beratung
2., überarb. Aufl. 2010. 271 Seiten. 14 Abb. 3 Tab.
(978-3-497-02189-5) kt

Dieser Praxisleitfaden zeigt, wie man Kinder und Jugendliche mit besonderen Begabungen unterstützen kann:
- Differenzierte Diagnostik, die den ganzen Menschen in den Blick nimmt.
- Strategien für Förderung und Begleitung, die begabten Kindern und Jugendlichen helfen, ihre Potentiale voll zu entfalten.
- Fallbeispiele vom Kindergarten über die Schule bis hin zu Studien- und Berufswahl, die zeigen, worauf es bei Diagnostik und Förderung in der Praxis ankommt.

www.reinhardt-verlag.de

Bereits in 5. Auflage

Karlheinz Barth
Lernschwächen früh erkennen im Vorschul- und Grundschulalter
5. Aufl. 2006. 256 Seiten.
(978-3-497-01881-9) kt

Frühzeitiges Erkennen von Lern- und Entwicklungsauffälligkeiten ist von fundamentaler Bedeutung, will man die negativen Auswirkungen von Leistungsversagen auf die Persönlichkeitsentwicklung von Kindern verhindern oder mildern. Das Buch gibt einen Überblick über den derzeitigen Forschungsstand, zeigt anschaulich und praxisbezogen konkrete Möglichkeiten der Früherkennung auf und will besonders Lehrern, Erziehern und Eltern helfen, die Lernstörungen ihrer Kinder besser zu verstehen.

www.reinhardt-verlag.de

Therapieintegrierender Unterricht

Margit Berg
Kontextoptimierung im Unterricht
Praxisbausteine für die Förderung grammatischer Fähigkeiten
2. überarb. Aufl. ca. Juli 2011. ca. 207 Seiten. 79 Abb. 2 Tab.
(978-3-497-02230-4) kt

Wie Grammatikförderung mithilfe des kontextoptimierten Unterrichts gelingen kann, zeigt dieses Buch an zahlreichen konkreten Beispielen. Es werden Unterrichtssequenzen für die sprachtherapeutischen Ziele Subjekt-Verb-Kongruenz, Verbzweitstellung im Hauptsatz, Kasuserwerb und Nebensatzerwerb vorgeschlagen. Dabei werden Materialien aus dem Schulalltag, wie Bilderbücher, Lieder und Gedichte, ebenso genutzt wie therapieintegrierende Unterrichtseinheiten zu Sachthemen.

www.reinhardt-verlag.de

Was fühlst du?

Clemens Hillenbrand / Thomas Hennemann / Sonja Hens
„Lubo aus dem All!" – 1. und 2. Klasse
Programm zur Förderung sozial-emotionaler Kompetenzen
Illustrationen von Frauke Breuer. DIN A4-Heft mit CD
(Kopiervorlagen und Lubo-Lieder) und Materialmappe (20 farb.
Bildkarten in 2 Formaten; 3 Poster, DIN A2 und Bilderbuch „Tobi tobt").
2010. 128 Seiten. (978-3-497-02064-5) kt

„Lubo aus dem All!" ist ein Trainingsprogramm zur frühzeitigen Förderung sozial-emotionaler Kompetenzen, um Verhaltensstörungen und dem Entstehen von Gewalt vorzubeugen und zugleich Lernmöglichkeiten zu verbessern. Es besteht aus 30 Einheiten und wird mit der gesamten Lerngruppe zweimal wöchentlich durchgeführt – innerhalb der Unterrichtszeit oder auch als Angebot im offenen Ganztagsbereich. Die SchülerInnen arbeiten zusätzlich mit dem ansprechenden und kindgerechten Arbeitsheft (978-3-497-02223-6).

www.reinhardt-verlag.de